後晉 劉 昫 等撰

舊唐書

第 三 册

卷一九上至卷二一七（紀志）

中 華 書 局

舊唐書卷十九上

本紀第十九上

懿宗

懿宗昭聖恭惠孝皇帝諱漼，宣宗長子，母曰元昭皇太后晁氏。大和七年十一月十四日，生於藩邸。會昌六年十月，封鄆王，本名溫。大中十三年八月七日，宣遺詔立爲皇太子監國，改今名。十三日，柩前卽帝位，年二十七。帝姿貌雄傑，有異稠人。藩邸時常經重疾，郭淑妃侍醫藥，見黃龍出入於臥內。既間，妃以異告，帝曰：「愼勿復言。」又嘗大雪數尺，而帝寢室之上獨無，人皆異之。宣宗制泰邊陲樂曲詞有「海岳晏咸通」之句〔一〕。又大中末，京城小兒疊布漬水，紐之向日，謂之拔暈。帝果以鄆王卽大位，以咸通爲年號。

九月，釋服，追尊母后晁氏爲太后，謚曰元昭。

十月癸未，制以門下侍郎、守左僕射、同平章事令狐綯守司空，門下侍郎、兵部尚書、同平章事蕭鄴兼尚書右僕射，中書侍郎、禮部尚書、平章事夏侯孜兼兵部尚書，中書侍郎、平章事蔣伸兼工部尚書，並依前知政事。又以兵部侍郎鄭顥爲河南尹。以昭義軍節度、潞邢磁洺觀察等使、光祿大夫、檢校吏部尚書、兼潞州大都督府長史、上柱國、河東縣開國子、食邑五百戶裴休爲太原尹、北都留守、河東節度管內觀察處置等使；以河中節度使、檢校尚書左僕射畢諴爲汴州刺史，充宣武軍節度、宋亳觀察等使。以中書舍人裴坦權知禮部貢舉。

十二月，以戶部侍郎、翰林學士杜審權爲檢校禮部尚書、河中晉絳節度等使。

咸通元年春正月，上御紫宸殿受朝，對室韋使。

二月，葬宣宗皇帝於貞陵。以右拾遺劉鄴充翰林學士。以河中節度使杜審權爲兵部侍郎、判度支，尋以本官同平章事；以門下侍郎、守司徒、同平章事令狐綯檢校司徒、同平章事，出鎮河中；尚書左僕射、諸道鹽鐵轉運使杜悰同平章事。浙東觀察使王式斬草賊仇甫，浙東郡邑皆平。

八月，以河東節度使裴休爲鳳翔尹、鳳翔隴右節度使，以鳳翔隴右節度使、銀青光祿大夫、檢校刑部尚書盧簡求爲太原尹、北都留守、河東節度使。

十一月丙午朔。丁未，上有事於郊廟，禮畢，御丹鳳門，大赦，改元。以中書舍人薛耽權知貢舉。

二年春二月，吏部尚書蕭鄴檢校尚書右僕射、太原尹、北都留守、河東節度觀察等使。鄭滑節度使、檢校工部尚書李福奏：「屬郡潁州去年夏大雨，沈丘、汝陰、潁上等縣平地水深一丈，田稼、屋宇淹沒皆盡，乞蠲租賦。」從之。以中書侍郎兼工部尚書蔣伸兼刑部尚書，右僕射、門下侍郎杜悰爲左僕射，依前知政事。

四月，以前婺州刺史裴閔爲潁州刺史，充本州團練鎮遏等使。以駕部郎中王鐸本官知制誥。

八月，以中書舍人衞洙爲工部侍郎。尋改銀青光祿大夫、檢校禮部尚書，兼滑州刺史、御史大夫、駙馬都尉，充義成軍節度、鄭滑潁觀察處置等使。洙奏狀稱：「蒙恩除授滑州刺史，官號內一字與臣家諱音同，雖文字有殊，而聲韻難別，請改授閑官者。」敕曰：「嫌名不諱，著在禮文，成命已行，固難依允。」以兵部侍郎曹確判度支，以兵部員外郎楊知遠、司勳員外郎穆仁裕試吏部宏詞選人。

九月，以前兵部侍郎、判度支畢諴爲工部尚書、同平章事。蔣伸罷知政事。林邑蠻寇安南府，遣神策將軍康承訓率禁軍及江西、湖南之兵赴援。

三年春正月，左僕射、門下侍郎、平章事杜悰率百僚上徽號曰睿文明聖孝德皇帝。五月，敕：「嶺南分爲五管，誠已多年。居常之時，同資禦捍，有事之際，要別改張。邕州西接南蠻，深據黃洞，控兩江之獷俗，居數道之游民。比以委人太輕，軍威不振，境連內地，不並海南。宜分嶺南爲東、西道節度觀察處置等使，以廣州爲嶺南東道，邕州爲嶺南西道，別擇良吏，付以節旄。其所管八州，俗無耕桑，地極邊遠，近罹盜擾，尤甚凋殘。將盛藩垣，宜添州縣。宜割桂州管內龔州、象州，容州管內藤州、巖州，並隸嶺南西道收管。」宰臣杜悰兼司空，畢諴兼兵部尚書。駕部郎中、知制誥王鐸爲中書舍人。以邕管經略使鄭愚爲廣州刺史，充嶺南東道節度、觀察處置等使；將軍宋戎爲嶺南西道節度使。夏，淮南、河南蝗旱，民饑。南蠻陷交阯，徵諸道兵赴嶺南。詔湖南水運，自湘江入澪渠，江西造切麪粥以饋行營〔三〕。湘、灕泝運，功役艱難，軍屯廣州乏食。潤州人陳磻石詣闕上書，言：「江西、湖南，泝流運糧，不濟軍師，士卒食盡則散，此宜深慮。臣有奇計，以饋南軍。」天子召見，磻石因奏：「臣弟聽思曾任雷州刺史，家人隨海船至福建，往來大船一隻，可致千石，自福建裝船，不一月至廣州。得船數十艘，便可致三萬石至廣府矣。」又引劉裕海路進軍破盧循故事。執政是之，以磻石爲鹽鐵巡官，往揚子院專督海運。於是康承訓之軍皆不闕供。

七月，徐州軍亂，以浙東觀察使王式檢校工部尙書、徐州刺史、御史大夫、武寧軍節度、徐泗濠觀察等使。初，王智興得徐州，召募凶豪之卒二千人，號曰銀刀、鵰旗、門槍、挾馬等軍，番宿衙城。自後寖驕，節度使姑息不暇。田牟鎭徐日，每與驕卒雜坐，酒酣撫背，時把板爲之唱歌。其徒日費萬計。每有賓宴，必先厭食飫酒，祁寒暑雨，巵酒盈前，然猶諠譟邀求，動謀逐帥。前年壽州刺史溫璋爲節度使，驕卒素知璋嚴酷，深負憂疑。璋開懷撫諭，終爲猜貳，給與酒食，未嘗瀝口，不期月而逐璋。上是以式代璋。時式以忠武、義成之師三千平定仇甫，便詔式率二鎭之師渡淮。徐卒聞之，懼其勢，無如之何。至大彭館，方來迎謁。居三日，犒勞兩鎭兵令還，既擐甲執兵，即命環驕卒殺之。徐卒三千餘人，是日盡誅，由是凶徒悉殄。

九月，以戶部侍郎李晦檢校工部尙書，兼興元尹、山南西道節度使。

十一月，遣將軍蔡襲率禁軍三千，會諸道之師赴援安南。以吏部侍郎鄭處誨、蕭倣、吏部員外郎楊嚴、戶部員外郎崔彥昭等試宏詞選人。

十二月，以吏部侍郎蕭倣權知禮部貢舉。

四年春正月甲子朔。庚午，上有事于圓丘，禮畢，御丹鳳樓，大赦。中外官宜准建中元年敕，授官後三日舉一人自代。州牧令錄上佐官，在任須終三考。河東節度使、檢校刑部尚書盧簡求以病求罷，詔以太子少師致仕歸東都。以昭義節度使、檢校禮部尚書、上柱國、賜紫金魚袋劉潼爲太原尹、北都留守、御史大夫，充河東節度觀察處置等使。

二月，以左散騎常侍李荀檢校工部尚書、滑州刺史、義成軍節度、鄭滑觀察等使。

三月，以兵部侍郎、判度支楊收本官同平章事；以刑部侍郎曹汾爲河南尹；以戶部侍郎李蠙檢校禮部尚書、潞州大都督府長史，充昭義節度、觀察處置等使。

四月，敕徐州罷防禦使，爲支郡〔三〕，隸兗州。

七月朔，制：「安南寇陷之初，流人多寄溪洞。其安南將吏官健走至海門者人數不少，宜令宋戎〔四〕、李良瑍察訪人數，量事救卹。安南管內被蠻賊驅劫處，本戶兩稅、丁錢等量放二年，候收復後別有指揮。其安南溪洞首領，素推誠節，雖蠻寇竊據城壁，而酋豪各守土疆。如聞溪洞之間，悉藉嶺北茶藥，宜令諸道一任商人興販，不得禁止往來。廉州珠池，與人共利。近聞本道禁斷，遂絕通商，宜令本州任百姓採取，不得止約。其徐州銀刀官健，其中先有逃竄者，累降敕旨，不令捕逐。其今年四月十八日，草賊頭首已抵極法，其餘徒黨各自奔逃，所在更勿捕逐。」是月，東都、許、汝、徐、泗等州大水，傷稼。初，大中末，安南都護李琢貪暴，侵刻獠民，羣獠引林邑蠻攻安南府。三年，大徵兵赴援，天下騷動。其年冬，蠻寇陷交州，赴安南諸軍並令抽退，分保嶺南東、西道。

十一月，長安縣尉、集賢校理令狐滈爲左拾遺。制出，左拾遺劉蛻、起居郎張雲上疏，論滈父綯秉權之日，廣納賂遺，受李琢賄，除安南，致生蠻寇，滈不宜居諫諍之列。時綯在淮南，上表論訴，乃貶雲興元少尹，蛻華陰令，滈改詹事司直。以中書舍人王鐸權知禮部貢舉，以兵部侍郎、判度支曹確同平章事，以中書侍郎、平章事畢諴檢校吏部尚書、河中尹、晉絳慈隰節度使。就加幽州張允伸檢校司徒。以兵部侍郎高璩本官同平章事，以戶部侍郎裴寅判本司事。

五年春正月戊午朔，以用兵罷元會。諫議大夫裴坦上疏，論天下徵兵，財賦方匱，不宜過興佛寺，以困國力。優詔答之。

二月，以兵部尚書牛叢檢校兵部尚書，兼成都尹、劍南西川節度副大使、知節度事。徐州處置觀察防禦使〔三〕。以門下侍郎、兵部尚書、平章事杜審權爲潤州刺史、浙江西道節度使。

三月，以兵部郎中高湜、員外于懷試吏部，平判選人。

四月，右僕射、平章事夏侯孜增爵五百戶。以中書舍人王鐸爲禮部侍郎，以晉州刺史孟球檢校工部尙書，兼徐州刺史。南蠻寇邕管，以秦州經略使高駢率禁軍五千赴邕管，會諸道之師禦之。

五月丁酉，制：

朕以寡昧，獲承高祖、太宗之丕構，六載於茲矣。罔畋遊是娛，罔聲色是縱，罔刑戮是濫，罔邪佞是惑。夙夜悚惕，以憂以勤，庶幾乎八表用康，兆人以泰。而西戎款附，北狄懷柔，獨惟南蠻，姦宄不率。侵陷交阯，突犯朗寧，爰及嶲州，亦用攘寇。勞我士卒，興吾甲兵，騷動黎元，役力飛輓，每一軫念，閔然疚懷。顧惟生人，罹此愁苦，宜布自天之澤，俾垂及物之仁。如聞湖南、桂州，是嶺路係口，諸道兵馬綱運，無不經過，頓遞供承，動多差配，凋傷轉甚，宜有特恩。潭、桂兩道各賜錢三萬貫文，以助軍錢，亦以充館驛息利本錢。其江陵、江西、鄂州三道，比於潭、桂，徭配稍簡，宜令本道觀察使詳其閑劇，准此例與置本錢〔六〕。邕州已西黎、嶲界內，昨因蠻寇，互有殺傷，宜令本道收拾埋瘞，量設祭酹。

徐州土風雄勁，甲士精強，比以制馭乖方，頻致騷擾。近者再置使額，卻領四州，勞逸既均，人心甚泰。但聞比因罷節之日，或有被罪奔逃，雖朝廷頻下詔書，並令一切不問，猶恐尙懷疑懼，未委招攜，結聚山林，終成詿誤。況邊方未靜，深藉人才，宜令徐泗團練使選揀召募官健三千人，赴邕管防戍。待嶺外事寧之後，卽與替代歸還。仍令每召滿五百人，卽差軍將押送，其糧料賞給，所司準例處分。

淮南、兩浙海運，虜隔舟船，訪聞商徒，失業頗甚，所由縱捨，爲弊實深。亦有搬貨財委於水次，無人看守，多至散亡，嗟怨之聲，盈於道路。宜令三道據所搬米石數，牒報所在鹽鐵巡院，令和雇入海舶船，分付所司。通計載米數足外，輒不更有隔奪，妄稱貯備。其小舸短船到江口，使司自有船，不在更取商人舟船之限。如官吏妄行威福，必議痛刑。於戲！萬方靡安，寧忘於罪己；百姓不足，敢怠於責躬。用伸欽恤之懷，式表憂勤之旨。

壬寅，制以中書侍郎、平章事楊收爲門下侍郎、兼刑部尙書，以中書侍郎、平章事曹確兼工部尙書，兵部侍郎、平章事高璩爲中書侍郎、知政事，餘並如故。

秋七月壬子，延資庫使夏侯孜奏：

鹽鐵戶部先積欠當使咸通四年已前延資庫錢絹三百六十九萬餘貫匹。內戶部每年合送錢二十六萬四千一百八十貫匹，從大中十二年至咸通四年九月已前，除納外，欠一百五十萬五千七百一十四萬貫匹。當使緣戶部積欠數多，先具申奏，請於諸道州府場監院合納戶部所收八十文除陌錢內，割一十五文，屬當使自收管。敕命雖行，送納稽緩。今得戶部牒稱，所收管除陌錢絹外，更有諸雜物貨，延資庫徵收不便，請起今年合納延資庫錢絹一時便足。其已前積欠，候物力稍充，積漸塡納。其所割一十五文錢，卽當司仍舊收管。又緣累歲以來，嶺南用兵，多支戶部錢物。當使不欲堅論舊欠，請依戶部商量，合納今年一年額色錢絹須足，明年卽依舊制，三月、九月兩限送納畢。其以前積欠，仍令戶部自立塡納期限者。

敕旨依之。

十月丙辰，以中書舍人李蔚權知禮部貢舉。

十一月乙酉，以大同軍防禦使盧簡方檢校工部尙書、滄州刺史、御史大夫，充義昌軍節度、滄濟德觀察等使。乙未，以兵部侍郎蕭寘本官同中書門下平章事。

六年正月癸未朔。丁亥，制以河東節度使、檢校刑部尙書孔溫裕爲鄆州刺史、天平軍節度、鄆曹棣觀察處置等使。

二月，制以御史中丞徐商爲兵部侍郎、同平章事。高璩罷知政事。以吏部尙書崔愼由、吏部侍郎鄭從讜、吏部侍郎王鐸、兵部員外郎崔謹張彥遠等考宏詞選人；金部員外郎張乂思、大理少卿董賡試拔萃選人。以給事中楊嚴爲工部侍郎，尋召爲翰林學士。

四月，西川節度使牛叢奏於蠻界築新城、安城、遏戎州功畢〔七〕。時南詔蠻入寇姚、嶲，陳許大將顏復成嶲州新築二城。其年秋，六姓蠻攻遏戎州，爲復所敗，退去。兵部侍郎、平章事徐商、蕭寘轉中書侍郎、知政事。

五月，以左丞楊知温爲河南尹〔八〕，以神策大將軍馬舉爲秦州經略招討使，以右金吾大將軍李宴元爲夏州刺史、朔方節度等使。安南都護高駢奏於邕管大敗林邑蠻。

七月，以右衞大將軍薛綰檢校工部尚書、徐州刺史，充徐泗團練觀察防禦等使。

九月，以中書舍人趙隲權知禮部貢舉；以吏部侍郎蕭倣檢校禮部尚書、滑州刺史、御史大夫，充義成軍節度、鄭滑潁觀察等使。

十二月，太皇太后鄭氏崩，謚曰孝明。

是歲秋，高駢自海門進軍破蠻軍，收復安南府。自李琢失政，交阯湮沒十年，蠻軍北寇邕容界，人不聊生，至是方復故地。

七年春正月戊寅朔，以太皇太后喪罷元會。

三月，成德軍節度、鎭冀深趙等州觀察處置等使、金紫光祿大夫、檢校司空、鎭州大都督府長史、御史大夫、太原縣開國伯、食邑七百戶、襲食實封一百戶王紹懿卒，贈司徒。紹鼎之弟，俱壽安公主之子也。三軍推紹鼎子景崇知兵馬留後事。就加幽州張允伸兼太保、平章事，進封燕國公。以吏部侍郎鄭從讜檢校禮部尚書、兼太原尹、北都留守、御史大夫、上柱國、滎陽縣開國男、食邑三百戶，充河東節度管內觀察處置等使。

四月，壽安公主上表請入朝，詔曰：「志興奏汝以景崇未降恩命，欲來朝覲事，具悉。景崇素聞孝悌，頗有義方，洽三軍愛戴之情，荷千里折衝之寄。纘迺舊服，綽有令猷，朝廷獎能，續有處分。緣孝明太后園寢有日，庶事且停，候祔廟禮成，當允誠請。」

七月，沙州節度使張義潮進甘峻山青骹鷹四聯、延慶節馬二匹、吐蕃女子二人。僧曇延進大乘百法門明論等。

八月，鎮州王景崇起復忠武將軍、左金吾衛將軍同正、檢校右散騎常侍，兼鎮州大都督府左司馬、知府事、御史中丞，充成德軍節度觀察留後。上柱國、賜紫金魚袋、中書侍郎、平章事徐商兼工部尚書。

十月，沙州張義潮奏：差迴鶻首領僕固俊與吐蕃大將尙恐熱交戰，大敗蕃寇，斬尙恐熱，傳首京師。右僕射、門下侍郎、平章事夏侯孜檢校司空、平章事，兼成都尹、劍南西川節度等副大使、知節度事。安南高駢奏蠻寇悉平。

十一月十日，御宣政殿，大赦，以復安南故也。以翰林學士承旨、戶部侍郎路巖爲兵部侍郎、同平章事。義成軍節度蕭倣就加檢校兵部尚書，褒能政也。以禮部郎中李景温、吏部員外郎高湘試拔萃選人。

八年春正月壬寅朔。丁未，河中、晉、絳地大震，廬舍壓仆傷人，有死者。

三月，安南高駢奏：「南至邕管，水路湍險，巨石梗途，令工人開鑿訖，漕船無滯者。」降詔褒之。制以門下侍郎、兼戶部尚書、平章事、上柱國、晉陽縣開國男、食邑三百戶、賜紫金魚袋楊收檢校兵部尚書，充浙江西道觀察使；以浙西觀察使杜審權守尚書左僕射；以兵部侍郎于悰本官同平章事。

九月丁酉，延資庫使曹確奏：

戶部每年合送當使三月、九月兩限絹二十一萬四千一百匹，錢萬貫，自大中八年已後，至咸通四年，積欠一百五十萬五千七百餘貫匹。前使杜悰申奏，請起咸通五年正月以後，於諸道州府場監院合送戶部八十文除陌錢內，割十五文當使收管，以塡積欠。續據戶部牒稱，州府除陌錢有折色零碎，請起咸通五年所合送延資庫錢絹，逐年兩限須足，其除陌十五文，當司仍舊收管。前使夏侯孜具事由申奏，且請依戶部論請期限。其咸通五年錢絹，戶部已送納。自六年至八年，其錢絹依前不旋送納〔九〕，又積欠三十六萬五千五百七貫匹者。伏以所置延資庫，初以備邊爲名，至大中三年始改今號。若財貨不充，則名額虛設。當制置之時，所令三司逐年分減送當使收管。元敕只有錢數，但令本司減割送庫，不定色目。以此因循，漸隳舊制，年月既久，積欠漸多。既無計以徵收，乃指色以取濟，稍稱備邊名號，得遵元敕指揮。乃割戶部除陌八十文內十五文收管，及戶部請逐年送庫，須且稟從。今既積欠又多，終慮不及期限。臣今酌量諸道州府場監院合送戶部錢絹內分配，令勒留下合送延資庫數目，令本處別爲綱運，與戶部綱同送上都，直納延資庫，則戶部免有逋懸，不至累年積欠。」

從之。

十月丙寅，戶部侍郎〔一〇〕、判度支崔彥昭奏：「當司應收管江、淮諸道州府咸通八年已前兩稅榷酒及支米價，并二十文除陌諸色屬省錢，準舊例逐年商人投狀便換。自南蠻用兵已來，置供軍使，當司在諸州府場監錢，猶有商人便換，齎省司便換文牒至本州府請領，皆被諸州府稱准供軍使指揮占留。以此商人疑惑，乃致當司支用不充。乞下諸道州府場監院依限送納及給還商人，不得託稱占留者。」敕旨從之。宰相、門下侍郎、戶部尚書曹確兼吏部尚書，門下侍郎、禮部尚書路巖兼戶部尚書，中書侍郎、工部尚書徐商兼刑部尚書，兵部侍郎、平章事于悰爲中書侍郎。以中書舍人劉允章權知禮部貢舉，以吏部侍郎盧匡、吏部侍郎李蔚、兵部員外郎薛崇、司勳員外郎崔殷夢考吏部宏詞選人。

九年春正月丙申，以吏部侍郎李蔚檢校刑部尚書、汴州刺史、御史大夫，充宣武節度、汴宋亳觀察處置等使。幽州節度使張允伸就加檢校太傅。以兵部員外郎焦濆、司勳員外郎李嶽考宏詞選人。

七月戊戌，白虹橫亙西方。其月，徐州赴桂林戍卒五百人，官健許佶、趙可立殺其將王仲甫，以糧料判官龐勛爲都頭，剽掠湘潭、衡山兩縣，有衆千人，擅還本鎮。

九月辛卯朔。甲午，龐勛陷宿州，知州判官焦璐奔歸于徐。乙未，龐勛陷徐州，殺節度使崔彥曾、判官焦璐、李稅、温延皓、崔蘊、韋廷乂，惟免監軍張道謹。遂出徐、宿官庫錢帛，召募兇徒，不旬日其徒五萬。勛抗表請罪，仍命羣兇邀求節鉞。上遣中使因而撫之。賊令別將梁伾守宿州，以姚周爲柳子寨主，又遣劉行及、丁景琮、吳迥攻圍泗州。

十月，詔徵河南、河東、山南諸道之師。貶浙西觀察使楊收爲端州司馬同正，收弟前浙東觀察使、越州刺史、御史中丞嚴爲韶州刺史，檢校工部尚書、洪州刺史、鎭南節度、江南西道觀察處置等使嚴譔長流嶺南。賊攻泗州勢急，淮南節度使令狐綯慮失泗口，爲賊奔衝，乃令大將李湘赴援，爲賊所誘，示弱乞降，乘其無備，爲賊所襲，舉軍皆沒。湘與都監郭厚本俱爲賊所執，送徐州。

十一月庚寅朔。丁酉戌時，妖星初出，如匹練亙空，化爲雲，沒在楚分。吳迥既執李湘，乃令小將張行簡、吳約攻滁州。城內無兵，有淮南遊奕兵三百人在州界，見賊至，徑來奔郡，賊乘之，遂陷滁州。張行簡執刺史高錫望，手刃之，屠其城而去。行簡又進攻和州，刺史崔雍登城樓謂吳迥曰：「城中玉帛、女子不敢惜，只勿取天子城池。」賊許之，遂剽城中居民，殺判官張琢，以琢浚城壕故也。龐勛又令將劉贇攻濠州，陷之，囚刺史盧望回於迴車館，望回鬱憤而死，僕妾數人皆爲賊蒸而食之。

十二月庚辰朔，將軍戴可師率沙陀、吐渾部落二萬人，於淮南與賊轉戰，賊黨屢敗，盡棄淮南之守。

是歲，江、淮蝗食稼，大旱。龐勛奏：「當道先發戍嶺南兵士三千人春冬衣，今欲差人送赴邕管。」鄂岳觀察使劉允章上書言：「龐勛聚徒十萬，今若遣人達嶺表，如戍卒與勛合勢，則禍難非細。」尋詔龐勛止絕，兼令江、淮諸道紀綱捕之。

十年春正月己未朔，以徐州用兵罷元會。癸亥，以右拾遺韋保衡爲銀青光祿大夫、守起居郎、駙馬都尉，尚皇女同昌公主，出降之日，禮儀甚盛。以神武大將軍王晏權檢校工部尚書、徐州刺史、御史大夫，充武寧軍節度、徐泗濠觀察，兼徐州北路行營招討等使，智興之從子也；以將軍朱克誠充北路招討都虞候；王宥北路招討前軍使。以翰林學士、戶部侍郎劉瞻守本官同平章事。中書侍郎、兼戶部尚書、平章事蔣伸爲太子太保，罷知政事，病免也。以門下侍郎、兼刑部尚書、同平章事徐商檢校兵部尚書、江陵尹、荆南節度使。以右神策大將軍、知軍使、兼御史大夫、上柱國、龍陽縣開國伯、食邑一千戶康承訓可金紫光祿大夫、檢校刑部尚書、兼右神策大將軍、御史大夫、上柱國、扶風郡開國公、食邑一千五百戶，充徐泗行營都招討使；又以將軍李邵爲徐州南路行營招討都虞候；以將軍史忠用爲潁州行營都知兵馬使；將軍馬滄爲徐州行營都知兵馬使；將軍董濤充廬州行營都知兵馬使；將軍戴可師充曹州行營招討使；將軍朱邪赤心充太原行營招討使、沙陀三部落等軍使；將軍王建充淮泗行營招討使；將軍曹翔充兗海節度行營招討使；將軍馬舉爲揚州都督府司馬，充淮南行營招討使；將軍高羅銳爲楚州刺史、本州行營招討使；將軍秦匡謨爲濠州刺史、本州行營招討使；將軍李播爲宿州刺史，赴廬州行營招討使；以將軍孟彪爲太僕卿，充都糧料使。凡十八將，分董諸道之兵七萬三千一十五人，正月一日進軍攻徐州。魏博何弘敬奏當道點檢兵馬一萬三千赴行營。時賊將劉行及、丁景琮、吳迥攻圍泗州，可師乘勝救之，屯於石梁驛。賊自退去，可師追擊，生擒劉行及，賊保都梁城，乃斷行及之指，懸於城下以示賊。賊登城拜曰：「見與都頭謀歸朝。」可師既知其窘，乃退軍五里。其城西面有水，三面大軍，賊乃夜中涉水而遁。明早開城門，惟病嫗數人而已。王師入壘未整，翌日詰旦重霧，賊軍大至，可師方大醉，單馬奔出，爲虹縣人郭眞所殺，一軍盡沒，惟忠武、太原、沙陀之騎軍保全而退。副將王健爲賊所擒，劉行及却爲賊將吳迥所得，吳迥乃進軍復圍泗州。自是梯衝雲合，內外不通。龐勛恃其驟勝，遣人上表，詞語不恭，又與康承訓書，指斥朝政。王晏權者，智興之猶子也，故授以武寧節制以招之，以冀招懷。徐人怨王式之誅，相扇構亂，數月招攜，啗之以利，民□卒無革心者。康承訓大軍攻宿州，賊將梁伾出戰屢敗，乃授承訓檢校尚書右僕射，兼滑州刺史、義成軍節度使。責授端州司馬楊收長流驩州，與嚴譔並賜死於路；其黨楊公慶、嚴季實、楊全益、史明、廉遂、何師玄、李孟勳、馬全祐、李羽、王彥復等長流儋、崖、播等州；判官朱侃、常濋、閻均等配流嶺南。以河中節度使、開府儀同三司、檢校司徒、平章事、上柱國、譙郡開國公、食邑二千戶夏侯孜爲太子少保，分司東都。時南平蠻寇西川，責孜在蜀日失政也。

二月己丑，龐勛急攻泗州，遣牙將李員入城見刺史杜慆曰：「留後知中丞名族，不敢令軍士失禮，但開城門，令百姓存活，無相疑也。」慆執而殺之。詔司農卿薛瓊使淮南廬、壽、楚等州，點集鄉兵以自固。

四月，康承訓奏大敗柳子寨賊，詔監軍楊玄价與康承訓商量，拔汴河水以灌宿州。

六月丁亥朔。戊戌，制曰：

動天地者莫若精誠，致和平者莫若修政。朕顧惟庸昧，託于王公之上，于茲十一年矣。祗荷丕構，寅畏小心，慕唐堯之欽若昊天，遵周王之昭事上帝。念茲夙夜，靡替虔恭，同馭朽之憂勤，思納隍之軫慮。內戒奢靡，外罷畋遊，匪敢期於雍熙，所自得於清淨，止望寰區無事，稼穡有年。然而燭理不明，涉道唯淺，氣多堙鬱，誠未感通。旱暵是虞，蟲螟爲害，蠻蜑未賓於遐裔，寇盜復蠹於中原。尙駕戎車，益調兵食，俾黎元之重困，每宵旰而忘安。今盛夏驕陽，時雨久曠，憂勤兆庶，旦夕焦勞。內修香火以虔祈，外罄牲玉以精禱。仰俟玄貺，必致甘滋。而油雲未興，秋稼闕望，因茲愆亢，軫于誠懷。

矧復暴政煩刑，強官酷吏，侵漁蠹耗，陷害孤煢，致有冤抑之人，構成災沴之氣。主守長吏，無忘奉公。伐叛興師，蓋非獲已，除奸討逆，必使當辜，苟或陷及平人，自然風雨愆候。凡行營將帥，切在審詳，昭示惻憫之心，敬聽勤卹之旨。應京城天下諸州府見禁囚徒，除十惡忤逆、官典犯贓、故意殺人、合造毒藥、放火持仗、開劫墳墓及關連徐州逆黨外，並宜量罪輕重，速令決遣，無久繫留。雷雨不同〔二〕，田疇方瘁，誠宜愍物，以示好生。其京城未降雨間，宜令坊市權斷屠宰。昨陜虢中使迴，方知蝗旱有損處，諸道長史，分憂共理，宜各推公，共思濟物。內有饑歉，切在慰安，哀此蒸人，毋俾艱食。徐方寇孽未殄，師旅有征，凡合誅鋤，審分淑慝，無令脅從橫死，元惡偷生。宜申告伐之文，使知逆順之理。於戲！每思禹、湯之罪己，其庶成、康之措刑。孰謂德信未孚，教化猶梗。咨爾多士，俾予一人，既引過在躬，亦漸幾于理。布告中外，稱朕意焉。

賊將鄭鎰急攻壽州，詔南面招討使馬舉救之，賊解圍而去。康承訓悉兵攻賊小睢寨，不利而退。

七月，康承訓攻賊柳子寨，垂克而賊將王弘立救至，王師大敗，承訓退保宋州。龐勛乘勝自率徐州勁卒併攻泗州，留其都將許佶守徐州。詔南面招討使馬舉爲行營都招討使，代承訓率諸軍以援泗州。

八月，和州防虞行官石倖等一百三十人狀訴刺史崔雍，稱：「賊初劫烏江縣，雍令步奏官二人探知，雍猶不信，二人並被枷杻。續差人探見賊已去州十里。賊尋逼州城，崔雍與賊頭吳約於鼓角樓上飲酒，許與賊州。又認軍事判官李譙爲親弟，表狀驅使官張立爲男，只乞二人并身，其餘將士一任處置。便令押衙李詞等各脫下衣甲，防虞官健束手被斬者八百餘人。行官石瓊脫衣甲稍遲，便被崔雍遣賊處斬。其崔雍所有料錢并家口，累差人押送往采石，今在潤州。豈有將一千人兵士之命，贖拔己之一身，不惟辜其神明，實亦生負聖主。兼科配軍州官吏修葺城池，妄稱出料錢修城者。」敕曰：「臣子之節，無如盡忠；士人之風，宜當遠恥。崔雍任居牧守，賊犯州城，禦扞曾不發言，從容乃與命酒。況石瓊未脫衣甲，志在當鋒，不能獎其赤誠，翻令擒送賊所。原其深意，與賊通和，臣節全虧，情狀可見，欲行朝典，宜更推窮。其崔雍家口並在宣州，宜令宣歙觀察使追崔雍收禁速勘，逐具事由申奏。」是月，馬舉率師解泗州之圍，賊黨遁去。敕曰：「當崔雍守郡之日，是龐勛肆逆之初。屬狂寇奔衝，望風和好，置酒以邀賊將，啓關而納兇徒。城內不許持兵，皆令解甲，致使三軍百姓，抆血相視，連頭受誅。初聞奏陳，深駭觀聽。錫望守城而死，已有追榮；杜慆孤壘獲全，尋加殊獎。既褒忠節，難赦罪人，玉石固分，懲勸斯在。將垂誡於四海，當何愛於一夫。其崔雍宜差內養孟公度專往宣州，賜自盡。」公度至，雍死於陵陽館，其男黨兒、歸僧配流康州，錮身遞送。司勳郎中崔原貶柳州司戶，比部員外郎崔福昭州司戶，長安縣令崔朗灃州司戶，左拾遺崔庚連州司戶，荊南觀察支使崔序衡州司戶，皆雍之親黨也。

九月，賊宿州守將張玄稔以城降，有兵萬人，馬舉率師赴之。龐勛聞之，以其衆將攻玄稔。玄稔，賊之勁將也〔三〕，遂與舉合勢，急圍徐州。許佶登城拒守者三日，佶敗走出。玄稔收復徐州，龐勛方來赴援，聞城已拔，欲南趨濠州，馬舉追及渙河〔三〕，擊敗之，勛溺水而死。蕭縣主將又斬許佶首來降，徐寇悉平。初，龐勛據徐州，倉庫素無貯蓄，乃令羣兇四出，於揚、楚、廬、壽、滁、和、兗、海、沂、密、曹、濮等州界剽牛馬輓運糧糗，以夜繼晝。招致亡命，有衆二十萬，男女十五已上，皆令執兵，其人皆舒鋤鈎爲兵，號曰「霍錐」。首尾周歲，十餘郡生靈，受其酷毒，至是盡平。與玄稔詔曰：「去歲災興分野，毒起徐方，蕞爾庸夫，稱兵犯命，招諭不復，猖狂罔悛，脅從三州之人，汚染萬姓之俗。逆順之理，邪正坐分，果有忠臣，悉殲逆黨，再清郡邑，不舉干戈。此皆衆人協心，闔州受福。但以首尾周歲，取制兇威，里閭不安，農桑失業，言念於此，倍積憂懷。已有詔指揮，今授玄稔銀青光祿大夫、檢校右散騎常侍、兼右驍衞大將軍、御史大夫，賜分帛五千匹、金榼一枚、蓋椀一具、金腰帶一條。軍將張臯已下二十人，等第優給。今差高品李志承押領宣賜。」制曰：

朕以眇身，獲承丕業，虔恭惕厲，十一載于茲。況荷十七聖之鴻休，紹三百年之慶祚，將求理本，敢忘宵衣。雖誠信未孚，而寅畏不怠，既絕意於苑囿，固無心於畋遊，業業兢兢，日慎一日。休徵罔應，沴氣潛生，南蠻將罷於戰爭，徐寇忽孤於惠養。招諭不至，虐暴滋深，竊弄干戈，擅攻州鎮。將邀符印，輒恣兇殘，不畏神祇，自貽覆滅。股肱之臣，以罪惡之難捨；腹心之衆，謂悖逆之可誅。爰徵甲兵，用救塗炭，上將宣力，內臣協心。選用皆得於良材，掃盪纔及於周歲，誅干紀反常之噍類，懲亂臣賊子之奸謀。

今則已及偃戈，重康黎庶。疇庸之典，在絲髮以無私；懋賞之時，貴纖毫之必當。其四面行營節度使，旣成茂勳，宜加酬獎，並取別敕處分。應諸道行營都將已下節級軍將〔一四〕，各委本道具功勞名銜，分析聞奏，當續有處分。被堅執銳，冒涉寒暄，解甲櫜弓，還鄉復業，須繒帛之賜，免差役之征。應四面行營將士，今旣平寧，宜令次第放歸本道。其賞賜匹段，已從別敕處分，到本道後，仍令節度使各犒宴放歸私第，便令歇息，未用差使。如行營人，並免差科色役；如本廂本將，今後有節級員闕，且以行營軍健量材差置，用酬征伐之勤。臨敵用命，力屈殞身，須慰傷魂，以彰忠節。超與職事，仍加任使。如無父兄子弟，即有妻女者，即委州使厚加贈卹，常令安撫。如是都將至都虞候陣亡者，與贈官。應陣亡將士有父兄子弟願入軍者，便令本道塡替。如無父兄子弟，仍且與給衣糧三年。因戰陣傷損手足永廢者，終身不得停給。如將士被賊殺害者，委所在州縣量事救接，重與改瘞，勿令暴露，兼與設祭。

王者以仁恕爲本，拯濟是謀，元惡旣已誅鋤，脅從宜從寬宥。除龐勛親屬及桂州迴戈逆黨，爲賊脅從及因戰陣拒敵官軍，招諭不悛，懼法逃走，皆非本惡，蓋鋒刃所驅，今並釋放，一切不問。應舊軍將軍吏節級所由〔一五〕，旣已歸還，征賦先宜蠲免。其徐、宿、濠、泗等州應合徵秋夏兩稅及諸色差科色役，一事已上，宜放十年，已後蠲放三年，待三年後續議條疏處分。編甿失業，丘井無人，桑柘枌榆，鞠爲茂草，應行營處百姓田宅產業爲賊殘毁燒焚者，今既平寧，並許識認，各還本主，諸色人不得妄有侵占。九原可作，千載不忘，尚禁樵蘇，寧傷丘壠。應有先賢墳墓碑記爲人所知，被賊毁廢者，即與掩藏，仍量致祭。自用兵已來，郡邑皆罹攻劫，遠念驚撓，尤在慰安。今遣右散騎常侍劉異、兵部郎中薛崇等往彼宣撫。於戲！朕以四海爲家，兆人爲子。一物失所，每軫納隍之憂；一方未寧，常負阽危之戒。今元兇就戮，逆黨誅夷，載戢干戈，永銷氛祲，庶平妖氣，允洽嘉祥。遐邇臣僚，當體予意。

制以徐州南面招討使、檢校尚書左僕射、右神武大將軍、權知淮南節度事、扶風縣開國伯、食邑一千戶馬舉可檢校司空，兼揚州大都督府長史、淮南節度副大使、知節度事；以右武衛大將軍、徐州東南面招討使曹翔檢校兵部尚書，兼徐州刺史、御史大夫、徐泗濠團練防禦等使；以前淮南節度使、檢校司空、平章事、上柱國、涼國公、食邑三千戶令狐綯爲太子太保，分司東都。魏博節度使、檢校太傅、同平章事何弘敬卒，三軍立其子全皥爲兵馬留後。

十一月，南詔蠻驃信坦綽酋龍率衆二萬寇巂州。定邊軍節度都頭安再榮守清溪關，爲賊所攻，再榮退保大渡河，北去清溪關二百里，隔水相射，凡九日八夜。定邊軍節度使竇滂勒兵拒之。

十二月，驃信遣清平官十餘人來僞和，與竇滂語次，蠻軍船栰競渡，忠武、武寧軍兵士結陣抗之，接戰自午及申，蠻軍稍却。竇滂自縊于帳中，徐州將苗全緒解之，謂滂曰：「都統何至於是，但安心，全緒與再榮、弘節等血戰取勝。」全緒三人率兵而出，滂乃單騎宵遁。其夜，蠻軍營於山下。全緒等謀曰：「彼衆我寡，若明日對陣，吾屬敗矣。可夜擊之，令其軍亂，自解去。」忠武、武寧之師乃夜入蠻軍，弓弩亂發，蠻衆大駭，全緒等三將保軍而去。蠻軍乘勝進攻西川城，朝廷以顏慶復爲大渡河制置、劍南應接等使，宋威爲行營都知兵馬使，將兵數萬，與忠武、武寧之師合，與蠻軍戰于漢州之毗橋，大捷，解西川之圍。明日，蠻軍遁走，西川平。以蜀王佶爲開府儀同三司、成都尹、劍南西川節度副大使、知節度事，不出閤；以盧耽知節度事。詔河東節度使鄭從讜赴闕。以義成軍節度使、光祿大夫、檢校尙書左僕射、同平章事、滑州刺史、上柱國、會稽縣開國伯、食邑二千戶康承訓以本官兼太原尹、北都留守，充河東軍節度使。以吏部侍郎楊知温、吏部侍郎于德孫李玄考官；司封員外郎盧蕘、刑部侍郎楊戴考試宏詞選人；以虞部郎中宋震、前昭應主簿胡德融考科目舉人。詔以兵戈纔罷，且務撫寧，其禮部貢舉，宜權停一年，付中書行敕指揮，其兩省官等，不用論奏。敕荆南節度使杜悰：「據司天奏，有小孛星氣經歷分野，恐有外夷兵水之患。緣邊藩鎮，最要隄防，宜訓習師徒，增築城堡。凡關制置，具事以聞。」制以魏博節度使何全皥起復檢校司空、同平章事。

十一年春正月甲寅朔，制尚書右僕射杜審權爲檢校司徒、河中尹、絳慈隰節度觀察處置等使。丙午，制宰相、門下侍郎、吏部尚書曹確可兼尚書左僕射，門下侍郎、戶部尚書路巖可兼右僕射，中書侍郎于悰可兼戶部尚書，平章事劉瞻可中書侍郎、知政事。餘並如故。己酉，制：「河東節度使康承訓，將門瑣質，戎壘微才，曾不知兵，謬膺重祿。憂韜鈐以効任〔六〕，畜奸惡以事君，幾授鉞於戎藩，嘗執金以徼道，謂其盡節，委以專征。屬者徐部匪寧，敢干紀律，俾護諸將，坐覆危巢。罄國幣以佐軍，頒王爵而賞士，而玩寇莫戰，按甲不前，立法未學於穰苴，申令頓虧於孫子。況部伍不戰，逼撓無謀〔七〕，人數空多，軍威何振。使農夫釋耒，工女下機，始凝望於天誅，翻有思於賊至。洎元兇自潰，玄稔効忠，彭門洞開，爾功何有！而負恩已甚，瀆貨是求，叨榮苟幸於一時，遺患遂逾於積歲。爰行國典，俾傅戎藩，可蜀王傅，分司東都。」再貶恩州司馬同正，馳驛發遣。以檢校左散騎常侍、泗州刺史杜慆檢校工部尚書、滑州刺史、義成軍節度、鄭滑觀察等使。以河東行營沙陀三部落羌渾諸部招討使、檢校太子賓客、監察御史朱邪赤心爲檢校工部尙書、單于大都護、御史大夫、振武節度、麟勝等州觀察等使，仍賜姓名曰李國昌。以吏部尙書蕭鄴、吏部侍郎于德孫、吏部侍郎楊知温考官；司勳員外郎李耀、禮部員外郎崔澹等考試應宏詞選人。以河陽三城節度、孟懷澤觀察使、中散大夫、檢校禮部尙書、孟州刺史、御史大夫崔彥昭爲金紫光祿大夫、檢校刑部尙書、太原尹、北都留守、河東節度觀察等使。以兵部侍郎、翰林學士承旨、扶風縣開國子、食邑五百戶、駙馬都尉韋保衡本官同平章事。以兵部侍郎劉鄴判度支。左僕射、門下侍郎、同平章事曹確以病求免，授檢校司空、同平章事，兼潤州刺史，充浙江西道觀察等使。魏博節度使何全皞酷政，爲衙軍所殺，推其大將韓君雄爲留後。

四月癸未朔。戊子，敕：「去年屬以用軍之際，權停貢舉一年，今既去戈，却宜仍舊。來年宜別許三十人及第，進士十人，明經二十人，已後不得援例。」

八月辛巳朔。己酉，同昌公主薨，追贈衞國公主，謚曰文懿。主，郭淑妃所生，主以大中三年七月三日生，咸通九年二月二日下降。上尤鍾念，悲惜異常。以待詔韓宗紹等醫藥不効，殺之，收捕其親族三百餘人，繫京兆府。宰相劉瞻、京兆尹温璋上疏論諫行法太過，上怒，叱出之。

九月丙辰，制以正議大夫、守中書侍郎、兼刑部尙書、同平章事、充集賢殿大學士、上柱國、彭城縣開國侯、食邑一千戶、賜紫金魚袋劉瞻檢校刑部尚書、同平章事，兼江陵尹，充荆南節度等使。翰林學士、戶部侍郎、知制誥、上柱國、賜紫金魚袋鄭畋爲梧州刺史；正議大夫、御史中丞、上柱國、賜紫金魚袋孫瑝爲汀州刺史；將仕郎、右諫議大夫、柱國、賜紫金魚袋高湘爲高州刺史；中散大夫、比部郎中、知制誥、柱國、賜紫金魚袋楊知至爲瓊州司馬；將仕郎、守禮部郎中魏簹爲春州司馬；朝議大夫、行兵部員外郎、判度支案、柱國張顏爲播州司戶；朝議大夫、行刑部員外郎、柱國崔顏融爲雷州司戶：並坐劉瞻親善，爲韋保衡所逐也。京兆尹温璋貶振州司馬，制出之夜，璋仰藥而死。劉瞻再貶康州刺史。

十月，以給事中薛能爲京兆尹，以中書舍人高湜權知禮部貢舉。

十一月己酉朔。辛亥，制以禮部尚書王鐸本官同平章事。丁卯，敕：「徐州地當沛野，軍本驍雄，實爲壯國之都，固協建侯之制。況山河素異，土俗甚殷，豈欲削卑，挫其繁盛。蓋緣比因稔禍，或至亂常，罪由己招，孽非天作。桂林叛卒，繼有逆謀，塗炭生靈，首尾周歲。殺傷黎庶，汚染忠良，所不忍言，尋加翦滅，是以卑其鎮額，隸彼藩方。近屬大兵已來，饑年荐至，且聞軍人百姓，深恥前非，願行舊規，却希建節。朕每深軫念，思致小康，特示渥恩，復其軍額。宜賜宣徽庫綾絹十萬匹，助其宴犒，必獲周豐。其徐州都團練使改爲感化軍節度、徐宿濠泗等州觀察處置等使。」以吏部侍郎鄭從讜檢校戶部尚書，兼汴州刺史、御史大夫，充宣武軍節度使，代李蔚；以蔚檢校吏部尙書、揚州大都督府長史，兼淮南節度副大使、知節度事。

十二年春正月戊申，宰相路巖率文武百僚上徽號曰睿文英武明德至仁大聖廣孝皇帝，御含元殿，册禮畢，大赦。辛酉，葬衞國公主於少陵原。先是，詔百僚爲挽歌詞，仍令韋保衡自撰神道碑，京兆尹薛能爲外監護，供奉楊復璟爲內監護，威儀甚盛，上與郭淑妃御延興門哭送。

三月，以吏部尙書蕭鄴、吏部侍郎歸仁晦李當考官；司封郎中鄭紹業、兵部員外郎陸勳等考試宏詞選人。幽州節度使張允伸病，請以子簡會爲節度副大使、權知兵馬事，詔從之。

四月，以左僕射、門下侍郎、同平章事路巖檢校司徒，兼成都尹、劍南西川節度等使。

五月庚申，敕：「愼恤刑獄，大易格言。語曰：如得其情，卽哀矜而勿喜。而獄吏苛刻，務在舞文，守臣因循，罕聞視事。以此械繫之輩，溢於狴牢；追捕之徒，繁於簡牘。實傷和氣，因致沴氛。況時屬熇蒸，化先茂育，並赦罪戾，式順生成。應天下所禁繫罪人，除十惡忤逆、故意殺人、合造毒藥、持仗行劫、開發墳墓外，餘並宜疏理釋放。或信任人吏，多有生情繫留，續察訪得知，本道觀察使判官、州府本曹官必加懲譴，以誡慢易。到後十日內，速疏理分析聞奏。」上幸安國寺，賜講經僧沉香高座。

七月辛丑，中書門下奏：

准今年六月十二日敕，釐革諸道及在京諸司奏官并請章服事者。其諸道奏州縣官司錄、縣令、錄事、參軍，或見任公事，敗闕不理，切要替換，及前任實有勞効，并見有闕員，卽任各舉所知。每道奏請，仍不得過兩人。其河東、潞府、邠寧、涇原、靈武、鹽夏、振武、天德、鄜坊、滄德、易定、三川等道觀察防禦等使及嶺南五管，每道每年除令、錄外，許量奏簿、尉及中下州判司及縣丞共三人。福州不在奏州縣官限。其黔中所奏州縣官及大將管內官，卽任準舊例處分。在京諸司及諸道帶職奏官，或非時僉替，考限未滿，並卻與本資官。諸道節度及都團練防禦使下將校奏轉試官及憲御等，令諸節度事每年量許五人，都團練防禦量許三人爲定，不得更於其外奏請。其御史中丞已下，卽準敕文條疏，須有軍功，方可授任。自今後如顯立戰伐功勞者，任具事績申奏，如檢勘不虛，當別與商量處分，以外輒不得更有奏請。其幽、鎭、魏三道望且準承前舊例處分。

敕旨從之。

十二月，以檢校戶部尚書、汴州刺史、御史大夫、宣武軍節度使鄭從讜爲廣州刺史、嶺南東道節度觀察處置等使。

十三年春正月壬寅朔。甲戌，制以兵部侍郎、判度支劉鄴本官同平章事。幽州盧龍等軍節度使、檢校司徒、同平章事、幽州大都督府長史、上柱國、燕國公、食邑三千戶張允伸卒，贈太尉，謚曰忠烈。允伸鎮幽州二十三年。

二月，幽州牙將張公素奪留後張簡會軍政，自稱留後。丁巳，制以尚書右僕射、門下侍郎、同平章事于琮檢校司空、襄州刺史，充山南東道節度觀察處置等使；以御史中丞趙隱爲戶部侍郎、本官同平章事。

三月，以吏部尚書蕭鄴、吏部侍郎獨孤雲考官，職方郎中趙蒙、駕部員外郎李超考試宏詞選人。試日，蕭鄴替，差右丞孔温裕權判。

五月庚午朔。辛未，敕檢校尚書左僕射、守左羽林軍統軍、御史大夫張直方貶康州司馬同正，以其部下爲盜故也。乙亥，國子司業韋殷裕於閤門進狀，論淑妃弟郭敬述陰事。上怒甚，即日下京兆府決殺殷裕，籍沒其家。殷裕妻崔氏，音聲人鄭羽客、王燕客，婢微娘、紅子等九人配入掖庭。閤門使田獻銛奪紫，配於橋陵，閤門司閽敬直決十五，配南衙，爲受殷裕文狀故也。給事中杜裔休貶端州司馬。中書舍人崔沆循州司戶，殷裕妻兄也；太僕少卿崔元應州司戶，殷裕妻父也；前河陰院官韋君卿爲愛州崇平尉〔一八〕，殷裕季父也。以前大理正万俟鎔爲國子司業，前興元少尹馮彭爲普州刺史，前大理正陽瑄爲昌州刺史。丙子，制開府儀同三司、檢校尙書左僕射、兼襄州刺史、御史大夫、充山南西道節度觀察等使于琮可正議大夫、守普王傅，分司東都。辛巳，敕尙書左丞李當貶道州刺史，吏部侍郎王渢貶潭州刺史，左散騎常侍李郁貶賀州刺史，前中書舍人封彥卿貶潮州司戶，翰林學士承旨、兵部侍郎、知制誥張裼貶封州司馬，右諫議大夫楊塾貶和州司戶，工部尙書嚴祁貶郴州刺史，給事中李貺貶蘄州刺史，給事中張鐸藤州刺史，左金吾衞大將軍、充左街使李敬伸儋州司戶，前青州刺史、平盧軍節度使于涓爲涼王府長史，分司東都；前湖南觀察使于瓌爲袁州刺史〔一九〕。涓、瓌，琮之兄也。于蘜、于麃亦配流。自李當已下，皆于琮之親黨也，爲韋保衡所逐。以天德防禦使、檢校左散騎常侍段文楚爲雲州刺史、大同軍防禦使。

六月，義成軍節度使、檢校工部尙書杜慆奏：當管潁州僧道百姓舉留刺史宗回，敕曰：「回淸幹臨人，自有月限，方藉綏輯，未議替移。」六月，中書門下奏：

今月十七日，延英面奉聖旨，令誡約天下州府，應有逃亡戶口，其賦稅差科，不得攤配見在人戶上者。伏以諸道州府，或兵戈之後，災沴之餘，戶口逃亡，田疇荒廢，天不敷佑，人多艱危。鄉閭屢困於征徭，帑藏因茲而耗竭，遂使從來經費色額，太半空系簿書。緩徵斂則闕於供須，促期限則迫於貧苦。言念凋弊，勞乃憂勤，不降明文，孰知聖念。其逃亡戶口賦稅及雜差科等，須有承佃戶人，方可依前應役。如將闕稅課額，攤於見在人戶，則轉成逋債，重困黎元。或富者有連阡之田，貧者無立錐之地，欲令均一，固在公平。若令狡猾之徒，得以升降由己，望其完葺，不亦難乎！全由長吏竭誠，方使疲甿漸泰。臣等商量，令諸道州府準此條疏，應有逃亡戶口稅賦并雜色差科等，並不得輒更攤配於見存人戶之上。務設法招攜，多方撫御，乘茲豐稔，重獲昭蘇。苟致安寧，自當遷陟，不遵詔令，必舉典刑。」從之。

七月，以前義昌軍節度使盧簡方爲太僕卿。

十二月，以振武節度李國昌爲檢校右僕射、雲州刺史、大同軍防禦等使。國昌恃功頗橫，專殺長吏，朝廷不能平，乃移鎭雲中。國昌稱病辭軍務，乃以太僕卿盧簡方檢校刑部尚書、雲州刺史，充大同軍防禦等使。上召簡方於思政殿，謂之曰：「卿以滄州節鎭，屈轉大同。然朕以沙陀、羌、渾撓亂邊鄙，以卿曾在雲中，惠及部落，且忍屈爲朕此行，具達朕旨，安慰國昌，勿令有所猜嫌也。」是月，李國昌小男克用殺雲中防禦使段文楚，據雲州，自稱防禦留後。制追謚宣宗爲元聖至明成武獻文睿智章仁神聰懿道大孝皇帝。

十四年春正月丙寅朔。御史中丞韋蟾奏：「應諸州刺史除授，正衙辭謝後託故陳牒請假，實爲容易。自今後如實有故爲衆所知者，三日外不在陳牒之限。應內外除官入京，合便朝謝，如遇假日，且合在都亭驛。近日多因請假，便歸私家，既犯條章，頗乖禮敬。自今已後，望準故事，如未朝謝，須於都亭驛。如違越，臺司勘當申奏。」從之。辛未，以雲、朔暴亂，代北騷動，賜盧簡方詔曰：「李國昌久懷忠赤，顯著功勞，朝廷亦三授土疆，兩移旄節，其爲寵遇，實寡比倫。昨者徵發兵師，又令克讓將領，惟嘉節義，同絕嫌疑。近知大同軍不安，殺害段文楚，推國昌小男克用主領兵權。事雖出於一時，心豈忘於長久？段文楚若實刻剝，自結怨嫌，但可申論，必行朝典。遽至傷殘性命，刳剔肌膚，慘毒憑凌，殊可驚駭。況忠烈之後，節義之門，致茲橫亡，尤悚觀聽。若克用暫勿主兵務，束手待朝廷除人，則事出權宜，不足猜慮。若便圖軍柄，欲奄有大同，則患繫久長，故難依允。料國昌輸忠効節，必當已有指揮。知卿兩任雲中，恩及國昌父子，敬憚懷感，不同常人。宜悚與書題，深陳禍福，殷勤曉喩，劈析指宜。切令大節無虧，勿使前功併棄。」簡方準詔諭之，國昌不奉詔。乃詔太原節度使崔彥昭、幽州節度使張公素帥師討之。

三月，以新除大同軍使盧簡方爲單于大都護、振武節度、麟勝等州觀察等使。時李國昌據振武，簡方至嵐州而卒。自是沙陀侵掠代北諸軍鎮。庚午，詔兩街僧於鳳翔法門寺迎佛骨，是日天雨黃土偏地。

四月八日，佛骨至京，自開遠門達安福門，綵棚夾道，念佛之音震地。上登安福門迎禮之，迎入內道場三日，出於京城諸寺。士女雲合，威儀盛飾，古無其比。制曰：「朕以寡德，纘承鴻業，十有四年。頃屬寇猖狂，王師未息。朕憂勤在位，愛育生靈，遂乃尊崇釋教，至重玄門，迎請眞身，爲萬姓祈福。今觀覩之衆，隘塞路歧。載念狴牢，寢興在慮，嗟我黎人，陷於刑辟。況漸當暑毒，繫於縲紲，或積幽凝滯，有傷和氣，或關連追擾，有妨農務。京畿及天下州府見禁囚徒，除十惡忤逆、故意殺人、官典犯贓、合造毒藥、放火持仗、開發墳墓外，餘罪輕重節級遞減一等。其京城軍鎮，限兩日內疏理訖聞奏；天下州府，敕到三日內疏理聞奏。」以吏部侍郎蕭倣爲兵部侍郎、同平章事。

六月，帝不豫。

七月癸亥朔。戊寅，疾大漸。庚午，制立普王儼爲皇太子〔三〇〕，權勾當軍國政事。辛巳，遺詔曰：

朕祗事九廟，君臨四海，夕惕如厲，宵分靡寧，必求政化之源，思建大中之道。至於懷柔夷貊，偃戢干戈，皆以德綏，亦自馴致。冀淸淨之爲理，庶治平之可臻。自秋已來，忽爾嬰疹，坐朝既闕，踰旬未瘳。六疾斯侵，萬機多曠，醫和無驗，以至彌留。嗚呼！數哉有窮，聖賢之所必同，明於斯言，是爲達節。載申顧命，式叶典謨。皇太子權勾當軍國事儼，性稟寬和，生知忠孝，德苞睿哲，聖表徇齊，必能揚祖宗之重光，荷邦家之丕構。宜令所司具禮，於柩前即皇帝位。以司空、門下侍郎、平章事韋保衡攝冢宰。軍國務殷，豈可久曠，況易月之制，行之自古，皇帝宜三日而聽政，二十七日釋服。諸道節度、觀察、團練、防禦等使，及監軍、諸州刺史，受寄至重，並不得離任赴哀。文武常參官朝晡之臨，十五舉音。宮中當臨者，非時無得擅哭。天下人吏百姓告哀後出臨三日，皆釋服，勿禁食肉、飲酒、婚姻、祭祀，釋服之後無禁當舉。薄葬之禮，宜遵漢魏之文。其山陵制度，切在儉約，並不得以金銀錦繡文飾喪具。五坊鷹犬等，除蒐狩外，餘並解放。其醫官段璲、趙玭、符虔休、馬及等並釋放。咨爾將相卿士、中外臣僚，竭力盡忠，匡予令嗣，送往事居，無違朕志。

是日，崩于咸寧殿，聖壽四十一。百僚上謚曰睿文昭聖恭惠孝皇帝，廟號懿宗。十五年二月，葬于簡陵。

史臣曰：臣常接咸通耆老，言恭惠皇帝故事。當大中時，四海承平，百職修舉，中外無粃政，府庫有餘貲，年穀屢登，封疆無擾。恭惠始承丕構，頗亦勵精，延納讜言，尊崇耆德，數稔之內，洋洋頌聲。然器本中庸，流於近習，所親者巷伯，所昵者桑門。以蠱惑之侈言，亂驕淫之方寸，欲無怠忽，其可得乎！及釁結蠻陬，奸生戍卒。發五嶺之轉輸，寰海動搖；徵二蜀之捍防，蒸人盪覆。徐寇雖殄，河南幾空。然猶削軍賦而飾伽藍，困民財而修淨業，以諛佞爲愛己，謂忠諫爲妖言。爭趨險詖之途，罕勵貞方之節。見豕負塗之愛豎，非次寵升；燋頭爛額之輔臣，無辜竄逐。是以干戈布野，蟲旱彌年，佛骨纔入於應門，龍輴已泣於蒼野，報應無必，斯其驗歟！土德凌夷，禍階於此。雖有文、景之英繼，難以興焉，自茲龜玉之不昌，固其宜矣。黃髮遺叟，言之涕零。

贊曰：邦家治亂，在君聽斷。恭惠驕奢，賢良貶竄。凶豎當國，憸人滿朝。奸雄乘釁，貽謀道消。

校勘記

〔一〕海岳晏咸通　「岳」字各本原無，據御覽卷一一五、册府卷二一補。

〔二〕江西造切麪粥以饋行營　「江」字各本原無，「切」字各本原作「地」，據册府卷四九八補改。

〔三〕爲支郡　「支郡」，各本原作「文都」，據唐會要卷七八改。

〔四〕宋戎　各本原作「宋式」，據本卷上文、冊府卷一四七改。

〔五〕徐州處置觀察防禦使　合鈔卷二一懿宗紀「徐州」上有「復置」二字。

〔六〕准此例與置本錢　「與」字各本原作「興」，據御覽卷一一五、冊府卷四八四改。

〔七〕新城安城遏戎州　通鑑卷二五〇作「新安城、遏戎城」。

〔八〕左丞楊知溫　「左丞」下各本原有「相」字，按是時無左丞相之官，據本書卷一七六楊虞卿傳刪。

〔九〕其錢絹依前不旋逐納　「不旋逐納」，各本原作「旋納」，據冊府卷四八四補。

〔一〇〕戶部侍郎　「戶」字各本原作「兵」，據本書卷一七八崔彥昭傳、冊府卷四八四、新書卷一八三崔彥昭傳改。

〔一一〕雷雨不同　全唐文卷八四作「雷雨不周」。

〔一二〕賊之勁將也　「也」字各本原作「出」，據御覽卷一一五改。

〔一三〕渙河　各本原作「澴河」，據御覽卷一一五、通鑑卷二五一改。

〔一四〕節級軍將　各本原作「節度及軍將」，據唐大詔令集卷一二五、全唐文卷八三改。

〔一五〕節級所由　「級」字各本原作「及」，據唐大詔令集卷一二五、全唐文卷八三改。

〔一六〕憂韜鈐以効任　「憂」字葉校本作「寡」，全唐文卷八三作「竊」。

〔一七〕逼撓無謀　「逼」字合鈔卷二一懿宗紀作「逗」。

〔一八〕愛州崇平尉　「崇」字各本原作「宋」，據本書卷四一地理志、通鑑卷二五二考異引續寶運錄改。

〔一九〕于瓌　各本原作「于環」，據本書卷一四九于休烈傳、新書卷一〇四于志寧傳改。

〔二〇〕普王儼　「普」字各本原作「晉」，據本書卷一九下僖宗紀、唐會要卷二、御覽卷一一五改。

舊唐書卷十九下

本紀第十九下

僖宗

僖宗惠聖恭定孝皇帝諱儇，懿宗第五子，母曰惠安皇后王氏。咸通三年五月八日生於東內。初封普王，名儼。十四年七月，懿宗大漸。其月十八日，制曰：「朕守大器之重，居兆人之上，日愼一日，如履如臨。旰昃勞懷，寢興思理，涉道猶淺，導化未孚。而攝養乖方，寒暑成癘，實有慮於闕政，且無暇於怡神。恙未少瘳，日加寖劇，萬務凡總，須有主張。考思舊章，謀于卿士，思闡鴻業，式建皇儲。第五男普王儼改名儇，孝敬溫恭，寬和博厚，日新令德，天假英姿，言皆中規，動必由禮。俾崇邦本，允協人心，宜立爲皇太子，權勾當軍國政事。咨爾中外卿士，洎于腹心之臣，敬保予胤，輔成予志，各竭乃心，以安黎庶。布告中外，知朕意焉。」是日，懿宗崩。二十日，卽皇帝位于柩前，時年十二。左軍中尉劉行深、右軍中尉韓文約居中執政，並封國公。

八月，皇帝釋服。册聖母王氏爲皇太后。河南大水，自七月雨不止，至釋服後方霽。

九月，守司空、門下侍郎、平章事韋保衡貶賀州刺史。以岳州刺史于琮爲太子少傅，緣琮貶逐者並放還。循州司戶崔沆復爲中書舍人，前戶部侍郎、知制誥、翰林學士承旨鄭畋爲左散騎常侍，前兵部侍郎、知制誥、翰林學士張裼爲太子賓客，前諫議大夫高湘復爲諫議大夫，前宣歙觀察使楊嚴復爲給事中。

十月，左僕射、門下侍郎、平章事劉鄴檢校左僕射、同平章事，兼揚州大都督府長史，充淮南節度觀察副大使、知節度事。

十一月，以光祿大夫、守太子少傅、駙馬都尉于琮檢校尚書左僕射，兼襄州刺史、御史大夫，充山南東道節度觀察等使。

十二月，雷震。義成軍節度使、檢校刑部尚書杜慆就加兵部尚書。

乾符元年春正月辛酉朔。乙丑，左僕射、門下侍郎、平章事蕭倣兼右僕射。門下侍郎、吏部尚書、平章事王鐸檢校吏部尚書、同平章事，兼汴州刺史，充宣武軍節度、宋亳觀察等使。

二月，葬懿宗于簡陵。

三月，以河東節度使、檢校尙書右僕射崔彥昭爲尙書兵部侍郞，充諸道鹽鐵轉運等使。以銀靑光祿大夫、京兆尹、上柱國、岐山郡開國公、食邑三千戶竇瀚檢校戶部尙書、太原尹、北都留守、御史大夫，充河東節度管內觀察處置等使。以中書侍郞、刑部尙書、同平章事趙隱檢校吏部尙書、潤州刺史、浙江西道都團練觀察等使。

四月，崔彥昭本官同平章事，領使如故。以前淮南節度使李蔚爲吏部尙書。以天平軍節度使、檢校尙書右僕射、兼鄆州刺史高駢檢校司空，兼成都尹，充劍南西川節度副大使、知節度事。以右散騎常侍韋荷爲吏部侍郞。前同州刺史崔璞爲右散騎常侍。右領軍衞上將軍渾偘檢校吏部尙書、左千牛衞上將軍。以侍御史盧胤征爲司封員外郞，判戶部案。

五月，以吏部侍郞鄭畋爲兵部侍郞、同平章事，戶部侍郞、知制誥、翰林學士、賜紫金魚袋盧攜本官同平章事。太子右庶子李嶧爲太僕卿，侍御史裴渥爲起居郞。以嶺南東道節度使、檢校刑部尙書鄭從讜爲刑部尙書，以吏部侍郞韋荷檢校禮部尙書、廣州刺史、嶺南東道節度使。

七月，以禮部侍郞裴瓚爲檢校左散騎常侍、潭州刺史、御史大夫、湖南觀察使；故湖南觀察使李庾贈禮部尙書。

十月，以中書舍人崔沆爲中書侍郎，右諫議大夫崔胤爲給事中。

十一月丙戌朔。庚寅，上有事於宗廟，禮畢，御丹鳳門，大赦，改元爲乾符。宰相蕭倣兼司空、弘文館大學士、太淸宮使，兵部侍郎崔彥昭爲中書侍郎，兵部侍郎鄭畋爲集賢殿大學士。以宣慰沙陀六州部落、檢校兵部尚書李鈞爲靈武節度，制曰：「朕以沙陀驍勇，重累戰功，六州蕃、渾，沐浴王化。念其出於猜貳，互有傷殘，而克璋報仇，其意未已。被我君臨之德，軫吾子育之心，爰擇良能，俾之宣撫。惟爾先正，嘗鎭北門，待國昌以雄傑之才，置國昌於濟活之地。既藉奕葉之舊，又懷任土之觀。是用付以封疆，委之軍旅，必集王事，無墜家聲。」初鈞父業鎭太原，能安集代北部落。時李國昌父子據大同、振武，吐渾、契苾、幽州諸道之軍攻之不利，故假鈞靈武節鉞，率師招諭之。以長安令李壓爲諫議大夫，以吏部員外郎徐彥若爲長安令。兵部郎中盧鄴爲楚州刺史。

十二月，党項、迴鶻寇邊。以左司郎中崔原爲兵部郎中，江州刺史李可仁爲右司郎中。權知工部尚書牛蔚爲禮部尚書，太子賓客于涯爲工部尚書。是冬，南詔蠻寇蜀，詔河西、河東、山南西道、東川徵兵赴援。西川節度使高駢奏：「奉敕抽發長武、鄜州、河東等道兵士赴劍南行營者。伏以西川新軍舊軍差到已衆，況蠻蜑小醜，必可枝梧。今以道路崎嶇，館驛窮困，更有軍頓，立見流移，所謂望一處完全而百處俱破。且兵不在衆而在於和，其左右神策長武鎮、鄜州〔二〕、河東所抽甲馬兵士，人數不少，況備辦軍食，費損尤多。又緣三道藩鎮，盡扼羌戎，邊鄙未寧，望不差發。如已在道路，並請降敕勒迴。」詔答曰：「蠻蜑如尙憑陵，固須倍兵禦敵；若已奔退，卽要併力追擒。方藉北軍，助平南寇，其三處兵士，宜委高駢候到蜀日分布驅使。具務多多之辦，寧亂整整之師。其河東一千二百人，令竇滸不要差發。」時駢扞蠻已退，長武兵士竟至蜀而還，議者惜其勞費而虛邀出入之賞也。右軍中尉韓文約以疾乞休致，從之。

二年春正月乙酉朔。己丑，宰相崔彥昭率文武百僚上尊號，上御正殿受册。以知內樞密田令孜爲右軍中尉。南蠻驃信遣使乞盟，許之。以鳳州刺史郭弘業爲左金吾衞將軍。庫部郎中韋岫爲泗州刺史，都官員外郎李頻爲建州刺史。

二月，以兵部侍郎、充諸道鹽鐵轉運使王凝爲秘書監，以所補吏職罪也。以吏部侍郎裴坦爲兵部侍郎，充諸道鹽鐵轉運使。以翰林學士崔瀣爲中書舍人；翰林學士徐仁嗣爲司封郎中，學士如故。以容管經略招討使高秦檢校戶部尙書，太府卿李嶧爲宗正卿，湖州刺史張摶爲廬州刺史，庫部員外郎楊堪爲吏部員外郎。

三月，以右補闕鄭勤爲起居郎，度支推官牛徽爲右補闕。以戶部郎中崔彥融爲長安令，都官郎中楊知退爲戶部郎中。左司員外郎唐嶠爲刑部郎中，刑部員外郎畢紹顏爲左司員外郎，侍御史鄭頊爲刑部員外郎。

四月，海賊王郢攻剽浙西郡邑。以殿中侍御史李燭爲禮部員外郎。以太子賓客張裼爲吏部侍郎。前淮南節度使李蔚爲太常卿，成德軍節度使王景崇加開府儀同三司。秘書監蕭倪爲國子祭酒。汝州刺史崔彥沖爲太子賓客分司。新除吏部侍郎張裼爲京兆尹。東川點檢兵馬使吳行魯可金紫光祿大夫、檢校兵部尚書，兼梓州刺史、御史大夫，充劍南東川節度等使。以東川節度使、檢校戶部尚書崔充爲河南尹；河南尹李晦檢校左散騎常侍，兼福州刺史、福建都團練觀察使。以鳳翔隴西節度使、檢校司徒、同平章事、上柱國、涼國公、食邑三千戶令狐綯進封趙國公。

五月，濮州賊首王仙芝聚於長垣縣，其衆三千，剽掠閭井，進陷濮州，俘丁壯萬人。鄆州節度使李種出兵擊之〔二〕，爲賊所敗。以殿中少監薛瑺爲衢州刺史，國子司業裴拙爲洋州刺史，中書舍人崔沆爲禮部侍郎，兵部郎中裴虔餘爲太常少卿。

六月，以司勳員外郎薛邁爲兵部郎中，戶部員外郎鄭就爲司勳員外郎，倉部員外郎鄭綮爲戶部員外郎，主客員外郎王鐐爲倉部員外郎。

秋七月，以大理卿蔡行爲豐州刺史、天德軍都防禦使，大理卿張彥遠爲大理卿〔三〕。以京兆尹張裼檢校戶部尚書，兼鄆州刺史、御史大夫，充天平軍節度、鄆曹濮觀察等使。以左司勳員外郎杜貞符爲都官郎中〔四〕，吏部員外郎牛循爲金州刺史，司封員外郎盧胤征爲吏部員外郎。

十月，以秘書少監李晛爲諫議大夫。以前大同軍及雲朔都防禦營田供軍等使李瑨檢校左散騎常侍、豐州刺史，充天德軍豐州西城中城都防禦使、本管押蕃落等使。以考功員外郎趙蘊爲吏部員外郎，戶部員外郎盧莊爲起居員外郎，禮部員外郎蕭藎爲考功員外郎。

十一月，以起居郎劉崇龜爲禮部員外郎，殿中侍御史孔綸爲戶部員外郎。是月，雷震電。左僕射王鐸兼門下侍郎、同平章事，復輔政。

三年春正月己卯朔，司空、門下侍郎、同平章事蕭倣以病求免，罷爲太子太傅。浙西奏誅王郢徒黨。以左金吾衞大將軍、右街使齊克讓檢校兵部尚書，兼兗沂海等州節度使。

三月，以吏部尚書歸仁晦、吏部侍郎孔晦、吏部侍郎崔蕘試宏詞選人〔五〕，考功郎中崔庾、考功員外郎周仁舉爲考官。以太常卿李蔚本官同平章事。奉天鎮上言金龍晝見，自河升天。門下侍郎崔彥昭太清宮使、弘文館大學士，中書侍郎、刑部尚書、平章事鄭畋監修國史。以右武衞大將軍墨冲謙爲左金吾衞大將軍，以黎州刺史杜岡爲雅州刺史。

五月，以江西觀察使獨孤雲爲太子少傅，金州刺史束鄉勵爲嘉州刺史。

六月，敕福建觀察使李播、荆州刺史楊權古、蔚州刺史王龜範、壁州刺史張贊、濮州刺史韋浦、施州刺史婁傅會、邢州刺史王回、撫州刺史崔理、黄州刺史計信卿等：「刺史親人之官，苟不諳詳，豈宜除授。比爲朕養百姓，非獨榮爾一身，每念疲羸，實所傷歎。李播等九人授官之時，衆詞不可；王回等三人到郡無政，惟務貪求。實汚方州，並宜停任。」以檢校右散騎常侍、衞尉卿李鐸爲太府卿，以涼王傅分司裴思謙爲衞尉卿，撫王府長史劉允章涼王傅。主客郎中崔福爲汾州刺史，荆南節度副使王慥爲主客郎中。六月，以門下侍郎、刑部尚書、平章事、太淸宮使、弘文館大學士、判度支崔彥昭兼左僕射，中書侍郎鄭畋兼門下侍郎，太常卿、平章事李蔚爲中書侍郎。以歙州刺史蕭騫爲右司員外郎，右司員外郎崔瀣爲歙州刺史。

七月，草賊王仙芝寇掠河南十五州，其衆數萬。是月，賊逼潁、許，攻汝州，下之，虜刺史王鐐。刑部侍郎劉承雍在郡，爲賊所害。賊遂南攻唐、鄧、安、黄等州。時關東諸州府兵不能討賊，但守城而已。以戶部郎中李節爲駕部郎中，金部郎中王慥爲戶部郎中，主客郎中鄭諴爲金部郎中，金部員外郎張譙爲主客郎中，屯田員外郎竇珝爲金部員外郎，京兆司錄趙曄爲屯田員外郎。工部侍郎崔朗爲同州刺史，左軍擗仗使、左監門衞上將軍西門思恭爲右威衞上將軍。以右諫議大夫、知制誥魏謩爲中書舍人。

九月，以右丞崔蕘權知吏部侍郎，禮部侍郎崔沆爲尚書右丞，中書舍人高湘權知禮部侍郎，京兆尹楊知至爲工部侍郎。兵部尚書、兼太常卿李瓚檢校尚書右僕射、太常；衞尉卿蕭寬爲鴻臚卿，充閑廐使。以宰相崔彥昭男保謙爲秘書省校書郎。右僕射、門下侍郎、平章事崔彥昭加特進；門下侍郎、禮部尚書、平章事鄭畋可特進。太中大夫、平章事盧攜可銀青光祿大夫；銀青光祿大夫、平章事李蔚可金紫光祿大夫。以太府卿李嶧檢校工部尚書、滑州刺史、御史大夫，充義成軍節度、鄭滑潁觀察處置等使。雅州自六月地震至七月未止，壓傷人頗衆。詔河南藩鎭舉兵討賊。以刑部郎中李磎爲戶部郎中，分司東都；戶部郎中鄭諴爲刑部郎中。戶部郎中、知制誥、翰林學士王徽爲中書舍人，戶部員外郎、翰林學士蕭遘爲戶部郎中，學士並如故。諫議大夫趙蒙爲給事中，商州刺史張同爲諫議大夫。

十一月，以司門員外郎鄭蕘爲池州刺史，水部員外郎樊充爲工部員外郎，汴宋度支使杜孺休爲水部員外郎。太常少卿崔渾貶康州刺史，揚州左司馬鄭祥爲澧州刺史，度支分巡院使李仲章爲建州刺史。

十二月，以右金吾衞將軍張簡會爲左金吾大將軍，充右街使；右龍武將軍李弢爲右金吾將軍。前陝西虢觀察使陸墉爲太子賓客。

四年春正月癸酉朔。丁丑，降制赦天下繫囚及徒流人放還。以諫議大夫李湯爲給事中，以兵部郎中崔厚爲諫議大夫。大理少卿王承顔爲鹽州刺史，明州刺史殷僧辯爲大理卿。以吏部尚書鄭從讜、吏部侍郎孔晦、吏部侍郎崔蕘考宏詞選人。

三月，以開府、行內侍監致仕劉行深爲內侍省觀軍容、守內侍監致仕。以判鹽鐵案、檢校考功郎中鄭溵爲司封員外郎，充轉運判官。兵部員外郎裴渥爲蘄州刺史，職方員外郎盧澄爲兵部員外郎。以草賊大寇河南、山南，詔曰：

亂常干紀，天地所不容；伐罪弔人，帝王之大典。歷觀往代，徧數前朝，其有怙衆稱兵，憑凶構孽，或疑迷於郡縣，或殘害於生靈。初則狐假鴟張，自謂驍雄莫敵；旋則鳥焚魚爛，無非破敗而終。蓋以逆順相懸，幽明共怒。近者龐勛拒命，王郢挺災，結聚至多，猖狂頗甚，尋則身膏原野，家受誅夷。亦有方從叛亂，能自徊翔，移吉凶於反掌之間，變禍福於立談之際。則諸葛爽今爲刺史〔六〕，朱實見存將軍，弘霸郎受職於禁營，宋再雄策名於淮海，莫不身名光顯，家族輝榮。近準諸道奏報，草賊稍多，江西、淮南、宋、亳、曹、潁，或攻郡縣，或掠鄉村。雖命兵師，且令招撫。朕以寬弘爲理，慈愍居心，每念蒼生，皆同赤子。恨不能均其衣食，令致荒饑，寧忍迫以鋒鋩，斷其身首。如王仙芝及諸賊頭領能洗心悔過，散卒休兵，所在州府投降，便令具名聞奏，朝廷當議獎升。如諸賊頑傲不悛，凶強自恃，即宜令諸道兵師掎角誅剪。若諸軍全捕得一火草賊數至三百人已上者，超授將軍，賞錢一千貫。如鄉村有幹勇才略，而能率合義徒，驅除草寇者，本處以聞，亦與重賞。如鄭鎰、湯羣之輩，已爲刺史，朝廷故不食言。敕到，宜令諸道明行宣諭，令知朕意。

青州節度使宋威上表：「請步騎五千，特爲一使，兼率本道兵士，所在討賊，必立微功以酬聖獎。」優詔嘉之，乃授威諸道招討草賊使，仍給禁兵三千，甲馬五百匹。仍諭河南方鎮曰：「王仙芝本爲鹽賊，自號草軍，南至壽、廬，北經曹、宋。半年燒劫，僅十五州；兩火轉鬬，踰七千衆。諸道發遣將士，同共討除，日月漸深，煙塵未息。蓋以遞相觀望，虛費糇糧，州縣罄於供承，鄉村泣於侵暴。今平盧軍節度使宋威深憤萑蒲，請行誅討。朕以威前時蜀部，破南詔之全軍；比歲徐州，摧龐勛之大陣。官階甚貴，可以統諸道之都頭；驍勇素彰，足以破伏戎之草寇。今已授指揮諸道兵馬招討草賊使，候宋威到本道日，供給犒設，並取上供錢支給。仍命指揮都頭，凡攻討進退，取宋威處分。」時賊渠王仙芝、尚君長在安州，宋威自青州與副使曹全晸進軍攻討，所在破賊。是月，冤朐賊黃巢聚萬人攻鄆州，陷之，逐節度使薛崇。

五月，幽州節度使李茂勳上表乞致仕，以其男可舉權知兵馬事。制以壽王傑爲開府儀同三司、幽州經略盧龍等軍節度觀察押奚契丹等使；以幽州節度副使、權知兵馬事李可舉檢校左散騎常侍、幽州大都督府左司馬，充幽州兵馬留後。制以幽州盧龍節度使、檢校工部尚書李茂勳守尚書左僕射致仕。以前綿州刺史皇甫鏞爲秘書少監，以陳州刺史許珂爲睦州刺史，以右衞將軍程可復爲左衞大將軍。

六月，以宣歙觀察使高駢檢校司空，兼潤州刺史、鎭海軍節度、蘇常杭潤觀察處置、江淮鹽鐵轉運、江西招討等使。以汝州防禦使李鈞檢校尚書右僕射、潞州大都督府長史，充昭義軍節度、潞邢洺磁觀察等使。黃巢賊陷沂州。

七月，黃巢自沂、海，其徒數萬，趨潁、蔡，入查牙山，遂與王仙芝合。幽州留後李可舉請以本軍討沙陀三部落，從之。

八月，賊陷隨州，執刺史崔休徵。羣賊屯於白洑。是月，江州賊首柳彥璋聚徒陷江州，殺刺史陶祥。

九月，以中書舍人崔澹權知貢擧。沙陀大寇雲、朔。

十月，詔昭義節度李鈞、幽州李可舉、吐渾赫連鐸白義誠、沙陀安慶薛葛部落合兵討李國昌父子於蔚州。

十一月，賊王仙芝率衆渡漢，攻江陵，節度使楊知温嬰城拒守。知温本非禦侮之才，城無宿備，賊急攻之。

十二月，賊陷江陵之郛，知温窮蹙，求援於襄陽，山南東道節度使李福悉其師援之。時沙陀軍五百騎在襄陽，軍次荆門，騎軍擊賊，敗之。賊盡焚荆南郛郭而去。

五年春正月丁酉朔，沙陀首領李盡忠陷遮虜軍。太原節度使竇澣遣都押衙康傳圭率河東土團二千人屯代州，將發，求賞呼譟，殺馬步軍使鄧虔。竇澣自入軍中安慰，仍借率富戶錢五萬貫以賞之。朝廷以澣非禦侮才，以前昭義節度使曹翔檢校尚書右僕射，兼太原尹、北都留守、河東節度使；又以左散騎常侍支謨爲河東節度副使。

二月，王仙芝餘黨攻江西，招討使宋威出軍屢敗之，仍宣詔書諭仙芝。仙芝致書於威，求節鉞，威僞許之。仙芝令其大將尙君長、蔡温玉奉表入朝，威乃斬君長、温玉以徇。仙芝怒，急攻洪州，陷其郛。宋威赴援，與賊戰，大敗之，殺仙芝，傳首京師。尙君長弟尙讓爲黄巢黨，以兄遇害，乃大驅河南、山南之民，其衆十萬，大掠淮南，其鋒甚鋭。侍中、晉國公王鐸請自督衆討賊，天子以宋威失策殺君長，乃以王鐸檢校司徒、兼侍中、門下侍郎、江陵尹、荆南節度使，充諸道兵馬都統。

三月，王鐸奏兗州節度使李係爲統府左司馬，兼潭州刺史，充湖南都團練觀察使。黄巢之衆再攻江西，陷虔、吉、饒、信等州，自宣州渡江，由浙東欲趨福建，以無舟船，乃開山洞五百里，由陸趨建州，遂陷閩中諸州。以吏部尚書鄭從讜、吏部侍郎崔沆考宏詞選人。

七月，滑州、忠武、昭義諸道之師會于太原，大同軍副使支謨爲前鋒，先趨行營。

八月，沙陀陷岢嵐軍，曹翔自率軍赴忻州。翔至軍，中風而卒，諸軍皆退。太原大懼，閉城門，昭義兵士爲亂，劫坊市。

九月，門下侍郎、吏部尚書、平章事李蔚檢校尚書左僕射，充東都留守；以吏部尚書鄭從讜本官同平章事。

十月，司空、平章事崔彥昭罷爲太子太傅。

十一月，制以河東宣慰使、權知代北行營招討崔季康檢校戶部尚書，兼太原尹、北都留守，充河東節度、代北行營招討使。沙陀攻石州，崔季康救之。

十二月，季康與北面行營招討使李鈞與沙陀李克用戰于岢嵐軍之洪谷，王師大敗，鈞中流矢而卒。戊戌，至代州〔七〕，昭義軍亂，爲代州百姓所殺殆盡。以中書舍人張讀權知禮部貢舉。

六年春正月辛卯朔，河東節度使崔季康自靜樂縣收合餘衆迴軍，軍亂，殺孔目官石裕。

季康委衆遁歸行營，衙將張鍇、郭朏率其衆歸太原，兵士鼓譟，攻東陽門，入使衙，季康父子皆被害。

三月，以吏部侍郎崔沆、崔澹試宏詞選人，駕部郎中盧藴、刑部郎中鄭頊爲考官。制以邠寧節度使李侃檢校户部尚書，兼太原尹、北都留守，充河東節度等使。

四月，黄巢陷桂管。

五月，賊圍廣州，仍與廣南節度使李巖〔八〕、浙東觀察使崔璆書，求保薦，乞天平節鉞。璆、巖上表論之，詔公卿議其可否。宰相鄭畋、盧攜爭論於中書，詞語不遜，俱罷爲太子賓客，分司東都。以吏部侍郎崔沆爲户部侍郎，户部侍郎、翰林學士豆盧瑑爲兵部侍郎〔九〕，並本官同平章事。黄巢陷廣州，大掠嶺南郡邑。

八月，制以特進、檢校司空、東都留守李蔚爲檢校司徒、同平章事，兼太原尹、北都留守、河東節度觀察，兼代北行營招討供軍等使。

十月，制以鎮海軍節度、浙江西道觀察處置等使高駢檢校司徒、同平章事、揚州大都督府長史，充淮南節度副大使、知節度事、江淮鹽鐵轉運、江南行營招討等使，進封燕國公，食邑三千户。初，駢在浙西，遣大將張璘、梁纘等大破黄巢於浙東，賊進寇福建，踰嶺表，故移鎮揚州。時賊北踰大庾嶺，朝廷授駢諸道行營兵馬都統。太原節度使李蔚卒。以禮部侍郎張讀權知左丞事。

十一月，制以銀青光祿大夫、檢校右散騎常侍、河東行軍司馬、鴈門代北制置等使、石嶺鎮北兵馬、代北軍等使、上柱國康傳圭檢校工部尚書，兼太原尹、北都留守、河東節度使。時傳圭已率兵在代州，是月自行營赴任，兩都虞候張鍇、郭朏迎於烏城驛，並殺之，軍中震悚。又制以神策大將軍周寶檢校尚書左僕射，兼潤州刺史、鎮海軍節度、浙江西道觀察等使。以定州已來制置內閑廐宮苑等使、金紫光祿大夫、檢校刑部尚書、上柱國、太原縣開國伯、食邑七百戶王處存檢校戶部尚書，兼定州刺史，充義武軍節度、易定觀察處置、北平軍等使。

十二月，制以河東馬步軍都虞候朱玫爲代州刺史。以太子賓客分司盧攜爲兵部尚書、同平章事；太子賓客鄭畋檢校左僕射、鳳翔尹，充鳳翔節度使。

廣明元年春正月乙卯朔，上御宣政殿，制曰：

朕祗膺寶祚，嗣守宗祧，夙夜一心，勤勞八載，實欲驅黎元於仁壽，致華夏之昇平。而國步猶艱，羣生寡遂，災沴荐起，寇孽仍臻。竊弄干戈，連攻郡邑，雖輸降款，未息狂謀。江右、海南，瘡痍旣甚，湖湘荊漢，耕織屢空。言念疲羸，良深軫惻，我心未濟，天道如何。賴近者嚴敕師徒，稍聞勝捷，皆明聖之潛祐，寧非德以言功。屬節變三陽，日當首歲，乃御正殿，爰命改元，況及發生，是宜在宥。自古繼業守文之主，握圖御宇之君，必自正月吉辰，發號施令。所以垂千年之懿範，固萬代之洪基，莫不由斯道也。可改乾符七年爲廣明元年。

近日東南州府，頻奏草賊結連。本是平人，迫於饑饉，驅之爲盜，情不願爲。委所在長吏子細曉諭，如自首歸降，保非詐僞，便須撫納，不要勘問。如未倒戈，即登時剪撲。東南州府遭賊之處，農桑失業，耕種不時。就中廣州、荆南、湖南，盜賊留駐，人戶逃亡，傷夷最甚，自廣明已前諸色稅賦，宜令十分減四。其河中府、太原府遭賊寇掠處，亦宜準此。

吏部選人粟錯及除駁放者〔一〇〕，除身名渝濫欠考外，並以比遠殘闕收注。入仕之門，兵部最濫，全無根本，頗壞紀綱。近者武官多轉入文官，依資除授，宜懲僭倖，以辨品流。自今後武官不得轉入文官選改，所冀輪轅各適，秩序區分，其內司不在此限。

沙陀部落踰鴈門關，進逼忻州。

二月，沙陀逼太原，陷太谷。康傳圭遣大將伊釗、張彥球、蘇弘軫分兵拒之於秦城驛，爲沙陀所敗。傳圭怒，斬蘇弘軫。張彥球部下兵士爲亂，倒戈攻太原，殺傳圭，監軍使周從寓安慰方定。是月，制以開府儀同三司、門下侍郎、兼兵部尚書、同平章事、充太淸宮使、弘文館大學士、延資庫使、上柱國、滎陽郡開國公、食邑三千戶鄭從讜檢校司空、同平章事，兼太原尹、北都留守，充河東節度、管內觀察處置兼行營招討供軍等使。黃巢賊軍自衡、永州下，頻陷湖南、江西屬郡。時都統王鐸前鋒都將李係守潭州，有衆五萬，幷諸團結軍號十萬。賊自桂陽編木爲栰數千，其衆乘暴水沿湘而下，徑至潭州，急攻其城，一日而陷。李係僅以身免，兵士五萬皆爲賊所殺，流屍塞江。賊將尙讓乘勝沿流而下，進逼江陵。王鐸聞係軍敗，乃棄城奔襄陽。別將劉漢宏大掠江陵之民，剽剝不勝其酷，士民亡竄山谷，江陵焚剽殆盡。半月餘，賊衆方至江陵。

三月，賊悉衆欲寇襄陽，江西招討使曹全晸與襄陽節度使劉巨容謀拒之。時營於荆門，賊軍一萬屯於團林驛。全晸命巨容悉以精甲陣於林薄之中，自以騎軍挑戰，僞不勝而遁。賊大乘之，比至荆門，其徒不成列，巨容發伏擊之，賊大潰而走。全晸鐵騎急追之，比至江陵，十俘七八。黃巢、尙讓以餘衆徒濟江。全晸方渡江襲賊，遽詔至，以段彥謨爲江西節度使〔二〕，全晸乃還。賊遂率舟軍東下，攻鄂州，陷其郛。全晸救至，賊遂轉戰江西，陷江西饒〔三〕、信、杭、衢、宣、歙、池等十五州。全晸在江西。朝廷以王鐸統衆無功，乃授淮南節度使高駢爲諸道兵馬行營都統。駢令大將張璘渡江討賊，屢捷。賊衆疫癘，其將李罕之以一軍投淮南，其衆稍沮。是月，沙陀寇忻、代，詔以汝州防禦使諸葛爽爲北面行營副招討，率東都防禦兵士赴代州。

四月甲申朔，大雨雹，大風拔兩京街樹十二三，東都長夏門內古槐十拔七八，宮殿鴟尾皆落。丁酉，制以檢校吏部尚書、前太常卿、上柱國、隴西郡開國公、食邑三千戶李琢爲光祿大夫、檢校尚書右僕射、御史大夫，充蔚朔等州諸道行營都招討使；應東北面行營李孝昌、李元禮、諸葛爽、王重盈、朱玫等兵馬及忻、代州土團，並取琢處分。以內常侍張存禮充都糧料使，判官崔鋋充制置副使。

六月，代北行營招討使李琢、幽州節度使李可舉、吐渾首領赫連鐸等軍討李克用於雲州。時克用令其大將軍傅文達守蔚州，高文集守朔州。吐渾赫連鐸遣人說高文集令歸國，文集與沙陀首領李友金、薩葛都督米海萬、安慶都督史敬存以前蔚州，歸款於李琢。時克用率衆禦燕軍於雄武軍。

七月，沙陀三部落李友金等開門迎大軍，克用聞之，亟來赴援，爲李可舉之兵追擊，大敗於藥兒嶺。李琢、赫連鐸又擊敗于蔚州，降文達，李克用部下皆潰，獨與國昌及諸兄弟北入達靼部。乃以吐渾都督赫連鐸爲雲州刺史、大同軍防禦使，吐渾白義誠爲蔚州刺史，薩葛米海萬爲朔州刺史，加李可舉檢校司徒、同平章事。

八月，黃巢之衆渡江寇淮南。是歲春末，賊在信州疫癘，其徒多喪。淮南將張璘急擊之，賊懼，以金啗璘，仍致書高駢乞保命歸國。駢信之，厚待其使，許求節鉞。時昭義、武寧、義武等軍兵馬數萬赴淮南，駢欲收功於己，乃奏賊已將殄，不假諸道之師〔三〕，並遣還北。賊知諸軍已退，以求節鉞不獲，暴怒，與駢絕，請戰。駢怒，令張璘整軍擊之，爲賊所敗，臨陣殺璘。賊遂乘勝渡江，攻天長、六合等縣，駢不能拒，但決陳登水自固而已。朝廷聞賊復振，大恐〔四〕，詔河南諸道之師屯于溵水。官軍大集，賊未北渡。時兗州節度使齊克讓屯汝州。

九月，徐州兵三千人赴溵水，途經許。許州節度使薛能前爲徐帥，得軍民情。徐軍吏至，請館，能以徐軍懷惠，令館於州內。許軍懼徐人見襲，許州大將周岌自溵水以其戍卒還，逐薛能，自據其城。徐軍已至河陰，聞許軍亂，徐將時溥亦以戍兵還徐，逐節度使支詳。齊克讓懼兵見襲，亦還兗州。溵水諸軍皆散。賊聞之，十月，乃悉衆渡淮。黃巢自號率土大將軍，其衆富足，自淮已北整衆而行，不剽財貨，惟驅丁壯爲兵耳。

十一月辛亥朔。己巳，賊陷東都，留守劉允章率分司官屬迎謁之，賊供頓而去，坊市晏然。壬申，陷虢州。丙子，攻潼關，守關諸將望風自潰。

十二月庚辰朔。辛巳，賊據潼關。時左軍中尉田令孜專政，宰相盧攜曲事之，相與誤謀，以至傾敗。令孜恐衆罪加己，請貶攜官，命學士王徽、裴徹爲相。甲申，宣制以戶部侍郎、翰林學士王徽、裴徹本官同平章事。貶右僕射、門下侍郎、平章事盧攜爲太子賓客。攜聞賊至，仰藥而死。是日，上與諸王、妃、后數百騎，自子城由含光殿金光門出幸山南，文武百官僚不之知，並無從行者，京城晏然。是日晡晚，賊入京城，時右驍衞大將張直方率武官十餘迎黃巢於坡頭。壬辰，黃巢據大內，僭號大齊，稱年號金統。悉陳文物，據丹鳳門僞赦。以太常博士皮日休、進士沈雲翔爲學士。爲僞赦書云：「揖讓之儀，廢已久矣，竄遁之迹，良用憮然。朝臣三品已上並停見任，四品已下宜復舊位。」以趙璋爲中書令，尚讓爲太尉，崔璆爲中書侍郎、平章事。時宰相豆盧瑑崔沆、故相左僕射劉鄴、太子少師裴諗、御史中丞趙蒙、刑部侍郎李溥、故相于琮皆從駕不及，匿於閭里，爲賊所捕，皆遇害。將作監鄭綦、庫部郎中鄭係義不臣賊，舉家雉經而死。

中和元年春正月庚戌朔，車駕在興元。以翰林學士承旨、尚書戶部侍郎、知制誥蕭遘爲兵部侍郎，充諸道鹽鐵轉運等使；尋以本官同平章事，領使如故。以宿州刺史劉漢宏爲越州刺史、鎮東軍節度〔一五〕、浙江東道觀察處置等使。詔太原節度使鄭從讜發本道之師，與北面行營招討副使諸葛爽、代州刺史北面行營馬步都虞候朱玫、夏州將李思恭等行營諸軍，並赴京師討賊。河中馬步都虞候王重榮逐其帥李都〔二六〕，自稱留後。

二月，代州北面行營都監押陳景思率沙陀、薩葛、安慶等三部落與吐渾之衆三萬赴援關中，次絳州。沙陀首領翟稽俘掠絳州叛還，景思知不可用，遣使詣行在，請赦李國昌父子，令討賊以贖罪，從之。

三月，陳景思齎詔入達靼，召李克用軍屯蔚州，克用因大掠鴈門已北軍鎮。以鳳翔節度使鄭畋守司空、門下侍郎、同平章事，充京西諸道行營都統，與涇原節度使程宗楚、秦州經略使仇公遇、鄜延節度使李孝昌〔二七〕、夏州節度使拓拔思恭等同盟起兵，傳檄天下。黄巢遣大將林言、尚讓率衆數萬寇鳳翔，鄭畋率師逆擊，大敗賊衆於龍尾陂。

四月，以前大同軍防禦使李克用檢校工部尚書，兼代州刺史、鴈門已北行營兵馬節度等使。

五月，李克用赴代州，遂率蕃、漢兵萬人南出石嶺關，稱準詔赴難長安。丁巳，沙陀軍至太原，鄭從讜供給糧料。辛酉，沙陀求發軍賞錢，從讜與錢千貫，米千石。克用怒，縱兵大掠。從讜求援於振武，契苾通自率兵來赴，與沙陀戰於晉王嶺。沙陀敗走，陷楡次、陽曲而退。是日大風，天雨土。特進、尚書右僕射趙隱卒，贈司空。

六月，沙陀退還代州。車駕幸成都府，西川節度使陳敬瑄自來迎奉。

七月丁未朔。乙卯，車駕至西蜀。丁巳，御成都府廨，改廣明二年爲中和元年，大赦天下。以兵部侍郎、判度支韋昭度本官同平章事。以侍中王鐸檢校太尉、中書令，兼滑州刺史、義成軍節度、鄭滑觀察處置，兼充京城四面行營都統；以太子太保崔安潛爲副。觀軍容使西門思恭爲天下行營兵馬都監押；中書侍郎、平章事、諸道鹽鐵轉運等使韋昭度爲供軍使。時淮南節度使高駢爲諸道行營都統，自車駕出幸，中使相繼促駢起軍，駢託以周寶、劉漢宏不利於己，遷延半歲，竟不出軍，乃以鐸爲都統。以河中節度使王重榮爲京城北面都統，義武軍節度使王處存爲京城東面都統，鄜延節度使李孝昌爲京城西面都統，朔方軍節度使拓拔思恭爲京城南面都統。以忠武監軍使楊復光爲天下行營兵馬都監，代西門思恭。許王鐸以便宜從事。遣郎官、御史分行天下，徵兵赴關內。

八月，代北行營兵馬使諸葛爽、朱玫、拓拔思恭等軍屯渭橋。朱玫屯興平，爲賊將王播所擊，退保奉天。諸葛爽降賊，僞署爽河陽節度使。許州牙將秦宗權奏破賊於汝州，乃授宗權蔡州防禦使。昭義節度使高潯與賊將李詳戰于石橋，爲賊所敗，退歸河中。賊乘勝陷同州。

九月，澤潞高潯牙將劉廣擅還據潞州。是月，潯天井關戍將孟方立率戍卒攻劉廣，殺之。方立遂自稱留後，仍移軍鎮於邢州。制以京城四面催陣使、守兵部尚書王徽檢校左僕射，兼潞州大都督府長史、昭義節度、潞邢洺磁觀察等使。貶高潯端州刺史。楊復光、王重榮以河西、昭義、忠武、義成之師屯武功。鳳翔節度使鄭畋以病徵還行在，以鳳翔大將李昌言代畋爲節度使，兼京城西面行營都統。

十月，青州軍亂，逐節度使安師儒，立其行營將王敬武爲留後。

十二月，行營都統王鐸率禁軍、山南東川之師三萬至京畿，屯於盩厔。

二年春正月甲辰朔，天下勤王之師，雲會京畿，京師食盡。賊食樹皮，以金玉買人於行營之師，人獲數百萬。山谷避亂百姓，多爲諸軍之所執賣。

二月，涇原大將唐弘夫大敗賊將林言於興平，俘斬萬計。王處存率軍二萬，徑入京城，賊僞遁去。京師百姓迎處存，歡呼叫譟。是日軍士無部伍，分占第宅，俘掠妓妾。賊自灞上分門復入，處存之衆蒼黄潰亂，爲賊所敗。黄巢怒百姓歡迎處存，凡丁壯皆殺之，坊市爲之流血。自是諸軍退舍，賊鋒愈熾。

三月，前蔚州刺史蘇祐爲沙陀所敗，棄郡投鎮州，至靈壽，部人爲盜，祐爲王景崇所殺。

七月辛丑朔。丙午夜，西北方赤氣如絳虹竟天。賊將尚讓攻宜君砦，雨雪盈尺，甚寒，賊兵凍死者十二三。

八月庚子，賊同州防禦使朱温殺其監軍嚴實，與大將胡眞、謝瞳等來降，王鐸承制拜華州刺史、潼關防禦、鎮國軍等使。魏博節度韓簡自率軍三萬攻河陽，僞署節度使諸葛爽棄城而去，簡遣大將守河橋而還。

九月，賊以黃鄴爲華州刺史。初，賊以李詳守華州，詳與朱温素善，及温歸河中，黃巢遣閹官後冗率功臣馬千匹至華殺詳，以鄴代歸〔八〕。太原諸山桃杏有花實。

十月，西北方無雲而雷，名「天狗墜」。以嵐州刺史湯羣爲懷州刺史，時羣倚沙陀爲援，朝廷疑而易之。鄭從讜遣人傳官告授羣，羣怒，殺使者，據城，內沙陀。魏博節度使韓簡以兵攻鄆州，節度使曹全晸拒之，爲簡所敗，執而殺之。全晸大將朱瑄以餘衆保鄆州，乞和於簡，簡捨之而去。

十一月，沙陀李克用監軍陳景思以部落之衆一萬七千騎自嵐石州路赴河中。賊將李詳下牙隊斬華州守將歸明，王鐸用其部將王遇爲華州刺史。

十二月己亥朔。庚戌，成德軍節度、鎮冀深趙觀察處置等使、開府儀同三司、檢校太尉、中書令、上柱國、常山郡王、食邑六千戶王景崇卒，贈太傅，謚曰忠穆。遺表請以子鎔纉繼戎事，遂以鎔爲兵馬留後。

三年春正月戊辰朔，車駕在成都府。鴈門節度使、檢校工部尚書李克用率師至河中。己巳，沙陀軍進屯沙苑之乾坑。

二月，沙陀攻華州，刺史黃鄴出奔至石堤谷，追擒之。魏博節度使韓簡再興兵討河陽，諸葛爽遣大將李罕之拒之於武陟，逆擊之，魏軍大敗而還。大將樂彥禎先據魏州，韓簡爲部下所殺，推彥禎爲留後。就加李克用檢校尚書左僕射、忻代雲蔚等州觀察處置等使。

三月丁卯朔。壬申，沙陀軍與賊將趙章、尚讓戰于成店，賊軍大敗，追奔至良天坡，橫屍三十里；王重榮築屍爲京觀。

四月丁酉朔。庚子，沙陀、忠武、義成、義武等軍趨長安，賊悉衆拒之於渭橋，大敗而還；李克用乘勝追之。己卯，黃巢收其殘衆，由藍田關而遁。庚辰，收復京城。天下行營兵馬都監楊復光上章告捷行在，曰：

頃者妖興霧市，嘯聚叢祠，而岳牧藩侯，備盜不謹。謂大同之運，常可容姦；謂無事之秋，縱其長惡。賊首黃巢，因得充盈窟穴，蔓延萑蒲，驅我蒸黎，徇其凶逆。展鉏鶴以成鋒刃，殺耕牛以恣燔炮，魑魅晝行，虺蜴夜噬。自南海失守，湖外喪師，養虎災深，馴梟逆大。物無不害，惡靡不爲，豺狼貽朝市之憂，瘡痏及腹心之痛。遂至毒流萬姓，盜汚兩京，衣冠銜塗炭之悲，郡邑起丘墟之歎。萬方共怒，十道齊攻，仗九廟之威靈，殄積年之凶醜。河中節度使王重榮神資壯烈，天賦機謀，誓立功名，志安家國。至於屯田待敵，率士當衝，收百姓十萬餘家，降賊黨三萬餘衆。法能持重，功遂晚成，久稽原野之刑，未決雷霆之怒。自收同、華，進逼京師，夕烽高照於國門，遊騎頻臨於灞岸。既知四隅斷絕，百計奔衝，如窮鳥觸籠，似飛蛾赴焰。鴈門節度使李克用神傳將略，天付忠貞，機謀與武藝皆優，臣節共本心相稱。殺賊無非手刃，入陣率以身先，可謂雄才，得名飛將。統領本軍南下，與臣同力前驅，雖在寢興，不忘寇孽。今月八日，遣衙隊將前鋒楊守宗〔九〕、河中騎將白志遷、橫野軍使滿存、蹋雲都將丁行存、朝邑鎮將康師貞、忠武黃頭軍使龐從等三十二都，隨李克用自光泰門先入京師，力摧凶逆。又遣河中將劉讓王瓌冀君武孫珙〔一〇〕、忠武大將喬從遇、鄭滑將韓從威、荆南大將申屠悰、滄州大將賈滔、易定大將張仲慶、壽州大將張行方、天德大將顧彥朗、左神策弩手甄君楚公孫佐、橫衝軍使楊守亮、蹋雲都將高周彝、忠順都將胡貞、絳州監軍毛宣伯聶弘裕等七十都繼進。賊尚爲堅陣，來抗官軍。李克用率勵驍雄，整齊金革，叫譟而聲將動瓦，喑嗚而氣欲吞沙。寬列戈矛，麾軍夾擊，自卯至申，凶徒大敗。自望春宮鏖殺，至昇陽殿合圍，戈不濫揮，矢無虛發。其賊卽時奔遁，散入商山，徒延漏刃之生，佇作歃頭之器。伏自收平京國，三面皆立大功，若破敵摧鋒，鴈門實居其首。其餘將佐，同効驅馳，兼臣所部二萬餘人，數歲櫛風沐雨，既茲盪定，並錄以聞。報至，從官稱賀。

五月，制以河中節度使、檢校尚書右僕射王重榮檢校司空、同平章事，餘如故。鴈門已北行營節度、忻代蔚朔等州觀察處置等使、檢校尚書左僕射、代州刺史、上柱國、食邑七百戶李克用檢校司空、同平章事，兼太原尹、北京留守，充河東節度、管內觀察處置等使。義武軍節度使、檢校司空王處存檢校司徒、同平章事，餘如故。以檢校尚書右僕射、華州刺史、潼關防禦等使朱溫檢校司空，兼汴州刺史、御史大夫，充宣武節度觀察等使，仍賜名全忠。京城西北面行營都統、金紫光祿大夫、檢校司空、邠州刺史、邠寧節度使朱玫就加同平章事，進封吳興縣侯，食邑一千戶。鄜坊節度使、金紫光祿大夫、檢校尚書右僕射東方逵就加同平章事。王鐸罷行營都統，依前檢校太師、中書令，進封晉國公，加食邑二千戶，節度觀察使如故。時中尉田令孜用事，自負帷幄之功，以鐸用兵無功，而由楊復光建策召沙陀成破賊之効，欲權歸北司，乃黜王鐸而悅復光也。就加諸道行營兵馬都監楊復光開府儀同三司、弘農郡開國公，食邑三千戶，充同華等州管內制置使，仍賜號「資忠耀武匡國平難功臣」。

六月乙未朔。甲子，楊復光卒於河中，其部下忠武八都都頭鹿晏弘、晉暉、王建、韓建等各以其衆散去。時復光兄復恭知內樞密，田令孜以復光立破賊功，憚而惡之，故賊平賞薄。及聞復光死，甚悅，復擯復恭，罷樞密爲飛龍使。是月，黃巢圍陳州，營於州北五里。初，賊出藍田關，遣前鋒將孟楷攻蔡州，刺史秦宗權以兵逆戰，爲楷所敗，宗權勢窘，與賊通和。孟楷移兵攻陳州，刺史趙犫示弱，伏兵擊之，臨陣斬楷。楷，賊之愛將，深惜之。黃巢怒，悉衆攻陳州。時黃巢與宗權合從，縱兵四掠，遠近皆罹其酷。時仍歲大饑，民無積聚，賊俘人爲食，其炮炙處謂之「舂磨寨」，白骨山積，喪亂之極，無甚於斯。賊攻城急，徐州節度使時溥、許州周岌、汴州朱全忠皆出師護援之。

七月，制以西川節度使、開府儀同三司、守太尉、同平章事、成都尹、上柱國、潁川郡王、食邑三千戶、實封四百戶陳敬瑄賜鐵券。詔鄭從讜赴行在。

八月，李克用赴鎭太原。制以前振武節度、檢校司空、兼單于都護、御史大夫李國昌爲檢校司徒、代州刺史、鴈門已北行營節度、蔚朔等州觀察等使。

十月，李國昌卒。

十一月，蔡賊秦宗權圍許州。

十二月，詔河東李克用赴援陳許。忠武大將鹿晏弘陷興元，逐節度使牛勗〔三〕，自爲留後。

四年春正月癸亥朔，車駕在成都府。

二月，河東節度使李克用將出師援陳許，河陽節度使諸葛爽以兵屯澤州拒之。

三月壬戌朔。甲戌，克用移軍自河中南渡，東下洛陽。

四月辛卯朔。甲寅，沙陀軍次許州，節度使周岌、監軍田從異以兵會戰。賊將尚讓屯太康，黃鄴屯西華，稍有芻粟。己未，沙陀分兵攻太康、西華賊砦。庚申，尚讓、黃鄴遁去，官軍得其芻粟，黃巢亦退保郾城。以兵部侍郎、判度支鄭昌圖以本官同平章事〔三〕。

五月辛酉朔。癸亥，沙陀追黃巢而北。丁卯，次尉氏。戊辰，大雨，平地水深三尺，溝河漲溢。賊至中牟，臨汴河欲渡，沙陀遽至，賊大駭，其黨分潰，殺傷溺死殆半。尚讓一軍降時溥，別將楊能、李讜、霍存、葛從周、張歸霸等降朱全忠，李周、楊景彪以殘衆走封丘。己巳，沙陀渡汴河，趨封丘，黃巢兄弟悉力拒戰，李克用擊敗之。獲所俘男女五萬口，牛馬萬餘，幷僞乘輿、法物、符印、寶貨、戎仗等三萬計。得巢幼子，年六歲。黃巢既敗，以其殘衆東走。庚午，李克用急躡黃巢，一日夜行二百里，馬疲乏死者殆半。宿冤朐，糧運不及，騎軍至寡，乃與忠武監軍田從異班師。甲戌，次汴州，節度使朱全忠館克用于上源驛。全忠以克用兵力寡弱，大軍在遠，乃圖之。是夜，置酒郵舍，克用既醉，全忠以兵圍驛，縱火燒之。雷雨驟作，平地水深尺餘，克用踰垣僅免。其部下三百餘人及監軍使史敬思、書記任珪皆被害。丙子，克用至許州，率本軍還太原。庚辰，徐州將李師悅、陳景思率兵萬人追黃巢於兗州。

六月，鄆州節度使朱瑄奏大敗賊於合鄉。

秋七月己未朔。癸酉，賊將林言斬黃巢、黃揆、黃秉三人首級降時溥。初，徐將李師悅與賊戰于瑕丘，賊殊死戰，其衆殆盡。林言與巢走至太山狼虎谷之襄王村，懼追至併命，乃斬賊降師悅。壬午，捷書至行在，從官稱賀。河東節度使李克用累表訴屈，請討汴州。天子優詔和解之，就加克用階特進，封隴西郡王以悅之。自是全忠、克用有尋戈之怨。

九月，山南西道節度使鹿晏弘爲禁軍所討，棄城擁衆東出襄、鄧，大掠許州。晏弘大將王建、韓建、張造、晉暉、李師泰各率本軍歸朝，田令孜以建等楊復光故將，薄之，皆授諸衞將軍，惟以王建爲壁州刺史。

十月，關東諸鎮上章請車駕還京。

十一月，鹿晏弘陷許州，殺周岌，自稱留後，尋爲秦宗權所攻。制以義成軍節度、檢校太師、中書令、上柱國、晉國公王鐸爲滄州刺史、義昌軍節度、滄德觀察處置等使。

十二月丁亥朔，大明宮留守、權知京兆尹、御史大夫、京畿制置等使王徽與留司百官上表，請車駕還宮。詔以來年正月還京。新除滄德節度使王鐸，爲魏博節度使樂彥禎害之於漳南縣之高雞泊，行從三百餘人皆遇害。

光啓元年春正月丁巳朔，車駕在成都府。己卯，僖宗自蜀還京。

二月丁亥朔。丙申，車駕次鳳翔。

三月丙辰朔。丁卯，車駕至京師。己巳，御宣政殿，大赦，改元光啓。時李昌符據鳳翔，王重榮據蒲、陝，諸葛爽據河陽、洛陽，孟方立據邢、洺，李克用據太原、上黨，朱全忠據汴、滑，秦宗權據許、蔡，時溥據徐、泗，朱瑄據鄆、齊、曹、濮，王敬武據淄、青，高駢據淮南八州，秦彥據宣、歙，劉漢宏據浙東，皆自擅兵賦，迭相吞噬，朝廷不能制。江淮轉運路絕，兩河、江淮賦不上供，但歲時獻奉而已。國命所能制者，河西、山南、劍南、嶺南西道數十州。大約郡將自擅，常賦殆絕，藩侯廢置，不自朝廷，王業於是蕩然。蔡賊秦宗權侵寇藩鄰，制以徐州節度使時溥爲鉅鹿王，充蔡州四面行營兵馬都統。宗權將秦賢攻汴、鄭不已，以汴州刺史朱全忠爲沛郡王，充蔡州西北面行營都統。杭州刺史董昌大敗劉漢宏之衆，進攻越、婺、台、明等州，下之。遂以昌爲越州刺史、鎮東軍節度、浙江東道觀察等使，以杭州大將錢鏐爲杭州刺史。

閏三月，鎭冀節度使王鎔獻耕牛千頭，農具九千，兵仗十萬。

四月乙卯朔，以開府儀同三司、右金吾衞上將軍、左街功德使、齊國公田令孜爲左右神策十軍使。時自蜀中護駕，令孜招募新軍五十四都，都千人，左右神策各二十七都，分爲五軍，令孜總領其權。時軍旅既衆，南衙北司官屬萬餘，三司轉運無調發之所，度支惟以關畿稅賦，支給不充，賞勞不時，軍情咨怨。舊日安邑、解縣兩池榷鹽稅課，鹽鐵使特置鹽官以總其事。自黃巢亂離，河中節度使王重榮兼領榷務，歲出課鹽三千車以獻朝廷。至是令孜以親軍闕供，計無從出，乃舉廣明前舊事，請以兩池榷務歸鹽鐵使，收利以贍禁軍。詔下，重榮上章論訴，言河中地窘，悉籍鹽課供軍。

五月，制以河中節度使、檢校司徒、同平章事、河中尹、上柱國、琅邪郡王王重榮爲檢校太傅、同平章事，兼兗州刺史、兗沂海節度觀察處置等使，代齊克讓。以克讓檢校司徒，兼定州刺史、御史大夫，充義武節度觀察、北平軍等使，代王處存。以處存依前檢校太傅、同平章事、河中尹、河中晉慈隰節度觀察等使。是月，宰臣蕭遘率文武百僚上徽號曰至德光烈孝皇帝，御宣政殿受册，大赦。

六月甲寅朔。丙辰，定州王處存奏：「幽州節度使李可舉、鎭州節度使王鎔各令大將率領兵士侵攻當道，臣並已殺退。」時李可舉乘天子播越，中原大亂，以河朔三鎮，休戚事同，惟易、定二郡爲朝廷所有，乃同議攻處存以分其地。會燕將李全忠有奪帥之志，軍情相疑。全忠方圍易州，處存出奇騎以擊之，燕軍大敗。是月，全忠收合殘衆攻幽州，李可舉擧室登樓自焚而死，全忠自稱留後。滄州軍亂，逐其帥楊全玫，立衙將盧彥威爲留後。制以保鑾都將、檢校司徒，兼黔州刺史、黔中節度觀察等使曹誠檢校太保，兼滄州刺史，充義昌軍節度、滄德觀察等使。河中王重榮累表論列，數令孜離間方鎮，令孜遣邠寧節度使朱玫會合鄜、延、靈、夏之師討河中。

九月，朱玫屯沙苑。王重榮求援於太原。

十月，李克用率太原軍南出陰地關。

十一月，河中、太原之師與禁軍對壘於沙苑。

十二月辛亥朔。癸酉，官軍合戰，爲沙陀所敗，朱玫走還邠州。神策軍潰散，遂入京師肆掠。乙亥，沙陀逼京師，田令孜奉僖宗出幸鳳翔。初，黃巢據京師，九衢三內，宮室宛然。及諸道兵破賊，爭貨相攻，縱火焚剽，宮室居市閭里，十焚六七。賊平之後，令京兆尹王徽經年補葺，僅復安堵。至是，亂兵復焚，宮闕蕭條，鞠爲茂草矣。

二年春正月辛巳朔，車駕在鳳翔。李克用旋師河中，與朱玫、王重榮同上表，請駕駐蹕鳳翔，仍數田令孜之罪。乃以飛龍使楊復恭復知內樞密事。戊子，田令孜迫乘輿請幸興元。庚寅，車駕次寶雞。授刑部尚書孔緯兼御史大夫，令率從官赴行在。時車駕夜出，宰相蕭遘、裴徹、鄭昌圖及文武百僚不之知，扈從不及，故令孔緯促之。蕭遘惡令孜弄權，再亂京國，因邠州奏事判官李松年至鳳翔，乃令亟召朱玫迎奉。癸巳，朱玫引步騎五千至鳳翔。令孜聞邠州軍至，奉帝入散關，令禁軍守靈壁。玫至，禁軍潰散，遂長驅追駕至尊途驛。嗣襄王熅疾，爲玫所得。時興元節度使石君涉聞車駕入關，乃毀徹棧道，栅絕險要，車駕由他道僅達，爲邠州軍躡後，崎嶇危殆者數四。

二月辛亥朔，以十軍觀軍容使、開府田令孜爲劍南西川節度監軍，以內樞密使楊復恭爲神策左軍中尉。

三月庚辰朔。壬午，興元節度使石君涉棄城入朱玫軍內。丙申，車駕至興元。戊辰，以翰林學士承旨、兵部尚書、知制誥杜讓能爲兵部侍郎；刑部尚書、御史大夫孔緯爲兵部侍郎，充諸道鹽鐵轉運等使；並以本官同平章事。保鑾都將李鋋、楊守亮、楊守宗等敗邠州軍於鳳州〔二三〕。

四月庚戌朔，是夜熒惑犯月角。壬子，朱玫、李昌符迫宰相蕭遘等於鳳翔驛舍〔二四〕，請嗣襄王熅權監軍國事。玫自爲大丞相，兼左右神策十軍使。遂驅率文武百僚奉襄王還京師。

五月己卯朔。庚辰，襄王僭卽皇帝位，年號建貞。以蕭遘初沮襄王監國之命，罷知政事，爲太子少師。以朱玫爲侍中、諸道鹽鐵轉運使。以裴澈爲門下侍郎、右僕射、同平章事、判度支。中書侍郎、刑部尙書、平章事鄭昌圖判戶部事。蕭遘移疾歸河中之永樂。僞制加諸侯官爵。以淮南節度使、檢校太尉、兼侍中高駢爲太師、中書令、江淮鹽鐵轉運、諸道行營兵馬都統。又以淮南右都押衙、和州刺史呂用之檢校兵部尙書，兼廣州刺史、嶺南東道節度使。令戶部侍郎柳涉往江淮宣諭，戶部侍郎夏侯潭河北宣諭，諸藩節將多授其僞署，惟定州、太原、宣武、河中拒而不受。是月，星孛於箕尾，歷北斗攝提。荆南、襄陽仍歲蝗旱，米斗三十千，人多相食。楊復恭兄弟於河中、太原有破賊連衡之舊，乃奏遣諫議大夫劉崇望齎詔宣諭，達復恭之旨。王重榮、李克用欣然聽命，尋遣使貢奉，獻縑十萬匹，願殺朱玫自贖。崇望使還，君臣相賀。

六月己酉朔，以匽蹕都將楊守亮爲金州刺史、金商節度、京畿制置使。守亮率師二萬趨金州，與王重榮、李克用掎角進軍。時朱玫遣將王行瑜率邠寧、河西之師五萬屯鳳州，保鑾都將李鋋、李茂貞、陳珮等抗之於大唐峯。

七月戊寅朔，蔡賊秦宗權陷許州，殺鹿晏弘。以金商節度使楊守亮檢校司徒，兼興元尹，充山南西道節度等使。王行瑜急攻興州，守亮出師擊敗之。

八月，幽州節度使李全忠卒，三軍立其子匡威爲留後。

九月，楊守亮復敗邠州軍於鳳州，軍容楊復恭密遣人說王行瑜，令謀歸國。

十月壬子朔，滑州軍亂，逐其帥安師儒，推衙將張驍主留後軍務。師儒奔汴州，朱全忠殺之，遂以兵攻滑，斬張驍以告行在，朝廷以汴帥全忠兼領義成軍節度使。壬辰夜，白虹見西方。

十一月，蔡賊孫儒陷鄭州，刺史李璠遁免。儒引軍攻河陽。

十二月乙巳朔。是月，朱玫愛將王行瑜受密詔，自鳳州率衆還長安。辛酉，行瑜斬朱玫及其黨與數百人，縱兵大掠。是冬苦寒，九衢積雪，兵入之夜，寒冽尤劇，民吏剽剝之後，僵凍而死蔽地。裴徹、鄭昌圖及百官奉襄王奔河中，王重榮紿稱迎奉，執李熅斬之，械裴徹、鄭昌圖於獄，文武官僚遭戮者殆半。重榮函襄王首赴行在。刑部奏請御興元城南門，閱俘馘受賀，下禮院定儀注。博士殷盈孫奏曰：

伏以僞熅違背宗社，僭竊乘輿，欺天之禍既盈，盜國之罪斯重，果至覆敗，以就誅夷。九重之妖祲既除，萬國之生靈共慶，宜陳賀禮，以顯皇猷。然物議之間，有所未允。臣按禮經，公族有罪，獄既具，有司聞於公曰：「某之罪在大辟。」君曰：「赦之。」如是者三，有司走出致刑，君復使謂之曰：「雖然，固當赦之。」有司曰：「不及矣！」君爲之素服不樂三月。左傳：衞君在晉，衞臣元咺立衞君之弟叔武，衞君入國，叔武爲前驅所殺，衞君哭之，左氏書焉。今僞煴，皇族也，雖犯殊死之罪，宜就屠戮，其可以朝羣臣而受賀乎？臣以爲煴胤係金枝，名標玉牒，迫脅之際，不能守節効死，而乃甘心逆謀，罪實滔天，刑不可赦。已爲軍前處置，宜卽黜爲庶人，絕其屬籍，其首級仍委所在以庶人禮收葬。大捷之慶，當以朱玫首級到日稱賀，爲得其宜。上不軫于宸衷，下無傷於物體，協禮經之旨，祛中外之疑。

遂罷賀禮。及朱玫傳首至，乃御樓受俘馘。是月，蔡賊孫儒陷河陽，諸葛仲方奔歸汴州〔三五〕，別將李罕之出據澤州，張全義據懷州。

三年春正月乙亥朔，車駕在興元府。制以邠州都將王行瑜檢校刑部尙書，兼邠州刺史、邠寧慶節度使。保鑾都將李鋋檢校司空、黔州刺史、黔中節度觀察使；扈蹕都頭李茂貞爲檢校尙書左僕射、洋州刺史、武定軍節度使；扈蹕都頭楊守宗爲金州刺史、金商節度等使；保鑾都將陳珮檢校尙書右僕射，爲宣州刺史、宣歙觀察使。兵部侍郎、諸道租庸使張濬本官同平章事。

二月乙巳朔，潤州牙將劉浩、度支使薛朗同謀逐其帥周寶，劉浩自稱留後。

三月乙亥朔。甲申，車駕還京，次鳳翔。以宮室未完，節度使李昌符請駐蹕，以俟畢工。河中械送僞宰相裴徹、鄭昌圖，命斬之於岐山縣。太子少師致仕蕭遘賜死於永樂縣。以特進、監修國史、門下侍郎、吏部尚書、平章事孔緯領諸道鹽鐵轉運使。以集賢殿大學士、中書侍郎、兵部尚書、平章事杜讓能進封襄陽郡公，增食邑三千戶。

四月甲辰朔，揚州牙將畢師鐸自高郵率戍兵攻揚州，下之，囚高駢於別室，自總軍政。蔡賊秦賢攻汴州，周列三十六砦。朱全忠乞師於兗鄆，朱瑾率師來赴，屯封禪寺，朱瑄屯靜戎鎮。

五月甲戌朔。乙亥，秦宗權自率衆來應秦賢。壬午，鄆、兗、汴三鎮之師大破蔡賊於邊孝村，宗權退走。孫儒聞秦賢敗，盡驅河陽之人殺之，投尸於河，焚燒閭井而去。王師收孟、洛、許、汝、懷、鄭、陝、虢等州。詔以扈駕都頭楊守宗權知許州事，汴將孟從益權知鄭州事。諸葛爽舊將李罕之自澤州收河陽，懷州刺史張全義收洛陽。揚州牙將畢師鐸召宣州觀察使秦彥入揚州，推爲節度使。

六月癸卯朔。戊申，天威軍都頭楊守立與李昌符爭道，麾下相歐。上命中使諭之，不止，是夜嚴兵爲備。己酉，守立以兵攻昌符，戰于通衢。昌符兵敗，出保隴州，命扈駕都將李茂貞攻之。甲寅，河中牙將常行儒殺其帥王重榮，推重榮兄重盈爲兵馬留後。丙辰，太常禮院奏：「太廟十一室，并祧廟八室，孝明太后等別廟三室，自車駕再幸山南，並經焚毀，神主失墜。今大駕還京，宜先葺宗廟神主，然後還宮。」遂詔修奉太廟使宰相鄭延昌修奉。是時，宮室未完，國力方困，未暇舉行舊制，延昌請權以少府監大廳爲太廟。太廟凡十一室，二十三間，間十一架，今監五間，請添造成十一間，以備十一室之數。敕曰：「敬依典禮。」

七月壬申朔，隴州刺史薛知籌以城降李茂貞，遂拔隴州，斬李昌符、昌仁等，傳首獻于行在。丙子，制以武定軍節度使、檢校尚書左僕射，兼洋州刺史、御史大夫、上柱國、隴西郡公、食邑一千五百戶李茂貞檢校司空、同平章事，兼鳳翔尹、鳳翔隴右節度等使。

九月辛未朔，淮南節度使高駢爲其牙將畢師鐸所殺。楊行密急攻廣陵，蔡賊秦宗權遣其將孫儒將兵三萬渡淮，爭揚州，城中食盡。

十一月，秦彥、畢師鐸潰圍奔于孫儒軍，行密入據揚州。秦彥引孫儒之兵攻廣陵，行密遣使求援于朱全忠。制授全忠檢校太尉、侍中，兼揚州大都督府長史，充淮南節度觀察等使、行營兵馬都統。汴將李璠率師至淮口以援之。

十二月己巳朔，東川節度使顧彥朗、壁州刺史王建連兵五萬攻成都，陳敬瑄告難于朝，詔中使諭之。

文德元年春正月己亥朔，車駕在鳳翔。制故鳳翔隴右節度觀察處置等使、檢校司徒、同平章事，兼鳳翔尹、上柱國、滎陽郡開國公、食邑三千戶鄭畋贈司徒，謚曰文昭。蔡賊孫儒斬秦彥、畢師鐸于高郵。

二月己巳朔。壬午，車駕在鳳翔至京師。魏博軍亂，逐其帥樂彥禎。彥禎子相州刺史從訓率衆攻魏州，牙軍立其小校羅宗弁爲留後〔三六〕，出兵拒之。從訓求援於汴，朱全忠遣將朱珍渡河赴之。戊子，上御承天門，大赦，改元文德。宰相韋昭度兼司空，孔緯、杜讓能加左右僕射，進階開府儀同三司，並賜號「持危啓運保乂功臣」。張濬兼兵部尙書，進階開府儀同三司。左右神策十軍觀軍容使、左金吾衞上將軍、左右街功德使、上柱國、弘農郡開國公楊復恭進封魏國公，加食邑七千戶，賜號「忠貞啓聖定國功臣」。以保鑾都將、黔中節度使李鋋檢校司徒、平章事，保鑾都將陳珮檢校司空、廣州刺史、嶺南東道節度使。藩鎭諸侯，進秩有差。宰臣韋昭度率文武百僚上徽號曰聖文睿德光武弘孝皇帝。

三月戊戌朔，正殿受册。庚子，上暴疾。壬寅，大漸。癸卯，宣制立弟壽王傑爲皇太弟，勾當軍國事。是夕，崩於武德殿，聖壽二十七，羣臣上謚曰惠聖恭定孝皇帝，廟號僖宗。其年十二月，葬于靖陵。

史臣曰：恭帝冲年纘曆，政在宦臣，惕勵虔恭，殷憂重慎。屬世道交喪，海縣橫流，赤眉搖蕩於中原，黃屋流離於遐徼，黔黎塗炭，宗社丘墟。而猶藩垣多仗義之臣，心腹有盡忠之輔，驅駕豪傑，號令軍戎，終誅伏莽之徒，大雪失邦之恥。而令孜一爲謬計，幾喪丕圖，雖如綫之僅存，固棼絲之莫救。茫茫禹迹，空悲文命之艱難；赫赫宗周，竟墜文王之基業。非僖皇失道之過，其土運之窮歟？悲夫！

贊曰：運曆將窮，人君幼冲。塵飛巨盜，波駭羣雄。天既降喪，人罕輸忠。迴鑾返正，禁旅之功。

校勘記

〔一〕鄜州　各本原作「鄜川」，據殘宋本冊府卷九八七、合鈔卷二二僖宗紀改。

〔二〕鄆州　各本原作「鄭州」，據御覽卷一一六改。

〔三〕大理卿張彥遠　校勘記卷一〇云「大理卿」三字有誤，或「大理」下脫「少」字。

〔四〕左司勳員外郎　合鈔卷二二僖宗紀注云：「左字衍。」

〔五〕吏部侍郎崔蕘　本卷下文謂「九月，以右丞崔蕘權知吏部侍郎」，又本書卷一一七崔寧傳謂蕘「乾符中自尚書右丞遷吏部侍郎」，此處「吏部侍郎」疑爲「尚書右丞」之誤。

〔六〕諸葛爽　「爽」字各本原作「愛」，據本書卷一八二諸葛爽傳、唐大詔令集卷一二〇、全唐文卷八七改。

〔七〕至代州　「至」字各本原無，據通鑑卷二五三考異引舊書史文補。

〔八〕李巖　本書卷一七八盧攜傳作「李岩」。

〔九〕以吏部侍郎崔沆爲戶部侍郎戶部侍郎翰林學士豆盧瑑爲兵部侍郎　「崔沆爲戶部侍郎」，各本原作「崔沆爲兵部侍郎」，豆盧瑑下「爲兵部侍郎」五字各本原無，據新書卷九僖宗紀及卷六三宰相世系表、通鑑卷二五三補改。

〔一〇〕除駁放者　唐會要卷七五、冊府卷九一一、全唐文卷八七作「長名駁放者」。

〔一一〕段彥謨爲江西節度使　「謨」字各本原作「謀」，「江西」原作「江南」，據新書卷二二五下黃巢傳、通鑑卷二五三改。

〔一二〕江西　御覽卷一一六作「江南」。

〔一三〕不假諸道之師　「假」字各本原作「在」，據通鑑卷二五三考異引舊書史文改。

〔一四〕大恐　各本原作「大怒」，據通鑑卷二五三考異引舊書史文改。校勘記卷一〇云：「怒影宋本作恐。」

〔一五〕鎮東軍　「鎮」字各本原作「領」，據本卷下文、合鈔卷二二僖宗紀改。

〔一六〕李都　各本原作「李郁」，據新書卷九僖宗紀、通鑑卷二五四改。

〔一七〕李孝昌　「昌」字各本原作「恭」，據新書卷二二一上党項傳、通鑑卷二五四改。

〔一八〕黃巢遣閹官後冗率功臣馬千匹至華殺詳以鄴代歸　校勘記卷一〇云：後冗率三字不可解，當作率冗從，歸當作之。葉校本「後」字作「徐」。

〔一九〕楊守宗　「楊」字各本原無，據本書卷二〇〇下黃巢傳、册府卷四三四補。

〔二〇〕冀君武　「君」字各本原作「軍」，據本書卷二〇〇下黃巢傳、册府卷四三四改。

〔二一〕牛勗　各本原作「牛蔚」，新書卷九僖宗紀、通鑑卷二五五均作「牛勗」。案本書卷一七二牛僧孺傳，牛蔚咸通末爲興元尹、山南西道節度使，在鎮三年被代。黃巢入長安，奔山南，以尚書左僕射致仕卒。此時不應仍爲山南西道節度使，故據新書、通鑑改爲「牛勗」。

〔二二〕鄭昌圖　「圖」字各本原作「凝」，據本卷下文、册府卷七四改。

〔二三〕楊守宗　各本原作「楊宗守」，據本卷上下文改。

〔二四〕李昌符　「符」字各本原作「言」，據新書卷二二四下朱玫傳、通鑑卷二五六改。

〔三五〕諸葛仲方　各本原作「諸葛爽」，據本書卷一八二諸葛爽傳、新書卷九僖宗紀、通鑑卷二五六改。

〔三六〕羅宗弁　據本書卷一八一樂彥禎傳、新書卷九僖宗紀、通鑑卷二五七當作「羅弘信」。案本書樂彥禎傳：「彥禎危憤而卒，衆推都將趙文玣知留後事。從訓自相州領兵三萬餘人至城下，文玣按兵不出。衆懷疑懼，復害文玣，推羅弘信爲帥。弘信以兵出戰，敗之。」此處誤作羅宗弁，通鑑胡三省注謂「蓋幷趙文玣、羅弘信姓名爲一人」。

舊唐書卷二十上

本紀第二十上

昭宗

昭宗聖穆景文孝皇帝諱曄，懿宗第七子，母曰惠安太后王氏。以咸通八年二月二十二日生於東內。十三年四月，封壽王，名傑。乾符四年，授開府儀同三司、幽州大都督〔一〕、幽州盧龍等軍節度、押奚契丹、管內觀察處置等使。帝於僖宗，母弟也，尤相親睦。自艱難播越，嘗隨侍左右，握兵中要，皆奇而愛之。文德元年二月，僖宗暴不豫。時初復宮闈，人心傾矚，遽聞被疾，軍民駭愕。及大漸之夕，而未知所立。羣臣以吉王最賢，又在壽王之上，將立之，唯軍容楊復恭請以壽王監國。三月六日，宣遺詔立爲皇太弟。八日，柩前卽位，時年二十二。以司空韋昭度攝冢宰。己丑，見羣臣，始聽政。帝攻書好文，尤重儒術，神氣雄俊，有會昌之遺風。以先朝威武不振，國命寖微，而尊禮大臣，詳延道術，意在恢張舊業，號令天下。即位之始，中外稱之。

四月戊辰朔。庚午，追謚聖母惠安太后曰恭獻。乙亥，河南尹張全義以兵襲李罕之於河陽，罕之出據澤州。魏博衙軍殺其帥樂彥禎於龍興寺，又擊樂從訓，敗之。從訓以殘衆保洹水，爲羅宗弁陷其城而殺之。壬午，蔡賊孫儒陷揚州，楊行密潰圍而出，據宣州。孫儒自稱淮南節度，仍率其衆攻宣州。

五月丁酉朔，制以宣武軍節度使、檢校侍中、沛郡王朱全忠爲蔡州四面行營兵馬都統。自秦賢、石璠敗後，蔡賊漸弱，時溥方爲全忠所攻，故移溥都統之命授全忠。壬寅，蔡賊將僞署荆襄節度使趙德諲遣使歸朝，願討賊自効，乃以德諲爲蔡州四面行營副都統，德諲遂以荆襄之兵屬全忠。

六月丁卯朔，以川賊王建大亂，劍南陳敬瑄告難，制以開府儀同三司、守司空、門下侍郎、同平章事、太淸宮使、弘文館大學士、延資庫使、上柱國、扶陽郡開國公，食邑二千戶韋昭度檢校司徒、門下侍郎、平章事，兼成都尹，充劍南西川節度副大使、知節度事，兼兩川招撫制置等使。蔡州行營奏大破賊於龍陂，進軍以逼賊城。

七月丙申朔，澤州刺史李罕之引太原之師攻河陽，爲汴將丁會所敗，退還高平。

九月乙未，汴將朱珍敗時溥之師于埇橋，遂陷宿州，自是溥嬰城不敢復出。汴將胡元琮急攻蔡州。

十二月甲子朔，蔡州牙將申叢執秦宗權，撾折其足，乞降。詔中使宣諭，便以叢權知留後。比中使至，别將郭璠殺申叢，篡宗權，縶送汴州。蔡、申、光等州平。詔賜蔡州行營兵士錢二十五萬貫，令度支逐近支給。是月，葬僖宗於靖陵。

龍紀元年春正月癸巳朔，上御武德殿受朝賀，宣制大赦，改元。中外文武臣僚進秩頒爵有差。以劍南西川節度、兩川招撫制置使韋昭度檢校司空，爲東都留守；以翰林學士承旨、兵部侍郎、知制誥劉崇望本官同平章事；以刑部侍郎孫揆爲京兆尹。

二月癸亥朔。己丑，汴州行軍司馬李璠監送逆賊秦宗權幷妻趙氏以獻，上御延喜門受俘，百僚稱賀，以之徇市，告廟社，斬於獨柳，趙氏笞死。初，自諸侯收長安，黄巢東出關，與宗權合。巢賊雖平，而宗權之兇徒大集，西至金、商、陝、虢，南極荆、襄，東過淮甸，北侵徐、兗、汴、鄭，幅員數十州。五六年間，民無耕織，千室之邑，不存一二，歲既凶荒，皆膾人而食，喪亂之酷，未之前聞。宗權既平，而朱全忠連兵十萬，呑噬河南，兗、鄆、青、徐之間，血戰不解，唐祚以至於亡。中書奏請以二月二十二日爲嘉會節，從之。

三月壬辰朔，以右僕射、門下侍郎、同平章事孔緯守司空、太清宫使、弘文館大學士、延資庫使、領諸道鹽鐵轉運等使，以右僕射、門下侍郎、集賢殿大學士杜讓能爲左僕射、監修國史、判度支，以中書侍郎、戶部尚書、同平章事張濬爲集賢殿大學士、判戶部事。

四月壬戌朔，以宣武淮南等節度副大使、知節度事、管內營田觀察處置等使、開府儀同三司、檢校太傅、兼侍中、揚州大都督府長史、汴州刺史、充蔡州四面行營都統、上柱國、沛郡王、食邑四千戶朱全忠爲檢校太尉、中書令，進封東平王，仍賜賞軍錢十萬貫。

五月壬辰朔，漢州刺史王建陷成都府，遷陳敬瑄于雅州，建自稱西川兵馬留後。復用田令孜爲監軍。

六月辛酉朔，邢洺節度使孟方立卒，三軍推其弟洺州刺史遷爲留後，太原李克用出軍攻之。　杭州刺史錢鏐攻宣州，下之，擒劉浩，剖心以祭周寶。

七月，詔於杭州置武勝軍〔三〕，以鏐爲本軍防禦觀察等使。

十月己未朔，青州節度使王敬武卒。　制以特進、太子少師、博陵郡開國侯、食邑一千戶崔安潛檢校太傅、兼侍中、青州刺史、平盧軍節度觀察、押新羅渤海兩蕃等使。　青州三軍以敬武子師範權知兵馬事。

十一月己丑朔，將有事於圓丘。　改御名曰曄。　辛亥，上宿齋於武德殿，宰相百僚朝服于位。　時兩軍中尉楊復恭及兩樞密皆朝服侍上，太常博士錢珝、李綽等奏論之曰：「皇帝赴齋宮，內臣皆服朝服。臣檢國朝故事及近代禮令，並無內官朝服助祭之文。伏惟皇帝陛下承天御曆，聖祚中興，祗見宗祧，克陳大禮。皆稟高祖、太宗之成制，必循虞、夏、商、周之舊經，軒冕服章，式遵彝憲。禮院先准大禮使牒稱得內侍省牒，要知內臣朝服品秩，禮院已准禮令報訖。今參詳近朝事例，若內官及諸衞將軍必須製冠服，卽各依所兼正官，隨資品依令式服本官之服。事存傳聽，且可俯從，然亦不分明著在禮令。乞聖慈允臣所奏。」狀入，至晚不報。錢珝又進狀曰：「臣今日巳時進狀，論內官冠服制度，未奉聖旨。伏以陛下虔事郊禋，式遵彝範，凡關典禮，必守憲章。今陛下行先王之大禮，而內臣遂服先王之法服。來日朝獻大聖祖，臣贊導皇帝行事，若侍臣服章有違制度，是爲非禮，上瀆祖宗，臣期不奉敕。臣謬當聖代，叨備禮官，獲正朝儀，死且不朽，脂膏泥滓，是所甘心。」狀入，降朱書御札曰：「卿等所論至當，事可從權。勿以小瑕，遂妨大禮。」於是內四臣遂以法服侍祠。甲寅，圓丘禮畢，御承天門，大赦。

十二月戊午，宰臣杜讓能兼司空。

大順元年春正月戊子朔，御武德殿受朝賀。宰臣百僚上徽號曰聖文睿德光武弘孝皇帝，禮畢，大赦，改元大順。

二月丁巳，宰臣兼國子祭酒孔緯以孔子廟經兵火，有司釋奠無所，請內外文臣自觀察使、制使下及令佐，於本官料錢上緡抽十文，助修國學，從之。宣武節度使朱全忠進位守中書令，加食邑千戶，餘如故。太原都將安金俊攻圍邢州歷年，城中食盡，邢洺觀察使孟遷以城降，乃以孟遷之族歸太原。克用以大將安建爲邢洺留後。

三月丁亥朔，朱全忠上表：「關東藩鎮，請除用朝廷名德爲節度觀察使。如藩臣固位不受代，臣請以兵誅之。如王徽、裴璩、孔晦、崔安潛等皆縉紳名族，踐歷素高，宜用爲徐鄆青兗等道節度使。」從之。昭義節度使李克修卒，太原帥克用之弟也，三軍推克修弟克恭知留後事。

四月丙辰朔，李克用遣大將安金俊率師攻雲州。赫連鐸求援於幽州，李匡威出兵援之，戰于蔚州，太原軍大敗，燕軍執安金俊，獻之于朝。李匡威、赫連鐸、朱全忠等上表：「請因沙陀敗亡，臣與河北三鎮及臣所鎮汴滑河陽之兵平定太原，願朝廷命重臣一人都總戎事。」昭宗以太原於艱難時立興復大功，心疑其事，下兩省、御史臺、尚書省四品已上官議。唯黨全忠者言其可伐，不可者十之七，宰臣杜讓能、劉崇望深以爲不可。惟張濬議曰：「先朝再幸興元，實沙陀之罪。比慮河北諸侯與之膠固，無以滌除。今兩河大藩皆願誅討，不因其離貳而除之，是當斷失斷也。」孔緯曰：「濬言是也。」軍容楊復恭曰：「先朝蒙犯霜露，播越草莽，七八年間，寢不安席，雖賊臣搖蕩於外，亦由失制於中。陛下纘承，人心忻戴，不宜輕舉干戈，爲國生事。望優詔報全忠，且以柔服爲辭。」上然之。全忠密遣濬之親黨賂濬，濬恃全忠之援，論奏不已，天子僶俛從之。

五月，制特進、中書侍郎、兵部尚書、同平章事、集賢殿大學士、上柱國、河間郡開國伯、食邑七百戶張濬爲太原四面行營兵馬都統，京兆尹孫揆副之。以華州節度使韓建爲北面行營招討都虞候、供軍等使；以宣武節度使朱全忠爲太原東南面招討使；成德軍節度使王鎔爲太原東面招討使；幽州節度使李匡威爲太原北面招討使，雲州防禦使赫連鐸副之。丙午，潞州軍亂，殺其帥李克恭。監軍使薛績本函克恭首獻之于朝，濬方起兵，朝廷稱賀。壬子，都招討使張濬、孫揆率神策諸軍三千赴行營，昭宗御安喜門臨送，誡誓之。

六月乙卯，李克用大將權知邢洺兵馬留後安建上表，請以三州歸順，遣中使往勞之。制以德州刺史、權知滄州兵馬留後盧彥威檢校尚書右僕射，兼滄州刺史、御史大夫，充義昌軍節度、滄德觀察處置等使。彥威，光啓初逐其帥楊全玫，求旄節，朝廷以扈蹕都將曹誠爲滄德節度使，誠雖不至任，而彥威之請不行。至是，王鎔、羅弘信因張濬用兵，爲彥威論請，故有斯授。以京兆尹、行營兵馬副招討孫揆檢校兵部尚書，兼潞州大都督府長史，充昭義節度副大使、知節度事。張濬會諸軍於晉州，朱全忠選汴卒三千爲張濬牙隊。

秋七月乙酉朔，王師屯于陰地，太原大將康君立以兵拒戰。朱全忠遣大將葛從周率千騎入潞州，從周權充兵馬留後。朱全忠奏已差兵士守潞州，請節度使孫揆赴鎮。時中使韓歸範押揆旌節、官告送至行營。丙申，揆建節，率兵二千，自晉州赴鎮昭義。戊申，至長子縣山谷中。太原騎將李存孝伏兵執揆與韓歸範牙兵五百，俘送太原，餘兵悉爲存孝所殺。太原將康君立率兵二萬攻潞州。

九月甲申，幽州、雲州蕃、漢兵三萬攻鴈門，太原將李存信、薛阿檀擊敗之。汴將葛從周棄上黨，康君立入據之，克用以君立爲澤潞兵馬留後。

十一月癸丑朔，太原將邢州刺史李存孝自恃擒孫揆功，合爲昭義帥，怨克用授康君立。存孝自晉州率行營兵歸邢州，據城上表歸朝，仍致書與張濬、王鎔求援。克用遣大將李存信、薛阿檀拒王師于陰地，三戰三捷，由是河西鄜、夏、邠、岐之軍渡河西歸。韓建以諸軍保平陽，存信追之，建軍又敗，建退保絳州。張濬以汴卒、禁軍萬人在晉州，存信攻之三日，相與謀曰：「張濬宰相，俘之無益，天子禁兵，不宜加害。如得平陽，於我無利。」遂退舍五十里而軍。

十二月壬午朔，張濬、韓建拔晉、絳遁去，李存信收晉、絳，大掠河中四郡。丙寅，制特進、中書侍郎、平章事、太原四面行營都統張濬可檢校兵部尚書，兼鄂州刺史、御史大夫，充鄂岳觀察使。以開府儀同三司、守司徒、門下侍郎、同平章事、上柱國、魯國公、食邑三千戶、充諸道鹽鐵轉運等使孔緯檢校司徒，兼江陵尹、荆南節度觀察處置使。庚午，新除鄂岳觀察使張濬責授連州刺史，新除荆南節度使孔緯責授均州刺史，並馳驛赴任。太原軍屯晉州，李克用遣中使韓歸範還朝，因上表訴冤，言：「被賊臣張濬依倚朱全忠離間功臣，致削奪臣官爵。」朝廷欲令釋憾，下羣臣議其可否。左僕射韋昭度等議曰：

賞功罰否，前聖之令猷；含垢匿瑕，百王之垂訓。是以雷解而羲文象德，網開而湯化歸仁，用彼懷柔，式存彝範。上自軒農之代，下臻文武之朝，罔不允洽寬弘，以流霈澤。況國家德祖守成之日，憲宗致理之時，車軌一同，桑麻萬里。燭龍外野，悉在梯航；火鼠窮郊，咸歸正朔。然猶王承宗擁兵鎮、冀，詔范希朝討之，仍歲無功，卒行赦宥。而又朱滔以幽州之衆，結田悅、李納、王武俊之強，遣馬燧等征之不克，旋又寬之。以累聖之典謨睿哲，大朝之紀律文明，非不欲厲彼風驅，快其電掃。然且考春秋之義，稽楚、鄭之文，或退而許平，或服而更捨，存於舊史，載彼新書。

李克用代漠強宗，陰山貴胤，呼吸而風雲作氣，指麾而草樹成形。仰天指心，誓獻秩訾之首；伏弢歐血，屢親都護之營。所謂勇多上人，自匪窮來歸我。及陛下聖考懿宗皇帝之朝，彭門失守，親驅銳卒，首建殊功。而先帝即位之初，渚宮大擾，復提義旅，克靜妖氛。其後封豕長蛇，荐食上國，繼以子朝之亂，皆因重耳之盟，保大朝之宗祧，垂中興於簡冊。蓋聖王之御天下也，有勳可書，有績可載，宥過不忘於十代，念功豈止於一時。天高聽卑，請事斯語。且四海之內，創痏猶殷，九貢之邦，綱條未理。昨者遽起邠、岐之衆，尋已退還；又徵燕、薊之師，倏聞內變。出於饟饋失職，資屝絕供，致此投戈，是乖借箸。蓋下計之未熟，非聖謀之不臧。儻宸斷重離，天機間出，錄茲成款，散彼師徒，虛其念舊之懷，待以如初之禮。臣等所議，實以在斯。

抑又聞往者漢將趙充國欲因邊境衰弱，出兵擊之，於是魏相上書，晝陳利害，且曰：「恃國家之大，矜人物之衆，欲見威於敵者，謂之驕兵。兵驕者滅，非但人事，乃天道也。」又曰：「臣不知此兵何名者也。」兵出無名，事乃不成，漢宣納之，竟罷其伐。伏惟皇帝陛下鑒往古用師之難，採列聖遷善之美，恩加區宇，信及豚魚，則臣等不勝懇願。

況今汴、魏猶艱，幽、定方困，縱遣之調發，豈能集事！虛行號令，徒召寇讎，將以勤人，非唯辱國。且黠戛斯舉勤王之衆，推効命之誠，未能虜騎獨攻，所望漢兵同力。令茲數鎮，奔命不遑，難致濟師，恐又生事。諭其漸當暑熱，非利戎旃，悉力頒霑，遣還蕃部。重盈陳五郡之卒，益謹關防；王珙振兩河之雄，更嚴旗鼓。然後獎其上表，哀以自陳，錄彼前勞，責之後効。徵神爵之往典，還日逐之故封。諭其已斥王恭，不使更疑晉帝，凡百臣子，實切乃誠。其克用在身官爵，並請卻還，仍依前編入屬籍。從之。以翰林學士承旨、兵部侍郎崔昭緯本官同平章事，御史中丞徐彥若爲戶部侍郎、同平章事。尙書右僕射王徽卒，贈司空，謚曰貞。

二年春正月壬子朔，李克用急攻邢州。李存孝求援於王鎔，鎔出軍援之，屯于堯山。克用自太原至，擊敗之，進圍邢州。司徒、門下侍郎、平章事杜讓能進位太尉、太淸宮使、弘文館大學士、延資庫使、領諸道鹽鐵轉運等使。以中書侍郎、吏部尙書、平章事劉崇望爲門下侍郎、監修國史、判度支事，工部侍郎、平章事崔昭緯判戶部事。

二月辛巳，李克用復檢校太師、中書令、太原尹、北都留守、河東節度觀察處置等使。時張濬、韓建兵敗後，爲太原將李存信等所追，至是方自含山踰王屋，出河淸，達于河陽。屬河溢，無舟楫，建壞人廬舍〔三〕，爲木罌數百，方獲渡，人多覆溺，休其徒於司徒廟。是役也，朝廷倚朱全忠及三鎭兵。全忠方連兵徐鄆，乃求兵糧于鎭、魏，全忠終不至行營。鎭、魏倚太原爲扞蔽，如破太原郡，恐危鎭、魏，王鎔、羅弘信亦不出師。唯邠、岐、華、鄜、夏烏合之衆會晉州。兵未交而孫揆擒，燕卒敗，所以河西、岐下之師望風潰散，而濬、建至敗。全忠以鎭、魏不助兵糧觀望，遣龐師古將兵討魏，陷十縣，羅弘信乞盟，乃退。棣州刺史張蟾爲青州將王師範所敗。新授平盧節度使崔安潛自棣州歸朝，復授太子少師。

三月辛亥朔，以青州權知兵馬留後王師範檢校兵部尚書，兼青州刺史、御史大夫，充平盧軍節度觀察、押新羅渤海兩蕃等使。淮南節度孫儒爲宣州觀察使楊行密所殺。初，行密揚州失守，據宣州，孫儒以兵攻圍三年。是春，淮南大飢，軍中疫癘死者十三四。是月，孫儒亦病，爲帳下所執，降行密。行密乃併孫儒之衆，復據廣陵。

六月，王鎔出軍援李存孝，克用大舉討鎭州。

七月，太原軍出井陘，屯於常山鎭，大掠鎭、趙、深諸郡。幽州節度使李匡威自率步騎三萬援王鎔。

八月，克用班師。

九月丁未朔。乙卯，天子賜左軍中尉楊復恭几杖，以大將軍致仕。復恭怒，稱病不受詔。

十月丁丑朔。甲申，天威軍使李順節率禁兵討楊復恭，復恭假子玉山軍使楊守信以兵拒之，列陣于昌化里。昭宗登延喜樓，陳兵自衞以俟變。相持至晚，不戰而退。是夜，守信乃擁其衆衞復恭出京師，且戰且行，出通化門，由七盤路之商州，又令義兒張綰爲後殿。永安都頭安權追及綰，擒之而還。

十一月，朱全忠上表，請移時溥節鎮。是月，汴軍陷宿州，乃授溥太子太師。溥將劉知俊降汴軍。鎭州王鎔、幽州李匡威復謀攻定州以分其地，王處存求援於太原。

十二月丙子朔，以光祿大夫、門下侍郎、右僕射、平章事、監修國史、判度支、上柱國、彭城縣開國男劉崇望檢校司空、同平章事，兼徐州刺史，充武寧軍節度、徐宿觀察制置使。時李順節恃恩恣橫，出入以兵仗自隨，兩軍中尉劉景宣、西門君遂懼其窺圖非望。丁亥，兩中尉傳詔召順節，順節以甲士三百自隨，至銀臺門，門司傳詔止從者。兩中尉在仗舍邀順節，坐次，令部將嗣光審斫順節，頭隨劍落。其部下知順節死，大譟出延喜門。是日，天威、捧日、登封三都亂，剽永寧里，至晚方定。戶部尙書鄭延昌爲中書侍郎、平章事、判度支。

景福元年春正月丙午朔，上御武德殿受朝賀，大赦，改元景福。鳳翔李茂貞、邠州王行瑜、華州韓建、同州王行約、秦州李茂莊等上表疏興元楊守亮納叛臣楊復恭，請同出本軍討伐，兼自備供軍糧料，不取給於度支，只請加茂貞山南招討使名。內臣皆不可其奏，昭宗亦以茂貞得山南之後有問鼎之志，詔久之不下。茂貞怒，與王行瑜不俟進止，發兵攻興元。累請招討之命，兼與宰相杜讓能、中尉西門君遂書，詞語詬詈，凌蔑王室，昭宗心不能容。

二月丙子朔。庚寅，太原、易定之兵合勢攻鎮州，王鎔復告難於幽州，李匡威率步騎三萬赴之。時太原之衆軍於常山鎮，易定之衆軍堅固鎮，燕、趙之卒分拒之。

三月，克用、處存斂軍而退。

四月乙亥，左軍中尉西門君遂殺天威軍使賈德晟，時德晟與李順節俱掌天威軍，順節死，中尉惡德晟，誣奏殺之。是日，德晟部下千餘騎出奔鳳翔，自是岐軍益盛。

五月甲辰，制以河南尹張全義檢校司徒、同平章事，兼孟州刺史，充河陽三城節度、孟懷澤觀察等使。

七月，燕、趙之卒合勢援邢州，太原大將李存信率軍拒於堯山，王鎔大敗而還。

十一月辛丑，鳳翔、邠寧之衆攻興元府，陷之。山南西道節度使楊守亮與前左軍中尉楊復恭、判官李巨川突圍而遁，將奔太原。李茂貞表其子繼密權知興元府事。

十二月辛未朔，華州節度使韓建奏於乾元縣遇興元潰散兵士，擊敗之。其楊守亮、楊復恭並已處斬訖，皆傳首京師。

二年春正月辛丑朔，制以權知劍南東川兵馬留後顧彥暉檢校尚書右僕射，兼梓州刺史、御史大夫，充劍南東川節度觀察等使。時王建連年攻彥暉，李茂貞欲與建爭東川，故表請彥暉正授旄鉞，示修好也。

二月庚午朔，太原李克用以兵攻鎮州，師出井陘，王鎔懼，再求救于幽州。甲申，李匡威復來赴援，太原之軍還邢州。

三月庚子，制以捧日都頭陳珮爲廣州刺史、嶺南東道節度使，扈蹕都頭曹誠爲黔州刺史、黔中節度使，耀德都頭李鋋爲潤州刺史、鎮海軍節度使，宣威都頭孫惟晟爲江陵尹、荆南節度使，並加特進、同平章事。各令赴鎮，並落軍權。時朝議以茂貞傲侮王命，武臣難制，欲用杜讓能及親王典禁兵，故罷五將之權，兼以平章事悅其心。太尉杜讓能册拜，加食邑至六千戶。是月，幽州節度使李匡威弟匡籌據幽州，自稱留後，以符追行營兵，兵皆還幽州。匡威既無歸路，遣判官李貞抱入奏，請朝覲。王鎔感匡威援助之惠，乃築第於恆州，迎匡威處之。

四月己巳，汴將王重師、牛存節陷徐州，節度使時溥擧家自燔而死。朱全忠遣將龐師古守徐州。

六月丁酉朔。乙卯，幽州節度使李匡威謀害王鎔而奪其帥，恆州三軍攻匡威，殺之。戊午，制太尉、門下侍郎、平章事、晉國公杜讓能加食邑至九千戶。門下侍郎、吏部尚書、平章事崔昭緯進階光祿大夫，中書侍郎、平章事鄭延昌兼刑部尚書，並加食邑至千戶。以祠部郎中、知制誥陸扆爲中書舍人，依前翰林學士。幽州節度使李匡籌遣使檄王鎔，訊殺匡威之罪。二藩結怨，朱全忠遣判官韋震使幽州和解之。

七月，李克用興兵攻鎭州，敗王鎔軍於平山。鎔懼，乞盟，請以兵糧助攻邢州，許之，克用遂旋軍襄國。癸未，制以鳳翔隴州節度使、檢校太尉、中書令、鳳翔尹、上柱國、岐王、食邑四千五百戶李茂貞爲興元尹、山南西道節度等使。以中書侍郎、同平章事徐彥若檢校尚書左僕射、同平章事，兼鳳翔尹，充鳳翔隴州節度使。時茂貞恃兵求兼領山南節度，昭宗久之不行，茂貞表章不遜，深詆時政，上不能容，將加兵問罪，故以彥若代之。

八月丙申朔，以嗣覃王爲京西招討使，神策大將軍李鐬副之。

九月丙寅朔，以武勝軍防禦使錢鏐爲鎭海軍節度、浙江西道觀察處置等使，仍移鎭海軍額於杭州。乙亥，覃王率扈駕五十四軍進攻岐陽，屯于興平。李茂貞以兵逆戰，屯于盩厔。壬午，岐軍進迫興平，王師自潰。茂貞乘勝逼京師，進屯三橋。甲申，昭宗御安福門，斬觀軍容使西門君遂、內樞密使李周潼，遣中使賜茂貞詔，令收兵歸鎭。茂貞陳兵臨皐驛，數宰臣杜讓能之罪，請誅之。制貶太尉、平章事、晉國公杜讓能爲雷州司戶。

十月乙未，賜杜讓能自盡，其弟戶部侍郎弘徽坐讓能賜死。

十一月，制以鳳翔節度使李茂貞守中書令，進封秦王，兼興元尹、山南西道節度使。邠州節度使王行瑜賜號「尙父」，賜鐵券。以門下侍郎、吏部尙書、平章事、監修國史崔昭緯兼尙書左僕射，充諸道鹽鐵轉運等使；以特進、行右僕射韋昭度爲司空、門下侍郎、同平章事、弘文館大學士、太淸宮使、延資庫使。中書侍郎、刑部尙書、平章事、判度支鄭延昌罷知政事，守尙書左僕射，以病求罷故也。以新除鳳翔節度使徐彥若復知政事。戶部侍郎、判戶部事王摶本官同平章事。

乾寧元年春正月乙丑朔，上御武德殿受朝，宣制大赦，改元乾寧。鳳翔李茂貞來朝，大陳兵衞，獻妓女三十人，宴之內殿，數日還藩。時茂貞有山南梁、洋、興、鳳、岐、隴、秦、涇、原等十五餘郡，甲兵雄盛，淩弱王室，頗有問鼎之志。

二月，汴人大敗兗、鄆之軍於東阿，瑄、瑾勢蹙，求援於太原，李克用出師援之。

三月甲子朔，太原軍攻邢州，陷之，執其逆將李存孝，檻送太原，裂之。克用以大將馬師素權知邢洺團練事。

五月，蔡賊孫儒部將劉建鋒攻陷潭州，自稱湖南節度使。以翰林學士、中書舍人陸扆爲戶部侍郎、知制誥，充職。

六月壬辰，李克用攻陷雲州，執大同防禦使赫連鐸，以其牙將薛志勤守雲中。

十月庚寅，以中書侍郎、平章事王摶爲湖南節度使。以翰林學士承旨、禮部尙書、知制誥李磎爲戶部侍郎、同平章事。宣制之日，水部郎中、知制誥劉崇魯出班而泣，言磎姦邪，黨附內官，不可居輔弼之地，由是制命不行。戊申，制御史中丞崔胤爲兵部侍郎、同平章事。是月，李克用以太原之衆進攻幽州。

十二月，幽州節度使李匡籌潰圍而遁。克用陷幽州，以李匡威故將劉仁恭爲幽州兵馬留後。是月，李匡籌南奔赴闕〔四〕，至景城，爲滄州節度使盧彥威所殺。

二年春正月己未朔，河中節度使、檢校太師、中書令、河中尹、上柱國、琅邪郡王王重盈卒〔五〕，三軍立重榮子行軍司馬珂知留後事。

二月己丑朔，王重盈子陝州節度使珙〔六〕、絳州刺史瑤舉兵討王珂，兼上章訴珂冒姓，非重榮子。珂、珙爭爲蒲帥，上遣中使慰勞。

三月，制以中書侍郎、同平章事崔胤檢校尚書左僕射、同平章事、河中尹，充河中節度、晉絳慈隰觀察處置等使。浙東節度使董昌僭號稱羅平國，年稱大聖，用婺州刺史蔣瓌爲宰相，仍僞署官員。鎭海軍節度使錢鏐請以本軍進討，從之。以翰林學士承旨、兵部侍郎、知制誥趙光逢爲尙書左丞，依前充職。太原李克用上章言王重榮有功於國，其子珂宜承襲，請賜節鉞。邠州王行瑜、鳳翔李茂貞、華州韓建各上章，言珂螟蛉，不宜纘襲，請以王珂爲陝州，王珙爲河中。天子以先允克用之奏，久之不下。

五月丁巳朔。甲子，李茂貞、王行瑜、韓建等各率精甲數千人入覲，京師大恐，人皆亡竄，吏不能止。昭宗御安福門以俟之，三帥既至，拜舞樓下，昭宗臨軒自諭之曰：「卿等藩侯，宜存臣節，稱兵入朝，不由奏請，意在何也？」茂貞、行瑜汗流洽背，不能對，唯韓建陳敍入覲之由。上並召升樓，賜之巵酒，宴之於同文殿。茂貞、行瑜極言南北司相傾，深蠹時政，請誅其太甚者。乃貶宰相韋昭度、李磎，尋殺之於都亭驛，殺內官數人而去。王行瑜留弟行約，茂貞留假子閻圭，各以兵二千人宿衞。時三帥同謀廢昭宗立吉王，聞太原起軍乃止，留兵宿衞而還。壬申，以責授均州司戶孔緯、繡州司戶張濬並爲太子賓客。以翰林學士、戶部侍郎、知制誥陸扆爲兵部侍郎，充職。

六月丁亥朔，以京兆尹、嗣薛王知柔兼戶部尚書、判度支，兼諸道鹽鐵轉運等使。壬辰，以太子賓客孔緯爲吏部尚書，尋復開府儀同三司、守司空、門下侍郎、同平章事、弘文館大學士、太清宮延資庫使、上柱國、魯郡開國公，食邑四千戶、食實封二百戶，仍號「持危啓運保乂功臣」。時緯在華州，尋屬太原軍至而止。以太子賓客張濬復光祿大夫、行兵部尚書、上柱國、河間郡開國侯、食邑二千戶。濬在長水，亦不至京師。復以王摶爲中書侍郎、平章事。

七月丙辰朔，李克用舉軍渡河，以討王行瑜、李茂貞、韓建等稱兵詣闕之罪。庚申，同州節度使王行實棄郡入京師，謂兩軍中尉駱全瓘、劉景宣曰：「沙陀十萬至矣！請奉車駕幸邠州，且有城守。」時景宣附鳳翔，癸亥夜，閻圭與劉景宣子繼晟、同州王行實縱火剽東市，請上出幸。上聞亂，登承天門，遣諸王率禁兵禦之。捧日都頭李筠率本軍侍衞樓上。閻圭以鳳翔之卒攻李筠，矢及御座之樓扉。上懼，下樓與親王、公主、內人數百幸永興坊李筠營。扈蹕都頭李君實以兵繼至〔七〕，乃與筠兩都兵士侍衞出啓夏門，憩於華嚴寺，以俟內人繼至。其日晚，幸莎城鎮。京師士庶從幸者數十萬，比至南山谷口，暍死者三之一。至暮，爲盜寇掠，慟哭之聲，殷動山谷。權令京兆尹知柔中書事及隨駕置頓使〔八〕。信宿，宰相徐彥若、王摶、崔胤三人至，乃移石門鎮之佛宮。仍令知樞密劉光裕、薛王知柔歸京師制置，合禁軍以備宮禁。丙寅，李克用遣牙將閻諤奉表奔問，奏屯軍河中，候進止發赴邠州。丁卯，上遣內官張承業傳詔克用軍，便令監太原行營兵馬，發赴新平。又令內官郄廷立傳詔涇州，令張鐇起涇原之師會克用軍。上在南山半月餘，克用仍在河中，未至渭北。上懼鳳翔兵士劫遷，乃令延王將御服、鞍馬、玉器等至河中，宣諭曰：「朕以景宣、全瓘、行實、繼鵬爲表裏之姦謀，縱干戈於雙闕，煙塵倏忽，劫殺縱橫。朕偶脫鋒鋩，遂移鑾輅，所爲巡幸，止在近郊。蓋知卿統領雄師，駐臨蒲坂，累飛書詔，繼遣使人。期卿以社稷爲憂，君親在念，必思響應，速議龔行。豈謂將涉兩旬，未有來表，憂虞是切，寢食不遑。豈忠義不切疚懷，而道途或有阻滯？今則專令親信，懇託勳賢，故遣延王戒丕、丹王允與供奉官王魯紆等宣示。卿宜便董貔貅，徑臨邠鳳，蕩平妖穴，以拯阽危，是所望也。」

八月乙酉朔，延王至河中，克用已發前鋒至渭北，又令史儼率五百騎赴行在侍衞。己丑，克用自至渭橋砦。癸巳，於梨園殺邠軍數千，獲其大將王令陶以獻。又詔鄜州節度使李思孝本軍進討。丁酉，制以河東節度使、開府儀同三司、守太師、中書令，兼太原尹、北都留守、上柱國、隴西郡王李克用爲邠寧四面行營都招討使。夏州節度使李思諫充邠寧東北面招討使，涇原節度使張鐇充邠寧西面招討使，河中節度使王珂充行營供軍糧料使。李茂貞聞之懼，斬閻圭、武禿子，傳首行在，上章請罪。辛丑，制削奪王行瑜在身官爵。改授李克用邠寧四面行營都統。其大將蓋寓李存信閻鍔、判官王讓李襲吉等，並降詔錫賚。又以河中都監袁季貞充邠寧四面行營兵馬都監押。壬寅，李克用遣子存貞奉表行在，請車駕還宮。答詔曰：「昨延王迴，言卿憂時體國，執禮輸忠，接遇之間，周旋盡節。備知肺腑，識我恩榮，靜惟尊主之心，果契知臣之分。朕欲取今月二十四日却復都城，冀寧兆庶，倚我勳德，有若長城，速伸翦遏之謀，以慰黔黎之望。」癸卯，又令延王傳詔，令克用發騎軍三千赴三橋屯駐，以備迴鑾。辛亥，車駕還宮。壬子，司空、門下侍郎、平章事、監修國史、諸道鹽鐵轉運使崔昭緯罷知政事，爲太子賓客。以河中兵馬留後王珂檢校司空，兼河中尹、御史大夫，充護國軍節度、河中晉絳慈隰觀察等使；以幽州兵馬留後劉仁恭檢校司空，兼幽州大都督府長史，充幽州盧龍軍節度、押奚契丹等使；以故左軍中尉楊復恭開府、魏國公：並從克用奏請也。

九月甲寅朔。丙辰，制光祿大夫、守尚書左僕射、門下侍郎、同平章事、監修國史、上柱國、東莞郡公徐彥若爲司空、門下侍郎、同平章事、太清宮修奉太廟等使、弘文館大學士、延資庫使，充諸道鹽鐵轉運等使。正議大夫、中書侍郎、同平章事王摶爲金紫光祿大夫、戶部尚書、門下侍郎、監修國史、判度支；正議大夫、中書侍郎、同平章事崔胤爲金紫光祿大夫、兼禮部尚書、集賢殿大學士、判戶部事。並賜號「扶危匡國致理功臣」。癸亥，司空、門下侍郎、平章事、太清宮修奉太廟等使、弘文館大學士、延資庫使、上柱國、魯郡開國公孔緯卒，贈太尉。

十月甲申朔，王師破賊梨園砦，俘斬萬計，行瑜由是嬰城自固。丁亥，制赦繫囚，其節文曰：「其有任崇柱石〔九〕，位重台衡，或委以軍權，或參諸宥密。竟因連謗，終至禍名，鬱我好生，嗟乎強死。應大順已來，有非罪而加削奪者，並復官資。其杜讓能、西門君遂、李周潼已下，並與昭雪，還其爵秩。韋昭度頃處台司，每伸相業，王行瑜求尚書令，獨能抑之，致於沉冤，諒由此事。李磎文章宏贍，迥出輩流，竟以朋黨之間，擠於死地，凡在有識，孰不咨嗟。宜並與昭洗，仍復官爵。」又敕：太子賓客崔昭緯責授梧州司馬，水部郎中、知制誥劉崇魯貶崖州司戶。又詔邠州行營都統曰：「邠州節度副使崔鋋，破賊之時，勿令漏網。鋋與昭緯去年朋黨，交結行瑜，構合禍胎，原由此賊。付四面行營知委。」是月，四面行營大集邠州。

十一月癸未朔。壬寅，王行瑜與其妻子部曲五百餘人潰圍出奔，至慶州，行瑜爲部下所殺，并其家二百口，並詣行營乞降，李克用遣牙將閻鍔獻于京師。

十二月甲申朔，昭宗御延喜門受俘馘，百僚樓前稱賀。制以李克用守太師、中書令，進封晉王，食邑九千戶，改賜「忠貞平難功臣」。是月，克用班師太原。制：皇第三子祤封棣王，第五子禊封虔王，第六子禋封沂王，第七子禕封遂王。

三年春正月癸丑朔，制以特進、戶部尚書、兼京兆尹、嗣薛王知柔檢校司徒，兼廣州刺史、御史大夫，充淸海軍節度、嶺南東道觀察處置等使。以尚書右丞崔澤爲鳳州刺史。魏博羅弘信擊敗太原軍於莘縣。初，兗鄆求援于太原，克用令蕃將史完府、何懷寶等千騎赴之。至是又令大將李存信屯于莘縣，魏人常假其道，存信戢軍不謹，或侵撓魏民。弘信怒，伏兵擊之，其軍宵潰。自是弘信南結于梁，與太原絕，兗鄆已至俱陷。

二月壬子朔，制以通王滋爲開府儀同三司，判侍衞諸道軍事。以銀青光祿大夫、戶部尚書、嘉興縣子、食邑五百戶陸扆爲兵部尚書。

三月壬子朔，以考功員外郎、集賢殿學士杜德祥爲工部郎中、知制誥。

四月壬午朔，湖南軍亂，殺其帥劉建鋒，三軍立其部將權知邵州刺史馬殷爲兵馬留後。鎭海軍節度使錢鏐攻越州，下之，斬董昌，平浙東。制加錢鏐檢校太尉、中書令。

五月辛巳，責授梧州司馬崔昭緯賜自盡。制金紫光祿大夫、戶部尚書、門下侍郎、平章事、監修國史、上柱國、太原郡開國公王摶爲檢校尚書左僕射、同平章事，兼越州刺史，充鎭東軍節度、浙江東道觀察處置等使。

六月庚戌，李克用率沙陀、幷、汾之衆五萬攻魏州，及其郛，大掠於其六郡，陷成安、洹水、臨漳十餘邑〔一〇〕，報莘之怨也。鳳翔李茂貞怨國家有朱玫之討，絕朝貢，謀將犯闕，天子命覃王治兵以俟變。是月，茂貞上章，請以兵師入覲。上令通王、覃王、延王分統安聖、捧宸、保寧、宣化等四軍，以衞近畿。丙寅，鳳翔軍犯京畿，覃王拒之於婁館，接戰不利。

秋七月庚辰朔。壬辰，岐軍逼京師，諸王率禁兵奉車駕將幸太原。癸巳，次渭北。華州韓建遣子充奉表起居，請駐蹕華州，乃授建京畿都指揮、安撫制置、催促諸道綱運等使。詔謂建曰：「啓途之行，已在河東，今且幸鄜畤。」甲午，次富平。韓建來朝，泣奏曰：「藩臣倔強，非止茂貞。雖太原勤王，無宜巡幸。臣之鎮守，控扼關畿，兵力雖微，足以自固。陛下若輕捨近畿，遠巡極塞，去園陵宗廟，寧不痛心；失魏闕金湯，又非良算。若輿駕渡河，必難再復，謀茍不臧，悔之寧及。願陛下且駐三峯，以圖恢復。」上亦泣下曰：「朕難奈茂貞，忿不思難。卿言是也。」乙未，次下邽。丙申，駐蹕華州，以衙城爲行宮。時岐軍犯京師，宮室廛閭，鞠爲灰燼，自中和已來葺構之功，掃地盡矣。乙巳，制以金紫光祿大夫、中書侍郎，兼禮部尚書、同平章事、集賢殿大學士、判戶部事、上柱國、博陵縣開國伯崔胤檢校尙書左僕射，兼廣州刺史、御史大夫，充淸海軍節度、嶺南東道觀察處置等使。丙午，制以翰林學士承旨、尙書左丞、知制誥、嘉興縣開國子、食邑五百戶陸扆爲戶部侍郎、同平章事。

八月己酉朔。甲寅，新除鎭東軍節度使錢鏐權領浙江東道軍州事〔二〕。戊午，制以戶部侍郎、平章事陸扆爲中書侍郎，兼判戶部事。

九月己卯朔，汴州朱全忠、河南尹張全義與關東諸侯俱上表，言秦中有災，請車駕遷都洛陽。全忠、全義言臣已表率諸藩，繕治洛陽宮室。優詔答之。乙未，制新除淸海軍節度使崔胤復知政事。胤之出鎭，朱全忠再表請論奏，言胤不宜去相位，故有是命。丁酉，制中書侍郎、集賢殿大學士、判戶部事陸扆責授硤州刺史，崔胤怒扆代己，誣奏扆黨庇茂貞故也。丙午，制以鎮國軍節度使韓建檢校太尉，兼中書令，充修復宮闕、京畿制置、催促諸道綱運等使。以京兆尹孫偓爲兵部侍郎、同平章事。

十月戊申朔，以中書舍人、權知禮部貢舉薛昭緯爲禮部侍郎。壬子，制以兵部侍郎、平章事孫偓爲中書侍郎，充鳳翔行營招討使。甲寅，偓於驛舍會諸將，以議進軍。戊午，李茂貞上表章請罪，願改事君之禮，繼修職貢，仍獻錢十五萬，助修京闕。韓建左右之，師遂不行。

十一月丁丑朔，以韓建兼領京兆尹、京城把截使。

十二月丁未，李克用縱兵俘剽魏博諸郡邑。以前翰林學士承旨、尚書左丞、知制誥趙光逺爲御史中丞。太常禮院奏權立行廟，以備告饗，從之。

四年春正月丁丑朔，車駕在華州行宮，受羣臣朝賀。癸未，汴將龐師古陷鄆州，節度使朱瑄與妻榮氏潰圍，瑄至中都，爲野人所殺，榮氏俘於汴軍。朱全忠署龐師古爲鄆州兵馬留後。宰相孫偓罷知政事，守兵部尚書。

二月丙午朔。戊申，汴將葛從周攻兗州，陷之，節度使朱瑾奔楊行密，其將康懷貞降從周，朱全忠署從周爲兗州兵馬留後。自是鄆、齊、曹、棣、兗、沂、密、徐、宿、陳、許、鄭、滑、濮等州皆沒於全忠，唯王師範守青州，亦納款於汴。己未，制朝議大夫、守右散騎常侍、上柱國、滎陽縣男鄭綮爲禮部侍郎、同平章事。癸丑，責授硤州刺史陸扆爲工部尚書。甲寅，華州防城將花重武告睦王已下八王欲謀殺韓建，移車駕幸河中。帝聞之駭然，召韓建諭之，建辭疾不敢行。帝卽令通王已下詣建治所自陳。建奏曰：「今日未時，睦王、濟王、韶王、通王、彭王、韓王、儀王、陳王等八人到臣治所，不測事由。臣酌量事體，不合與諸王相見，兼恐久在臣所，於事非宜。況睦王等與臣中外事殊，尊卑禮隔，至於事柄，未有相侵，忽然及門，意不可測。」又引晉室八王撓亂天下事，「請依舊制，令諸王在十六宅，不合典兵。其殿後捧日、扈蹕等軍人，皆坊市無賴之徒，不堪侍衞，伏乞放散，以寧衆心。」昭宗不得已，皆從之。是日，囚八王於別第，殿後侍衞四軍二萬餘人皆放散，殺捧日都頭李筠於大雲橋下，自是天子之衞士盡矣。丙辰，韓建上表，請封拜皇太子、親王，以爲維城之計。己未，制德王裕宜册爲皇太子。辛酉，制第八男祕可封景王，第九男祚可封輝王，第十男祺可封祁王〔三〕，第十一男禛可封雅王，第十二男祥可封瓊王。

三月丙子朔。戊寅，制韓建進封昌黎郡王，改賜「資忠靖國功臣」。以光祿大夫、兵部尚書、上柱國、河間郡開國侯、食邑二千戶張濬爲尚書左僕射，依前充租庸使。

四月丙午朔，就加福建節度使王潮檢校尚書右僕射。韓建獻封事十條，其三，太子、諸王請置師傅教導。乃以太子賓客王牘爲諸王侍讀。宰相鄭綮以病乞骸，乃罷知政事。

五月乙亥朔，以國子博士朱朴爲右諫議大夫、同平章事。

七月甲戌，帝與學士、親王登齊雲樓，西望長安，令樂工唱御製菩薩蠻詞，奏畢，皆泣下霑襟，覃王已下並有屬和。

八月甲辰朔，以工部尚書陸扆爲兵部尚書。韓建與邠、岐三鎭素有無君之迹，及李克用誅行瑜，心常切齒。去歲車駕將幸河東，乃令延王戒丕使太原，見克用，陳省方之意。是月，延王自太原還。韓建奏曰：「自陛下卽位已來，與近輔交惡，皆因諸王典兵，兇徒樂禍，遂致輿駕不安。比者臣奏罷兵權，實慮有不測之變。今聞延王、覃王尙苞陰計，願陛下宸斷不疑，制於未亂，卽社稷之福也。」上曰：「豈至是耶！」居數日，以上無報，乃與知樞密劉季述矯制發兵，圍十六宅。諸王懼，披髮沿垣而呼曰：「官家救兒命！」或登屋沿樹。是日，通王、覃王已下十一王幷其侍者，皆爲建兵所擁，至石堤谷，無長少皆殺之，而建以謀逆聞。尋殺太子詹事馬道殷、將作監許巖士，貶平章事朱朴，皆上所寵昵者。

九月癸酉朔，以御史中丞狄歸昌爲尙書右丞。以刑部侍郎楊涉爲吏部侍郎。制以鎭海軍節度使錢鏐爲鎭海軍節度、浙江東西道觀察處置等使、杭州越州刺史、上柱國、吳王。

冬十月癸卯朔，以華州節度使韓建兼同州刺史、匡國軍節度使。朱全忠遣其將權徐州兵馬留後龐師古、兗州留後葛從周率兗、鄆、曹、濮、徐、宿、滑等兵士七萬渡淮討楊行密。制以太中大夫、前御史中丞裴贄爲禮部尙書、知貢舉。幽州節度使劉仁恭大敗沙陀於安塞，李克用單騎僅免。

十一月壬申朔。癸酉，淮南大將朱瑾潛出舟師襲汴軍於淸口，龐師古舉軍皆沒，師古被執。時葛從周自霍丘渡淮，至濠州，聞師古敗，乃退軍，信宿至渒河，方渡而朱瑾至。是日殺傷溺死殆盡，還者不滿千人，唯牛存節一軍先渡獲免。比至潁州，大雪寒凍，死者十五六。自古喪師之甚，無如此也。由是行密據有江、淮之間。以檢校司空、權知兗州兵馬事葛從周爲兗州刺史，充泰寧軍節度使；以潁州刺史王敬蕘檢校尙書左僕射，兼徐州刺史，充武寧軍節度使：從全忠奏也。

光化元年春正月辛未朔，車駕在華州。以兵部侍郎崔遠爲戶部侍郎、同平章事。諸道貢修宮闕錢，命京兆尹韓建入京城計度。朱全忠遣判官韋震奏事，求兼領鄆州。時全忠軍敗之後，欲自大其權，以扼鄰藩之變。幽州節度使劉仁恭恃安塞之捷，欲呑噬河朔，是月遣其子守文將兵襲滄州，節度使盧彥威棄城而遁，守文遂據之，自稱留後。

四月庚子，制淑妃何氏宜册爲皇后。上幸陟岵寺，宴從官於韓建所獻御莊。

五月己巳朔，以立后大赦。汴將葛從周率衆攻李克用邢、洺、磁等州，陷之。全忠署從周爲三州兵馬留後。

六月己亥，帝幸西溪觀競渡。天下藩牧、文武百僚上表，請車駕還京。

七月，汴將氏叔琮陷趙匡凝之隨、唐、鄧等州。敕升華州爲興德府，刺史爲尹，左右司馬爲少尹，鄭縣爲次赤，官員資望一同五府。封華嶽廟爲佑順侯。

八月戊戌朔。己未，車駕自華還京師。甲子，御端門，大赦，改元光化。

九月戊辰朔，以御史中丞狄歸昌爲尚書左丞。制以鎭國、匡國等軍節度使韓建守太傅、中書令、興德尹，封潁川郡王，賜鐵券，并御寫「忠貞」以遺之。建累上表辭王爵，乃改封許國公。魏博節度使羅弘信進封臨清郡王。是月，弘信卒，贈太師，謚曰莊肅。衙軍立其子副大使紹威知兵馬事，尋賜之節鉞。

十月丁酉朔，河南尹張全義就加侍中。汴將朱友恭自江西行營還，過安州，殺刺史武瑜，遣部將守之。汴將張存敬以兵襲蔡州，刺史崔洪納款，請以弟賢質于汴，許之。

十二月丙寅，李克用將潞州節度使薛志勤死，澤州刺史李罕之乘其無帥，襲潞取之，遣其子顥乞降于汴，全忠表罕之爲節度使。

二年春正月乙未朔。丁未，以兵部尚書陸扆爲兵部侍郎、同平章事。

二月，蔡州刺史崔洪爲衙兵所迫，同竄淮南。時洪以弟賢質于汴，汴人遣賢還蔡，徵兵三千出征。蔡兵亂，殺賢，遂擁洪渡淮。朱全忠令其子友裕守蔡州。幽州節度使劉仁恭驅燕軍十萬，將兼趙、魏。是月陷貝州，人無少長皆屠之，投尸清水，爲之不流。遂進攻魏州。羅紹威求救于汴。

三月，朱全忠遣大將張存敬率師援之，屯于內黃。葛從周自邢、洺率勁騎八百入魏州。燕將劉守文、單可及聞汴軍在內黃，引軍往擊之。存敬設伏內黃東，大敗燕軍，俘斬三萬，生擒單可及。劉守文以餘衆還魏州，爲存敬、從周所乘，燕軍復敗，仁恭父子僅免。汴、魏合兵躡之，趙人復邀之東境，自魏至滄五百里間，僵屍相枕。

是春，有白氣竟天如練，自西南徹東北，而旋有燕卒之敗。

四月，汴將氏叔琮由上黨進軍攻太原，出石會，爲沙陀擒其前鋒將陳章，叔琮乃退去。

六月，制以昭義節度使、檢校太尉、兼太師、侍中、潞州大都督府長史、隴西郡開國公、食邑三千戶李罕之爲孟州刺史，充河陽三城節度、孟懷觀察等使；以檢校司徒、孟州刺史、河陽節度使丁會爲澤、潞等節度使：從全忠奏也。丁丑，李罕之至懷州，卒于傳舍。陝州軍亂，殺其帥王珙，立都將軍李璠爲留後。丁亥，制以前太常卿劉崇望爲吏部尚書，兵部侍郎裴樞爲吏部侍郎，戶部侍郎薛昭緯爲兵部侍郎。

七月，青州守海州將牛從毅擁郡人投淮南，行密遂有海州。

十一月，陝州衙將朱簡殺李璠，自稱留後，降汴，全忠表簡爲帥守。

三年春正月庚子朔，以禮部尚書裴贄爲刑部尚書。癸卯，朱全忠奏：「本貫宋州碭山縣，蒙恩升爲輝州，其地卑濕，難葺廬舍，請移輝州治所於單父縣。」從之，仍賜號爲崇德軍。

四月戊午，汴、魏合軍攻滄州，以報入鄆之役，葛從周連陷滄德郡邑，王鎔遣使和解于全忠，令劉仁恭修好，汴、魏班師。辛未，皇后、太子謁九廟。

六月丁巳，朱全忠表陝州兵馬留後朱簡鄉里同宗，改名友謙，乞眞授節鉞。從之。戊辰，特進、司空、門下侍郎、平章事、監修國史王摶貶崖州司戶，尋賜死於藍田驛，樞密使宋道弼、景務修並死。爲崔胤所誣，言三人中外相結也。

七月丁亥朔，兵部尚書劉崇望卒，贈司空。甲午，兵部郎中薛正表爲右諫議大夫。以許州刺史朱友恭檢校司徒，爲潁州刺史；以左武衛將軍趙霖檢校左僕射，爲許州刺史；宣武押衙劉知俊檢校右僕射，爲鄭州刺史：從全忠奏也。戊申，制以武貞軍節度、澧朗敍等州觀察處置等使、開府儀同三司、檢校司徒、同平章事、朗州刺史、上柱國、馮翊郡開國侯、食邑一千五百戶雷滿檢校太保，封馮翊郡王，餘如故。以武泰軍節度、黔中觀察處置等使、光祿大夫、檢校尚書左僕射、黔州刺史、御史大夫、上柱國趙崇封天水縣開國子，食邑五百戶。庚戌，制昭義節度留後、光祿大夫、檢校司空、上柱國孟遷爲檢校司徒，兼潞州大都府長史，充昭義節度副大使、知節度事、潞磁邢洺等州觀察處置使，仍封平昌縣男，食邑三百戶，從李克用奏也。以金紫光祿大夫、守兵部尚書、上柱國、樂安郡開國公、食邑一千五百戶孫儲守兵部尚書，兼京兆尹。乙卯，制忠烈衞聖鎭國功臣、劍南西川節度副大使、知節度事、管內營田觀察處置統押近界諸蠻兼西山八國雲南安撫制置等使、開府儀同三司、檢校太尉、中書令、成都尹、上柱國、琅邪郡王、食邑三千戶、實封一百戶王建可兼劍南東川、武信軍兩道都指揮制置等使，加食邑一千戶，餘如故。時建攻下梓州顧彥暉，兼有東川洋、果、閬等州故也。又以忠義軍節度、山南東道管內觀察處置三司水陸發運等使、開府儀同三司、檢校太尉、中書令、兼襄州刺史、上柱國、南平王、食邑三千戶趙匡凝可檢校太師、兼中書令，加實封一百戶。

八月丙辰朔，朱全忠奏：「先割汝州隸許州，請卻還東都。河陽先管澤州，今緣蕃戎占據，得失不常，請權割河南府王屋、清河、鞏三縣隸河陽。」從之。癸亥，制忠貞平難功臣、河東節度、管內觀察處置等使、開府儀同三司、守太師、兼中書令、北都留守、太原尹、上柱國、晉王、食邑九千戶、食實封七百戶李克用加實封一百戶。丁卯，以朝請大夫、虞部郎中、知制誥、上柱國、賜紫金魚袋顏蕘爲中書舍人。己巳，制前歸義軍節度副使、權知兵馬留後、銀青光祿大夫、檢校國子祭酒、監察御史、上柱國張承奉爲檢校左散騎常侍，兼沙州刺史、御史大夫，充歸義節度、瓜沙伊西等州觀察處置押蕃落等使。庚辰，太原大將李嗣昭攻洛州，下之，執汴將朱紹宗。汴將葛從周率師赴之，嗣昭棄城而去。從周邀之於青山口，晉軍大敗，從周乘勝攻鎭州。壬午，制荊南節度、忠萬歸夔涪峽等州觀察處置水陸催運等使、開府儀同三司、檢校太尉、兼中書令、江陵尹、上柱國、上谷郡王、食邑三千戶成汭可檢校太師、中書令，餘如故。甲申，制扶危匡國致理功臣、特進、行尙書左僕射、兼門下侍郎、同平章事、監修國史、判度支、上柱國、淸河郡開國公、食邑二千戶崔胤可開府儀同三司，進封魏國公，加食邑一千戶，餘如故。

九月丙戌朔，朱全忠引三鎭之師攻鎭州，王鎔懼，遣判官周式、副大使王昭祚、主事梁公儒子弟爲質于汴，出犒師絹十五萬匹求盟，許之。張存敬遂自深、冀進軍，攻瀛、莫，下郡邑二十，阻雨泥濘，不及幽州。遂西行略祁州，大敗中山將王處直軍於沙河北，進屯懷德驛。遂攻定州，節度使王郜奔太原，衙將王處直斬孔目官梁汶，出縑二十萬乞盟，許之。全忠遂署王處直爲義武軍留後。乙巳，制扶危匡國致理功臣、開府儀同三司、守太保、兼門下侍郎、平章事，充太清宮使、修奉太廟使、弘文館大學士、延資庫使、諸道鹽鐵轉運等使、上柱國、齊國公、食邑五千戶、食實封一百戶徐彥若可檢校太尉、同平章事，充清海軍節度、嶺南東道管內觀察處置供軍糧料等使。丙午，制光祿大夫、中書侍郎、兼吏部尚書、同平章事、充集賢殿大學士、判戶部事、博陵郡開國公、食邑二千戶崔遠罷知政事，守本官。戊申，制左僕射、門下侍郎、平章事、監修國史、判度支崔胤充太清宮使、修奉太廟使、弘文館大學士、延資庫使，依前判度支，兼充諸道鹽鐵轉運等使。光祿大夫、中書侍郎，兼戶部尚書，同平章事、上柱國、吳郡開國公、食邑一千五百戶陸扆爲門下侍郎、戶部尚書、監修國史。以正議大夫、守刑部尚書、上柱國、河東縣開國男、食邑三百戶、賜紫金魚袋裴贄爲中書侍郎，兼刑部尚書、同平章事，充集賢殿大學士。以銀青光祿大夫、行尚書吏部侍郎、上柱國裴樞爲中書侍郎、同平章事，判戶部事。辛亥，以光祿大夫、尚書右僕射、租庸使張濬罷租庸使，守本官。

十月丙辰朔。辛酉，以前清海軍節度副使、朝散大夫、檢校左散騎常侍、御史大夫、上柱國王溥守左散騎常侍，充鹽鐵副使。癸未，制以保義軍節度留後、銀青光祿大夫、檢校戶部尚書、兼御史大夫、上柱國朱友謙爲金紫光祿大夫、檢校尚書右僕射，兼陝州大都督府長史、御史大夫，充保義軍節度、陝虢觀察處置等使。

十一月乙酉朔。庚寅，左右軍中尉劉季述、王仲先廢昭宗，幽於東內問安宮，請皇太子裕監國。時昭宗委崔胤以執政，胤恃全忠之助，稍抑宦官。而帝自華還宮後，頗以禽酒肆志，喜怒不常，自宋道弼等得罪，黄門尤懼。至是，上獵苑中，醉甚，是夜，手殺黄門、侍女數人。庚寅，日及辰巳，內門不開。劉季述詣中書謂宰相崔胤曰：「宮中必有不測之事，人臣安得坐觀？我等內臣也，可以便宜從事。」即以禁兵千人破關而入，問訊中人，具知其故。即出與宰臣謀曰：「主上所為如此，非社稷之主也。廢昏立明，具有故事，國家大計，非逆亂也。」即召百官署狀，崔胤等不獲已署之。季述、仲先與汴州進奏官程巖等十三人請對，對訖，季述上殿待罪次。左右軍將士齊唱萬歲聲，遂突入宣化門，行至思政殿，便行殺戮，徑至乞巧樓下。帝遽見兵士，驚墮牀下，起而將去，季述、仲先掖而令坐。何皇后遽出拜曰：「軍容長官護官家，勿至驚恐，有事取軍容商量〔二〕。」季述即出百官合同狀，曰：「陛下倦臨寶位，中外羣情，願太子監國，請陛下頤養於東宮。」帝曰：「吾昨與卿等歡飲，不覺太過，何至此耶！」皇后曰：「聖人依他軍容語。」即於御前取國寶付季述，即時帝與皇后共一輦，并常所侍從十餘內人赴東宮。入後，季述手自扃鎖院門，日於窗中通食器。是日，迎皇太子監國，矯宣昭宗命稱上皇。甲午，宣上皇制，太子登皇帝位，宰臣、百僚、方鎮加爵進秩，又賜百僚銀一千五百兩、絹千四、綿萬兩充救接，皆季述求媚於朝也。時朱全忠在定州行營，崔胤與前左僕射張濬告難於全忠，請以兵問罪，全忠自行營還大梁。

十二月乙卯朔。癸未夜，護駕鹽州都將孫德昭、周承誨、董彥弼以兵攻劉季述、王仲先，殺仲先，擕其首詣東宮門，呼曰：「逆賊王仲先已斬首訖，請陛下出宮慰諭兵士。」宮人破鑰，帝與皇后方得出。

天復元年春正月甲申朔，昭宗反正，登長樂門樓，受朝賀。班未退，孫德昭執劉季述至樓前，上方詰責，已爲亂棒擊死，乃尸之於市。乙酉，制以孫德昭檢校司空，充靜海軍節度使。丙戌，宰相崔胤進位司空。己丑，朱全忠械程巖，折足檻送京師，戮之於市。制皇太子裕降爲德王，改名祐。庚寅，制以孫德昭爲安南節度、檢校太保。以周承誨爲邕州刺史、邕管節度經略使，以董彥弼爲容州刺史、容管節度等使，並檢校太保、同平章事。殺神策軍使李師虔、徐彥回。敕曰：「朕臨御已來，十有四載，常慕好生之德，固無樂殺之心。昨季述等幽辱朕躬，迫脅太子。李師虔是逆賊親厚，選來東內主持，動息之間，俾其偵伺。每有須索，皆不供承。要紙筆則恐作詔書，索錐刀則慮爲利器，凌辱萬狀，出入搜羅。朕所御之衣，晝服夜濯，凝冽之際，寒苦難勝。嬪嬙公主，衾裯皆闕。緡錢則貫百不入，繒帛則尺寸難求。六輩同其主張，五人權其威勢。若言狀罪，翰墨難窮，若許生全，是爲貸法，宜並處斬。」時朱全忠既服河朔三鎮，欲窺圖王室簒代之謀，以李克用在太原，懼其角逐。是月，全忠令大將張存敬率兵三萬，由含山襲河中王珂。晉州刺史張漢瑜、絳州刺史陶建不意賊至，城守無備，皆以郡降。存敬移兵圍河中，王珂求救於太原，克用不能救，乃嬰城謂存敬曰：「吾與汴王有舊，俟王至卽降。」

二月甲寅朔。戊辰，朱全忠至河中，遂移王珂及兄璘、弟瓚舉室徙於汴，以張存敬守河中。是月，制以全忠檢校太師、守中書令，進封梁王。

三月癸未朔，全忠引軍歸汴，奏：「河中節度使歲貢課鹽三千車，臣今代領池場，請加二千車，歲貢五千車。俟五池完葺，則依平時供課額。」從之。

四月癸丑朔，汴軍大舉攻太原，氏叔琮以兵三萬由天井關進攻澤潞，節度使孟遷以上黨降。叔琮長驅出圍柏，營于洞渦驛。葛從周率趙、魏、中山之兵由土門入，陷承天軍，與叔琮會。時屬大雨，芻糧不給，汴將保衆而還。甲戌，天子有事於宗廟。是日，御長樂門，大赦天下，改元天復。李茂貞自鎮來朝，賜宴於壽春殿，進錢數萬緡。時中尉韓全誨及北司與茂貞相善，宰相崔胤與朱全忠相善，四人各爲表裏。全忠欲遷都洛陽，茂貞欲迎駕鳳翔，各有挾天子令諸侯之意。

五月壬午朔。庚子，制門下侍郎、戶部尚書、平章事陸扆加兵部尚書，進階特進。壬寅，制以朱全忠兼河中尹、河中節度、晉絳慈隰觀察處置、安邑解縣兩池榷鹽制置等使。閏六月辛巳朔，制以河陽節度丁會依前檢校司徒，兼潞州大都督府長史、昭義節度等使，代孟遷；以遷檢校司徒，爲河陽節度。全忠奏也。仍請於昭義節度官階內落下邢、洺、磁三州，卻以澤州爲屬郡，其河陽節度只以懷州爲屬郡，從之。全忠又奏請以齊州隸鄆州，從之。

十月己卯朔。戊戌，全忠引四鎭之師七萬赴河中，京師聞之大恐，豪民皆亡竄山谷。

十一月己酉朔。壬子，中尉韓全誨與鳳翔護駕都將李繼誨奉車駕出幸鳳翔。是日，汴軍陷同州，執州將司馬鄴，華州節度使韓建遣判官李巨川送款。甲寅，汴軍駐靈口。乙卯，全忠知帝出幸，乃迴兵攻華州。大軍駐赤水，全忠以親兵駐西溪。韓建出降，乃署爲忠武軍節度使，以陳州爲理所。丁巳，宰相崔胤令戶部侍郎王溥至赤水砦，促全忠以兵迎駕。戊午，全忠自赤水趨長安，崔胤率文武百僚太子太師盧知猷已下迎全忠於坡頭。庚申，汴軍趨鳳翔。戊辰，至岐下。全忠令判官李擇、裴鑄入城奏事，言：「臣在河中，得崔胤書，言奉密詔令臣以兵士迎駕，臣不敢擅自迎鑾。」昭宗怒胤矯命，連詔全忠以兵士還鎭。辛未，全忠引軍離鳳翔，退攻邠州。甲戌，制扶危致理功臣、開府儀同三司、守司空、門下侍郎、平章事、充太淸宮使、弘文館大學士、延資庫使、諸道鹽鐵轉運等使、判度支、上柱國、魏國公、食邑五千戶、食實封二百戶崔胤可責授朝散大夫、守工部尙書。乙亥，邠州節度使李繼徽以城降，全忠乃舍其孥於河中，以繼徽從軍。以汴軍營於三原。

十二月己卯，崔胤自長安至三原砦，與全忠謀攻鳳翔。

二年春正月戊申朔，車駕在鳳翔。全忠在三原，李克用遣大將周德威攻慈、隰、晉等州。全忠歸河中，令其將朱友寧率衆五萬屯絳州，大敗太原軍於蒲縣西北，友寧乘勝追奔，陷汾州，進圍太原。天子遣諫議大夫張顗至晉州諭全忠，令與太原通和。屬友寧再戰不利，乃還關西。

四月丁丑，朱友寧總大軍屯於興平。

五月，岐軍出戰，大敗於武功南之漢谷。全忠聞捷，自引汴軍五萬西征。

六月，進營虢縣。丁亥，進圍鳳翔，遣判官入城迎駕。

九月，岐軍出戰，又敗。

十一月，鄜州節度使李周彝率衆救鳳翔。

十二月癸酉，汴將孔勍乘虛襲下鄜州，獲周彝妻子，周彝即以兵士來降。於是邠、寧、鄜、坊等州皆陷於汴軍。茂貞懼，謀誅內官以解。

三年春正月癸卯朔，車駕在鳳翔。甲辰，天子遣中使到全忠軍，茂貞亦令軍將郭啓奇來達上欲還京之旨。丙午，青州牙將劉鄩陷全忠之兗州，又令牙將張厚入奏，是日，亦竊發於華州，殺州將婁敬思。上又令戶部侍郎韓偓、趙國夫人寵顏宣諭於全忠軍。辛亥，全忠令判官李振入奏，上令翰林學士姚洎傳宣，令全忠喚崔胤令率文武百僚來迎駕。癸丑，上令禮部尙書蘇循傳詔，賜全忠玉帶，仍令全忠處分蔣玄暉侍帝左右。丁巳，蔣玄暉與中使同押送中尉韓全誨、張弘彥已下二十人首級，告諭四鎭兵士迴鑾之期。戊午，遣中使走馬華州，追崔胤，胤託疾不至。甲子巳時，車駕出鳳翔，幸全忠軍。全忠素服待罪，泣下不自勝，上親解玉帶賜之。乙丑，次扶風〔四〕，令朱友倫總兵侍衞。丙寅，次武功。丁卯，次興平，宰臣崔胤率百官迎謁。即日降制，以崔胤守司空、門下侍郎、平章事，復太淸宮使、弘文館大學士、延資庫使、諸道鹽鐵轉運使、判度支，魏國公封邑如故。戊辰，次咸陽。己巳，入京師。天子素服哭于太廟，改服冕旒，謁九廟。禮畢，御長樂樓，大赦，百僚稱賀。全忠處左軍。辛未，宴全忠於內殿，內弟子奏樂。是日，制內官第五可範已下七百人並賜死於內侍省，其諸道監軍及小使，仰本道節度使處斬訖奏，從全忠、崔胤所奏也。帝悲惜之，自爲奠文祭之。

二月壬申朔。甲戌，制賜全忠「迴天再造竭忠守正功臣」名。己卯，制以輝王祚充諸道兵馬元帥。又制以迴天再造竭忠守正功臣、宣武宣義天平護國等軍節度使、汴宋亳輝河中晉絳慈隰鄭滑潁鄆齊曹等州觀察處置等使、太清宮修葺宮闕制置度支解縣池場等使、開府儀同三司、檢校太師、守中書令、河中尹、汴滑鄆等州刺史、上柱國、梁王、食邑九千戶、食實封六百戶朱全忠可守太尉、中書令，充諸道兵馬副元帥，進邑三千戶。以宰臣崔胤守司徒、兼侍中，判六軍十二衞。以吏部尚書、平章事裴樞檢校右僕射、同平章事，兼廣州刺史、清海軍節度、嶺南東道觀察等使。甲戌，制以門下侍郎、兵部尚書、同平章事、監修國史陸扆責授沂王傅分司。己丑，上宴全忠於壽春殿。又令全忠與茂貞書，取平原公主。同州節度使趙珝、陝州節度使朱友謙來朝。制以朱友裕爲華州刺史，充感化軍節度使。乙未，會鞠於保寧殿，全忠得頭籌，令內弟子送酒，仍面賜副元帥官告。以新除廣州節度使裴樞爲門下侍郎、吏部尚書、平章事、監修國史；以戶部侍郎王溥同平章事。戊戌，全忠歸大梁，上宴之內殿，置酒於延喜門。是日，全忠與四鎮判官皆預席，上臨軒泣別，又令中使走送御制楊柳枝詞五首賜之。辛丑，平原公主至京師。

三月壬寅朔，全忠引四鎮之兵征王師範。先是，大將朱友寧、楊師厚前軍臨淄、青，師範求援于淮南，楊行密遣將王景仁帥衆萬人赴之。

四月辛未朔，西川王建以兵攻秦、隴，乘茂貞之弱也，仍遣判官韋莊入貢，修好于全忠。

五月，制鳳翔隴右四鎮北庭行軍、彰義軍節度、涇原渭武觀察處置押蕃落等使、開府儀同三司、守尚書令、兼侍中、鳳翔尹、上柱國、秦王李茂貞可檢校太師、守中書令。初，茂貞凌弱王室，朝廷姑息，加尚書令，及是全忠方守太尉，茂貞懼，乞罷尚書令故也。崔胤奏：「六軍十二衞名額空存，實無兵士。京師侍衞，亦藉親軍。請每軍量召募一千一百人，共置六千六百人。」從之。乃令六軍諸衞副使、京兆尹鄭元規立格招收於市。制以穎州刺史朱友恭檢校司空，兼徐州刺史，充武寧軍節度使，從全忠奏也。

六月，青州、淮南軍與汴人戰于臨淄，汴軍大敗，朱友寧戰死，傳首淮南。

九月，汴將楊師厚大敗青州軍於臨朐。荊南節度使成汭以舟師赴援鄂州，澧朗雷彥恭承虛襲陷江陵。汭軍士聞之潰歸，汭憤怒投水而死。趙匡凝遂以兵襲荊州，據之。辛巳，汴州護駕都將朱友倫擊鞠墜馬卒，全忠怒，殺同鞠將校數人。

十一月丁酉朔，王師範以青州降楊師厚，全忠復令師範知青州事。邠州、鳳翔兵士逼京畿。汴軍屯河中。青州牙將劉鄩以兗州降葛從周，稟師範命也。全忠嘉之，署爲元帥府都押衙，權知鄜州留後事。

十二月丁卯朔。辛巳，制以禮部尚書獨孤損爲兵部侍郎、同平章事。丙申，制守司徒、侍中、太清宮使、弘文館大學士、延資庫使、判六軍十二衞事、諸道鹽鐵轉運使、判度支、上柱國、魏國公、食邑四千五百戶崔胤責授太子賓客，守刑部尚書、兼京兆尹、六軍諸衞副使鄭元規責授循州司戶。是日，汴州扈駕指揮使朱友諒殺胤及元規、皇城使王建勳、飛龍使陳班、閤門使王建襲、客省使王建乂、前左僕射上柱國河間郡公張濬。全忠將逼車駕幸洛陽，懼胤、濬立異也。

天祐元年春正月丁酉朔，以翰林學士、左拾遺柳璨爲右諫議大夫、同平章事，賜紫金魚袋。己亥，制以兵部尚書崔遠爲中書侍郎、同平章事、集賢殿大學士。己酉，全忠率師屯河中，遣牙將寇彥卿奉表請車駕遷都洛陽。全忠令長安居人按籍遷居，徹屋木，自渭浮河而下，連甍號哭，月餘不息。秦人大罵於路曰：「國賊崔胤，召朱温傾覆社稷，俾我及此，天乎！天乎！」丁巳，車駕發京師。癸亥，次陜州，全忠迎謁于路。

二月丙寅朔。乙亥，全忠辭赴洛陽，親督工作。

四月丙寅朔。癸巳，帝遣晉國夫人可證傳詔諭全忠，言中宮誕蓐未安，取十月入洛陽宮。全忠意上遲留俟變，怒甚，謂牙將寇彥卿曰：「亟往陜州，到日便促官家發來！」

閏四月乙未朔。丁酉，車駕發陝州。壬寅，次穀水行宮。時崔胤所募六軍兵士，胤死後亡散並盡，從上東遷者，唯諸王、小黃門十數，打毬供奉內園小兒共二百餘人。全忠在陝，仍慮此輩爲變，欲盡去之，以汴卒爲侍衞。至穀水頓，全忠令醫官許昭遠告內園等謀變，因會設幄，酒食次並坑之，乃以謀逆聞。由是帝左右前後侍衞職掌，皆汴人也。甲辰，車駕由徽安門入，朱全忠、張全義、宰相裴樞獨孤損前導。是日大風雨土，跬步不辨物色，日暝稍止。上謁太廟，禮畢還宮，御正殿宣勞從官衞士，受賀。乙巳，上御光政門，大赦，制曰：

乃眷中州，便侯伯會朝之路；運逢百六，順古今禳避之宜。況建鼎舊京，我家二宅，轘轅通其左，郟、鄏引其前。周平王之東遷，更延姬姓；漢光武之定業，克茂劉宗。肇葺新都，祈天永命，皆因否運，復啓昌期。或西避於戎狄，或載殲於妖孽。朕遭家不造，布德不明，十載已來，三罹播越。亦屬災纏秦、雍，叛起邠、岐。始幸石門，以避衞兵之亂；載遷華嶽，仍驚畿邑之侵。憂危則矢及車輿，凌脅則火延宮廟。迨至逆連宮豎，構結姦凶，致劉季述幽朕於下宮，韓全誨劫予於右輔。莫匪兵圍內殿，焰亙九重，皆思假武以容身，唯効指鹿而威衆。矯宣天憲，欺蔑外藩，行書詔以任情，欲忠良而獲罪。雖羣方嶽牧，協力匡扶，拘戎律於阻修，報朝恩而隔越。副元帥、梁王全忠以兼鎮近輔，總兵四藩，遠赴岐陽，躬迎大駕。辛勤百戰，盡剿凶渠，營野三年，竟迴鑾輅。咸、鎬載新其宮闕，讓、珪絕類於閹徒，方崇再造之功，以正中興之運。又邠岐結釁，巴蜀連兵，上負國恩，下隳鄰好。焚宮烈火，更延爇於親鄰；郤駕凶鋒，復延侵於禁苑。抑又太一遊處，併集六宮，罰星熒惑，久纏東井，玄象荐災於秦分，地形無過於洛陽。爰有一二藎臣，洎四方同志，竭心王室，共贊嘉謀。魏鎮定燕，航大河而畢至；陳徐潞蔡，輦巨軸以偕來。披荆棘而立朝廷，剗灰燼而化輪奐。左郊祧而右社稷，肅爾崇嚴；前廣殿而後重廊，藹然華邃。公卿僉議，龜筮協從。甲子令年，孟夏初吉，備法駕而離陝分，列百官而入洛郊，觀此殷繁，良多嘉慰。謝罪太廟，憂惕驚懷；登御端門，軫惻興感。蓋以一人寡祐，致萬姓靡寧，工役艱疲，忠良盡瘁，克建再遷之業，冀延八百之基。宜覃渙汗之恩，俟此雍熙之慶，滌瑕盪垢，咸與惟新。可大赦天下，改天復四年爲天祐元年。於戲！肆眚閶闔，卽安宮闈。雖九廟几筵，已閟於新室；而諸陵松柏，遙隔於舊都。將務乂寧，難申綣慕。文武百辟，執事具僚，從我千里而來，端爾一心莅政。恩覃既往，効責從新，方當開國之初，必舉慢官之罰。

戊申，敕今後除留宣徽兩院、小馬坊、豐德庫、御廚、客省、閤門、飛龍、莊宅九使外，其餘並停。內園冰井公事委河南尹，仍不差內夫人傳宣。殺醫官閻祐之、國子博士歐陽特，言星識也。宰相裴樞兼右僕射、諸道鹽鐵轉運等使、監修國史，戶部尚書、門下侍郎、平章事獨孤損判度支，中書侍郎、平章事柳璨判戶部事。

五月乙丑朔。丙寅，制河陽節度使張漢瑜同平章事。宴百僚於崇勳殿，上贊述全忠之功業，因言御樓前一日所司亡失赦書，賴元帥府收得副本施行，幾失事矣，中書不得無過。裴樞等起待罪。中飲，帝更衣，召全忠曲宴閣中，全忠懇辭。帝曰：「朕以全忠功業崇高，欲齋中款曲，以表庇賴耳。全忠既不欲來，卽令敬翔來，朕與之言。」全忠令敬翔私退，奏曰：「敬翔亦醉而出矣。」己巳，全忠辭赴大梁，宴于崇勳殿，是日雨甚。乙酉，翰林學士、左諫議大夫、知制誥沈棲遠守本官，以病陳乞故也。丁亥，敕河南府畿縣先減尉一員，可准京兆府例，復置縣尉一員。癸巳，中書奏：准今年四月十一日赦文，陝州都督府改爲興唐府，其都督府長史宜改爲尹，左右司馬爲少尹，錄事爲司錄，陝縣爲次赤，餘爲次畿。從之。

六月甲午朔，邠州楊崇本侵掠關內，全忠遣朱友裕屯軍於百仁村。丙申，通議大夫、中書舍人、 賜紫金魚袋楊注可充翰林學士。庚子，三佛齊國入朝使蒲訶粟可寧遠將軍。丁未，制金紫光祿大夫、太子少傅盧紹可太子太保致仕。銀青光祿大夫、太子少師、天水男、食邑三百戶趙崇可檢校右僕射。甲寅，以京兆少尹鄭韜光爲太常少卿，前侍御史韋說爲右司員外郎，前進士姚顗爲校書郎，前進士趙頎、劉明濟、竇專並可秘書省校書郎正字，從柳璨奏也。荆南襄州忠義軍節度、開府儀同三司、檢校太師、中書令、江陵尹、襄州刺史、上柱國、楚王、食邑六千戶趙匡凝宜備禮册命。

七月癸亥朔，全忠率師討邠、鳳。甲子，自汴至洛陽，宴於文思毬場。全忠入，百官或坐於廊下，全忠怒，笞通引官何凝。丙寅，制金紫光祿大夫、行御史中丞、上柱國韓儀責授棣州司馬，侍御史歸藹責授登州司戶，坐百官慠全忠也。甲戌，制以中大夫、中書舍人、上柱國、賜紫金魚袋杜彥林爲太中大夫、守御史中丞。丁丑，制以兵部郎中蕭頎爲吏部郎中，戶部郎中徐綰爲兵部郎中，司勳員外郎張茂樞爲禮部郎中，監察御史郄殷象爲右補闕。己卯，制武昌軍節度、鄂岳蘄黃等州觀察處置兼三司水陸發運淮南西面行營招討等使、開府儀同三司、檢校太師、中書令、西平王、食邑三千戶杜洪加食邑一千戶，實封二百戶。庚寅，中書奏：「西京舊有凌煙閣，圖畫功臣，今遷都洛陽，合議修建。副元帥梁王勳庸冠世，請凌煙閣之側別創一閣，以表殊勳。」從之。

八月壬辰朔。壬寅夜，朱全忠令左龍武統軍朱友恭、右龍武統軍氏叔琮、樞密使蔣玄暉弒昭宗於椒殿。自帝遷洛，李克用、李茂貞、西川王建、襄陽趙匡凝知全忠篡奪之謀，連盟舉義，以興復爲辭。而帝英傑不羣，全忠方事西討，慮變起於中，故害帝以絕人望。帝自離長安，日憂不測，與皇后、內人唯沉飲自寬。是月壬寅，全忠令判官李振自河中至洛陽，與友恭等圖之。是夜二鼓，蔣玄暉選龍武衙官史太等百人叩內門，言軍前有急奏面見上。內門開，玄暉每門留卒十人，至椒殿院，貞一夫人啓關，謂玄暉曰：「急奏不應以卒來。」史太執貞一殺之，急趨殿下。玄暉曰：「至尊何在？」昭儀李漸榮臨軒謂玄暉曰：「院使莫傷官家，寧殺我輩。」帝方醉，聞之遽起。史太持劍入椒殿，帝單衣旋柱而走，太追而弑之。漸榮以身護帝，亦爲太所殺。復執何皇后，將害之。后求哀於玄暉，玄暉以全忠止令害帝，釋后而去。帝殂，年三十八，羣臣上謚曰聖穆景文孝皇帝，廟號昭宗。二年二月二十日，葬于和陵。

校勘記

〔一〕幽州大都督　「幽州」上各本原有「同」字，據御覽卷一一六、冊府卷一一删。

〔二〕武勝軍　「勝」字各本原作「威」，據新書卷六八方鎮表、通鑑卷二五九改。下同。

〔三〕建壞人廬舍　「建」字各本原作「逮」，通鑑卷二五八考異引實錄作「建」，據改。

〔四〕李匡籌南奔赴闕　「闕」字合鈔卷二三昭宗紀作「闕」，本書卷一八〇李全忠傳此處作「將赴京師」。

〔五〕王重盈卒　「盈」字各本原作「榮」，據新書卷一〇昭宗紀、通鑑卷二六〇改。

〔六〕王重盈子　「盈」字各本原作「榮」，據本書卷一八二王重榮傳、通鑑卷二六〇改。

〔七〕李君實以兵繼至　「兵」字各本原無，據御覽卷一一六補。

〔八〕知柔中書事及隨駕置頓使　通鑑卷二六〇、合鈔卷二三昭宗紀「中書事」上有「知」字。

〔九〕其有任崇柱石　「其有」，各本原作「某」，據册府卷九一、全唐文卷九〇改。

〔一〇〕成安　各本原作「城安」，據本書卷三九地理志、新書卷三九地理志改。

〔一一〕新除鎮東軍節度使錢鏐權領浙江東道軍州事　此處紀事與册府卷七一、通鑑卷二六〇不合，疑有脱文。校勘記卷一〇謂「錢鏐」上當補「王摶復知政事以鎮海軍節度使」十三字。

〔一二〕第十男祺　「祺」字各本原作「禖」，據本書卷一七五昭宗十子傳、新書卷八二十一宗諸子傳改。

〔一三〕有事取軍容商量　「軍」字各本原無，據通鑑卷二六二、合鈔卷二三昭宗紀補。

〔一四〕次扶風　「次」字各本原無，據御覽卷一一六補。

舊唐書卷二十下

本紀第二十下

哀帝

哀皇帝諱柷，昭宗第九子，母曰積善太后何氏。景福元年九月三日，生於大內。乾寧四年二月，封輝王，名祚。天復三年二月，拜開府儀同三司，充諸道兵馬元帥。天祐元年八月十二日，昭宗遇弒。翌日，蔣玄暉矯宣遺詔，曰：「我國家化隋爲唐，奄有天下，三百年之盛業，十八葉之耿光。朕自纘丕圖，垂將二紀，雖恭勤無怠，屬運數多艱。致寰宇之未寧，覩兵戈之屢起，賴勳賢協力，宗社再安。豈意宮闈之間，禍亂忽作，昭儀李漸榮、河東夫人裴貞一潛懷逆節，輒肆狂謀，傷痍既深，已及危革。萬機不可以久曠，四海不可以乏君，神鼎所歸，須有纘繼。輝王祚幼彰岐嶷，長實端良，褎然不羣，予所鍾愛，必能克奉丕訓，以安兆人。宜立爲皇太子，仍改名柷，監軍國事。於戲！孝愛可以承九廟，恭儉可以安萬邦，無樂逸遊，志康寰宇。百辟卿士，佑茲沖人，載揚我高祖、太宗之休烈。」是日遷神柩于西宮，文武百僚班慰於延和門外。其日午時，又矯宣皇太后令曰：「予遭家不造，急變爰臻，禍生女職之徒，事起宮奚之輩。皇帝自擢鋒刃，已至彌留，不及顧遺，號慟徒切。定大計者安社稷，纂丕圖者擇賢明，議屬未亡人，須示建長策。承高祖之寶運，繫元勳之忠規，伏示股肱，以匡沖昧。皇太子柷宜於柩前卽皇帝位，其哀制並依祖宗故事，中書門下准前處分。於戲！送往事居，古人令範，行今報舊，前哲格言。抆淚敷宣，言不能喩。」帝時年十三，乞且監國，柩前卽位，宜差太常卿王溥充禮儀使，又令太子家令李能告哀於十六宅。丙午，大行皇帝大殮，皇太子柩前卽皇帝位。己酉，矯制曰：「昭儀李漸榮、河東夫人裴貞一，今月十一日夜持刃謀逆，懼罪投井而死，宜追削爲悖逆庶人。」蔣玄暉夜旣弒逆，詰旦宣言於外曰：「夜來帝與昭儀博戲，帝醉，爲昭儀所害。」歸罪宮人，以掩弒逆之跡。然龍武軍官健備傳二夫人之言於市人。尋用史太爲棣州刺史，以酬弒逆之功。

庚戌，羣臣上表請聽政。甲寅，中書奏：「皇帝九月三日降誕，請以其日爲乾和節。」從之。乙丑，百僚赴西宮，殮訖，釋服。皇帝見羣臣於崇勳殿西廊下。中書帖：今月二十四日釋服後，三日一度進名起居。丙辰，敕：「朕奉太后慈旨，以兩司綱運未來，百官事力多闕，旦夕霜冷，深軫所懷。令於內庫方圓銀二千一百七十二兩，充見任文武常參官救接，委御史臺依品秩分俵。」是日，皇帝聽政。丁巳，敕：乾和節方在哀疚，其內道場宜停。戊午，遣刑部尚書張禕告哀於河中，全忠號哭盡哀。庚申，敕：「乾和節文武百僚諸軍諸使諸道進奏官准故事於寺觀設齋，不得宰殺，只許酒果脯醢。」辛酉，敕：「三月二十三日嘉會節。伏以大行皇帝仙駕上昇，靈山將卜，神既遊於天際，節宜輟於人間。准故事，嘉會節宜停。」

九月壬戌朔，百官素服赴西內臨，進名奉慰。戊辰，大行皇帝大祥，百官素服赴西內臨。己巳，敕右僕射、門下侍郎、禮部尚書、平章事裴樞宜充大行皇帝山陵禮儀使，門下侍郎、平章事獨孤損宜充大行皇帝山陵使，兵部侍郎李燕充鹵簿使，權知河南尹韋震充橋道使，宗正卿李克勤充按行使。庚午，皇帝釋服從吉。中書門下奏：「伏以陛下光繼寶圖，纂承丕緒，教道克申於先訓，保任實自於慈顏。今則正位宸居，未崇徽號。伏以大行皇帝皇后母臨四海，德冠六宮，推尊宜正於鴻名，敬上式光於睿孝，望上尊號曰皇太后。」奉敕宜依。又敕輝王府官屬宜停。辛巳，山陵橋道使改差權河南尹張廷範，其頓遞陵下應接等使，並令廷範兼之。庚寅，中書奏：太常寺止鼓兩字「敔」上字犯御名，請改曰「肇」。從之。

十月辛卯朔，日有蝕之，在心初度。壬辰，全忠自河中來朝，赴西內臨祭訖，對於崇勳殿。甲午，敕檢校太保、左龍武統軍朱友恭可復本姓名李彥威，貶崖州司戶同正。檢校司徒、右龍武統軍氏叔琮可貶貝州司戶同正。又敕：「彥威等主典禁兵，妄爲扇動，既有彰於物論，兼亦繫於軍情。謫掾遐方，安能塞責？宜配充本州長流百姓，仍令所在賜自盡。」河南尹張廷範收彥威等殺之。臨刑，大呼曰：「賣我性命，欲塞天下之謗，其如神理何！操心若此，欲望子孫長世，可乎？」呼廷範，謂曰：「公行當及此，勉自圖之。」是日，全忠歸大梁。丙申，制天平軍節度使、檢校太師、中書令，兼鄆州刺史、上柱國、東平王、食邑七千戶張全義本官兼河南尹、許州刺史、忠武軍節度觀察等使、判六軍諸衞事。皇帝即位行事官、左丞楊涉進封開國伯，加食邑四百戶。吏部侍郎趙光逢進開國公，加食邑三百戶。右散騎常侍竇回、給事中孫續、戶部郎中知制誥封舜卿等加勳階。禮儀使、太常卿王溥與一子八品正員官。書寶册官吏部尚書陸扆、刑部尚書張禕，扆與一子八品正員官，禕加階。太子太保盧紹卒。魏博羅紹威進救接百官絹千匹、綿三千兩。

十一月辛酉朔。癸酉午時，日有黃白暈，旁有青赤紉。楊行密攻光州，又急攻鄂州，杜洪遣使求援，全忠率師五萬自潁州渡淮，至霍丘大掠以紓之，行密分兵來拒。乙酉，敕：「據太常禮院奏，於十二月內擇日册太后者。朕近奉慈旨，以山陵未畢，哀感方纏。凡百有司，且虔充奉，吉凶之禮，難以並施。太后册禮，宜俟山陵畢日。庶得橋山攀慕，彰盡節於羣臣；蘭殿承榮，展盛儀於朕志。情既獲遂，禮實宜之。付所司。」己丑，嶺南東道辨州宜改為勳州。

十二月辛卯朔。癸卯，權知河南府尹、和王傅張廷範宜復本官。光祿大夫、檢校司徒、河東縣開國子、食邑五百戶、充山陵副使、權知河南尹、天平軍節度副使韋震權知鄆州軍州事。

二年春正月庚申朔，楊行密陷鄂州，執節度使杜洪，斬於揚州市。鄂、岳、蘄、黄等州入行密。全忠自霍丘還大梁。甲子，太常卿王溥上大行皇帝謚號、廟號，乃敕右僕射、平章事裴樞撰謚册，中書侍郎柳璨撰哀册。辛未，敕：「朕祗荷丕圖，仰惟先訓，方迫遺弓之痛，俯臨同軌之期。將展孝思，親扶護衞。皇太后義深鳴鳳，痛切攀龍，亦欲專奉靈輿，躬及園寢，兼盡追摧之道，用終克敬之儀。其大行皇帝山陵發引日，朕隨太后親至陵所。付中書門下，宜體至懷。」羣臣三表論諫，乃止。

二月庚寅朔。壬辰，制以前知鄜州軍州事、檢校尚書左僕射劉鄩爲右金吾衞大將軍，充右街使。檢校左僕射朱漢賓爲右羽林統軍。丙申，羣臣告謚於西宮。己亥，敕：「今月十一日，大行皇帝啓攢宮。准故事，坊市禁音樂，至二十日掩玄宮畢，如舊。」庚子，啓攢宮，文武百僚夕臨於西宮。丁未，靈駕發引，濮王已下從，皇帝、太后長樂門外祭畢歸大內。己酉，葬昭宗皇帝於和陵。庚戌，制以太常卿王溥爲工部尚書。壬子，制以汝州刺史裴迪爲刑部尙書。泰寧軍節度、檢校司空、兗州刺史、御史大夫葛從周檢校司徒、兼右金吾上將軍致仕，從周病風，不任朝謁故也。以左金吾上將軍盧彥威爲左威衞上將軍。是月社日，樞密使蔣玄暉宴德王裕已下九王於九曲池，既醉，皆絞殺之，竟不知其瘞所。丙辰，左僕射裴贄等議遷廟，合遷順宗一室，從之。己未，昭宗皇帝神主祔太廟，禮院奏昭宗廟樂，曰咸寧之舞。

三月庚申朔。壬戌，制以前平盧軍節度使、檢校太傅、同平章事、兼青州刺史、上柱國、琅邪郡公、食邑二千五百戶王師範爲孟州刺史、河陽三城懷孟節度觀察等使，從全忠奏也。甲子，制以特進、尙書右僕射、門下侍郎、同平章事、太淸宮使、弘文館大學士、延資庫使、諸道鹽鐵轉運使、判度支、上柱國、河東郡開國公、食邑二千戶裴樞可守尙書左僕射。光祿大夫、門下侍郎、戶部尙書、同平章事、監修國史、河南縣開國子、食邑五百戶獨孤損可檢校尙書左僕射、同平章事，兼安南都護，充靜海軍節度、安南管內觀察處置等使。以光祿大夫、中書侍郎、同平章事、集賢殿大學士、上柱國、博陵郡開國公、食邑一千五百戶崔遠可守尙書右僕射。以正議大夫、中書侍郎、同平章事，判戶部事、上柱國、河東縣男、食邑三百戶柳璨爲門下侍郎、兼戶部尙書、同平章事、太淸宮使、弘文館大學士、延資庫使、諸道鹽鐵轉運等使。以正議大夫、尙書吏部侍郎、上柱國、賜紫金魚袋張文蔚爲中書侍郎、同平章事、監修國史、判度支。以銀青光祿大夫、行尚書左丞、上柱國、弘農縣伯、食邑七百戶楊涉爲中書侍郎、同平章事、集賢殿大學士、判戶部事。庚午，敕：「朕以宰臣學士，文武百僚，常拘官局，空逐遊從。今膏澤不愆，豐年有望，當茲韶景，宜示優恩。自今月十二日後至十六日，各令取便選勝追遊。付所司。」壬申，以檢校司徒、和王傅張廷範爲太常卿。丁亥，敕：「翰林學士、戶部侍郎楊注是宰臣楊涉親弟，兄既秉於樞衡，弟故難居宥密，可守本官，罷內職。」

四月己丑朔。壬辰，敕河南府緱氏縣令宜兼充和陵臺令〔二〕，仍升爲赤縣。癸巳，敕曰：「文武二柄，國家大綱，東西兩班，官職同體。咸匡聖運，共列明廷，品秩相對於高卑，祿俸皆均於厚薄。不論前代，祇考本朝。太宗皇帝以中外臣僚，文武參用，或自軍衞而居臺省，亦由衣冠而秉節旄，足明於武列文班，不令分清濁優劣。近代浮薄相尚，凌蔑舊章，假偃武以修文，競棄本而逐末。雖藍衫魚簡，當一見而便許升堂；縱拖紫腰金，若非類而無令接席。以是顯揚榮辱，分別重輕，遽失人心，盡隳朝體。致其今日，實此之由，須議改更，漸期通濟。文武百官，自一品以下，逐月所給料錢，並須均勻，數目多少，一般支給。兼差使諸道，亦依輪次，既就公平，必期開泰。凡百臣庶，宜體朕懷。」和王傅張廷範者，全忠將吏也，以善音律，求爲太常卿，全忠薦用之。宰相裴樞以廷範非樂卿之才，全忠怒，罷樞相位。柳璨希旨，又降此詔斥樞輩，故有白馬之禍。丙午，前棣州刺史劉仁遇檢校司空，兼兗州刺史、御史大夫，充泰寧軍節度使。乙未，制左僕射裴樞、新除清海軍節度使獨孤損、河南尹張全義、工部尚書王溥、司空致仕裴贄、刑部尚書張禕，並賜一子八品正員官，以奉山陵之勞也。敕曰：「朕以宿麥未登，時陽久亢，慮闕粢盛之備，軫予宵旰之懷。所宜避正位於宸居，減珍羞於常膳，諒惟眇質，深合罪躬。自今月八日已後，不御正殿，減常膳。付所司。」辛丑，侍御史李光庭、郗殷象、殿中丞張昇、崔昭矩、起居舍人盧仁炯、盧鼎、蘇楷、吏部員外郎崔協、左補闕崔咸休、右補闕杜承昭、羅兗、右拾遺韋彖、路德延，並宜賜緋魚袋；兵部郎中韋乾美、比部郎中楊煥，皆賜紫金魚袋：並以奉山陵之勞也。壬寅，敕：「朕獲荷丕圖，仰遵慈訓，爰崇徽號，已定禮儀，冀申爲子之心，以展奉親之敬。昨所司定今月二十五日行皇太后册禮。再奉慈旨，以宮殿未停工作，蒸暑不欲勞人，宜改吉辰，固難違命。册禮俟修大內畢功日，所司以聞。」癸卯，太清宮使柳璨奏修上清宮畢，請改爲太清宮，從之。

甲辰夜，彗起北河，貫文昌，其長三丈，在西北方。丁未，敕：「設官分職，各有司存，銓衡既任於吏曹，除授寧煩於宰職。但所司注擬申到，中書過驗酌量，苟或差舛，難可盡定〔三〕。近年除授，其徒實繁，占選部之闕員，擇公當之優便，遂致三銓注擬之時，皆曠職務。且以宰相之任，提舉百司，唯務公平無私，方致漸臻有道。應天下州府令錄，並委吏部三銓注擬。自天祐二年四月十一日已後，中書並不除授，或諸薦奏量留，即度可否施行。庶各司其局，免致紊隳，宰相提綱，永存事體。付所司。」辛亥，以彗孛謫見，德音放京畿軍鎮諸司禁囚，常赦不原外，罪無輕重，遞減一等，限三日內疏理聞奏。壬子，敕：「朕以沖幼，克嗣丕基，業業兢兢，勤恭夕惕。彗星謫見，罪在朕躬。雖已降赦文，特行恩宥，起今月二十四日後，避正殿，減常膳，以明思過。付所司。」丙辰，敕：「准向來事例，每貫抽除外，以八百五十文爲貫，每陌八十五文。如聞坊市之中，多以八十爲陌，更有除折，頓爽舊規。付河南府，市肆交易，並以八十五文爲陌，不得更有改移。」戊午，敕：「東上閤門，西上閤門，比常出入〔三〕，以東上爲先。大忌進名，即西上閤門爲便。比因閹官擅權，乃以陰陽取位，不思南面，但啓西門。邇來相承，未議更改，詳其稱謂，似爽舊規。自今年五月一日後，常朝出入，取東上閤門，或遇奉慰，即開西上閤門，永爲定制。付所司。」又敕：「朕以上天謫見，避殿責躬，不宜朔會朝正殿。其五月一日朝會，宜權停。」

五月己未朔，以星變不視朝。敕曰：「天文變見，合事祈禳，宜於太淸宮置黃籙道場，三司支給齋料。」壬戌，敕：「法駕遷都之日，洛京再建之初，慮懷土有類於新豐，權更名以變於舊制。妖星既出於雍分，高閎難効於秦餘，宜改舊門之名，以壯卜年之永。延喜門改爲宣仁門，重明門改爲興教門，長樂門改爲光政門，光範門曰應天門，乾化門曰乾元門，宣政門曰敷政門，宣政殿曰貞觀殿，日華門曰左延福門，月華門曰右延福門，萬壽門曰萬春門，積慶門曰興善門，含章門曰膺福門，含清門曰延義門，金鑾門曰千秋門，延和門曰章善門，保寧殿曰文思殿。其見在門名，有與西京門同名者，並宜復洛京舊門名。付所司。」乙酉夜，西北彗星長六七十丈，自軒轅大角及天市西垣，光輝猛怒，其長竟天。丙寅，有司修皇太后宮畢。中書奏：「皇太后慈惠臨人，寬仁馭物，早叶俔天之兆，克彰誕聖之符。今輪奐新宮，規摹舊典，崇訓既徵於信史，積善宜顯於昌期。太后宮請以積善爲名。」從之。又以將卜郊禋，預調雅樂，宜以太常卿張廷範充修樂懸使。丁卯，荆襄節度使趙匡凝奏爲故使成汭立祠宇，從之。己巳，太清宮使柳璨奏：「近敕改易宮殿門名，竊以玄元皇帝廟，西京曰太清宮，東京曰太微宮，其太清宮請復爲太微宮，臣便給入官階。」從之。庚午，敕：「所司定今年十月九日有事郊丘，其修製禮衣祭服宜令宰臣柳璨判，祭器宜令張文蔚、楊涉分判，儀仗車輅宜令太常卿張廷範判。」

壬申，制新除靜海軍節度使、銀青光祿大夫、檢校尚書左僕射、同平章事、兼安南都護、河南郡開國侯、食邑一千戶獨孤損可責授朝散大夫、棣州刺史，仍令御史臺發遣出京訖聞奏。敕曰：「朕謬將眇質，叨荷丕圖，常懷馭朽之心，每軫泣辜之念。諒於黜責，豈易施行。左僕射裴樞、右僕射崔遠，雖罷機衡，尚居揆路，既處優崇之任，未傷進退之規。不能秉志安家，但恣流言謗國，頗興物論，難抑朝章。須離八座之榮，尚付六條之政，勉思咎己，無至尤人。樞可責授朝散大夫、登州刺史，遠可責授朝散大夫、萊州刺史，便發遣出京。」兵部郎中韋乾美貶沂州司戶。甲戌，敕中書舍人封渭貶齊州司戶，右補闕鄭輦密州莒縣尉，兵部員外盧協祁州司戶，並員外置。乙亥，敕吏部尚書陸扆貶濮州司戶，工部尚書王溥淄州司戶。司天奏：「旬朔已前，星文變見，仰觀垂象，特軫聖慈。自今月八日夜已後，連遇陰雨，測候不得。至十三日夜一更三點，天色暫晴，景緯分明，妖星不見於碧虛，災沴潛消於天漢者。」敕曰：「上天譴見，下土震驚，致夙夜之沈憂，恐生靈之多難。不居正殿，盡輟常羞，益務齋虔，以申禳禱。果致玄穹覆祐，孛彗消除，豈罪己之感通，免貽人於災沴。式觀陳奏，深慰誠懷。」丙子，敕戶部郎中李仁儉貶和王府咨議，起居舍人盧仁炯安州司戶，壽安尉、直弘文館盧晏滄州東光尉。丁丑，陳許節度使張全義奏：「得許州留後狀申，自多事以來，許州權爲列郡，今特創鼓角樓訖，請復爲軍額。」敕旨依舊置忠武軍牌額。戊寅，宴羣臣於崇勳殿，全忠與王鎔、羅紹威買宴也〔四〕。庚辰，敕特進、檢校司徒、守太保致仕趙崇可曹州司戶，銀青光祿大夫、兵部侍郎王贊可濮州司戶。辛巳，敕責授登州刺史裴樞可隴州司戶，責授棣州刺史獨孤損可瓊州司戶，責授萊州刺史崔遠可白州司戶。壬午，敕司勳員外韋甄責授和王友，洛陽縣令李光序責授左春坊典設郎。甲申，祕書監崔仁魯可密州司戶，國子祭酒崔澄陳州司戶，太府少卿裴鉞徐州司戶，衞尉少卿裴紓曹州南華尉，左補闕崔咸休寧陵尉，司封員外薛滈輝州司戶，前鹽鐵推官獨孤憲臨沂尉，祕書少監裴鉥鄆州司戶，長安尉、直史館裴格符離尉，兵部郎中李象鄭州司戶，刑部員外盧薦范縣尉。丙戌，潁州汝陰縣人彭文妻產三男。丁亥，敕以翰林學士、尚書職方郎中張策兼充史館修撰，修國史。

六月戊子朔，敕：「責授隴州司戶裴樞、瓊州司戶獨孤損、白州司戶崔遠、濮州司戶陸扆、淄州司戶王溥、曹州司戶趙崇、濮州司戶王贊等，皆受國恩，咸當重任。罔思罄竭，唯貯姦邪，雖已謫於遐方，尚難寬於國典。委御史臺差人所在州縣各賜自盡。」時樞等七人已至滑州，皆併命於白馬驛，全忠令投屍於河。己丑，敕：「君臣之間，進退以禮，矧於求舊，欲保初終，苟自掇於悔尤，亦須行於黜責。特進、守司空致仕、上柱國、河東縣開國公、食邑二千戶裴贄早以公望，常踐台司，靡聞竭力以匡時，每務養恬而避事。洎從請老，不謂無恩，合慎樞機，動循規矩。雖云勇退，乃有後言，自爲簿從之酓，頗失人臣之禮。謫居郡掾，用正朝綱，可責授青州司戶。刑部郎中李煦可萊州司戶。」辛卯，太微宮使柳璨奏：「前使裴樞充宮使日，權奏請玄元觀爲太淸宮，又別奏在京弘道觀爲太淸宮，至今未有制置。伏以今年十月九日陛下親事南禋，先謁聖祖廟，弘道觀既未修葺，玄元觀又在北山，若車駕出城，禮非便穩。今欲只留北邙山上老君廟一所，其玄元觀請拆入都城，於淸化坊內建置太微宮，以備車駕行事。」從之。壬辰，敕：「諸道節度、觀察、防禦、刺史等，部內有新除朝官、前資朝官，敕到後三日內發遣赴闕，仍差人監送。所在州縣不得停住，苟或稽違，必議貶黜。付所司。」癸巳，敕：「衞尉少卿敬沼是裴贄之甥，常累於舅，或以明經撓文柄，或以私事竊化權。贄已左遷，爾又何逭！可貶徐州蕭縣尉。」丙申，敕：「福建每年進橄欖子，比因閹豎出自閩中，牽於嗜好之間，遂成貢奉之典。雖嘉忠藎，伏恐煩勞。今後只供進蠟面茶〔五〕，其進橄欖子宜停。」戊戌，敕：密縣令裴練貶登州牟平尉，長水令崔仁略淄州高苑尉，福昌主簿陸珣沂州新泰尉，汜水令獨孤韜范縣尉，並員外置，皆裴樞、崔遠、陸扆宗黨也。壬寅，湖南馬殷奏，岳州洞庭、青草之側，有古祠四所，先以荒圮，臣復修廟了畢，乞賜名額者。敕旨黃陵二妃祠曰懿節，洞庭君祠曰利涉侯，青草祠曰安流侯〔六〕；三閭大夫祠，先以澧朗觀察使雷滿奏，已封昭靈侯，宜依天祐元年九月二十九日敕處分。丙午，全忠奏：「得宰相柳璨記事，欲拆北邙山下玄元觀移入都內，於清化坊取舊昭明寺基，建置太微宮，准備十月九日南郊行事。緣延資庫鹽鐵並無物力，令臣商量者。臣已牒判六軍諸衞張全義指揮工作訖。」優詔嘉之。丁未，敕：「太子賓客柳遜嘗爲張濬租庸判官，又王溥監修日奏充判官，授工部侍郎，又與趙崇、裴贄爲刎頸之交。昨裴樞等得罪之時，合當連坐，尚矜暮齒，且俾懸車，可本官致仕。」戊申，敕前司勳員外郎、賜緋魚袋李延古責授衞尉寺主簿。

七月戊午朔。辛酉，賜全忠迎鑾記功碑文，立於都內。全忠進助郊禮錢三萬貫。癸亥，再貶柳遜曹州司馬。辛巳，敕全忠請鑄河中、晉、絳諸縣印，縣名內有「城」字並落下，如密、鄭、絳、蒲例，單名爲文。壬午，宰臣柳璨、禮部尙書蘇循充皇太后册禮使。是日，於積善宮行禮畢，帝乘輦赴太后宮稱賀。丙戌，太常禮院奏：「每月朔望，皇帝赴積善宮起居，文武百官於宮門進名起居。」從之。

八月丁亥朔。戊子，制中書舍人姚洎可尙書戶部侍郎，充元帥府判官，從全忠奏也。洛苑使奏穀水屯地內嘉禾合穎。乙未，敕：僞稱官階人泉州晉江縣應鄉貢明經陳文巨招伏罪款，付河南府決殺。庚子，敕：「漢代元勳，鄧禹冠諸侯之上；晉朝重位，王導居百辟之先。皆道著匡扶，功宣寰宇，其於崇寵，迥異等倫。朕獲以眇躬，重興丕運，凡關制度，必法舊章，實仗勳賢，永安宗社。副元帥梁王正守太尉、中書令，忠武軍節度使、河南尹張全義亦正守中書令，俱深倚注，咸正台衡。其朝廷册禮、告祀天地宗廟，其司空則差官攝行，太尉、侍中、中書令卽宰臣攝行。今太尉副元帥任冠藩垣，每遇行禮之時，或不在京國，卽事須差攝太尉行事。全義見居闕下，任正中樞，不可更差別官又攝中書令事。其太尉官，如梁王朝覲在京，便委行事，如卻赴鎭，卽依前攝行。所合差中書令，便委全義以本官行禮。其侍中、司空、司徒卽臨時差官。付所司。」壬寅，敕：「前太中大夫、尙書兵部侍郎、賜紫金魚袋司空圖俊造登科，朱紫升籍，既養高以傲代，類移山而釣名。志樂漱流，心輕食祿。匪夷匪惠，雖居公正之朝；載省載思，當徇幽棲之志。宜放還中條山。」癸卯，敕太常卿張廷範宜充南郊禮儀使。丁未，制削奪荆襄節度使趙匡凝在身官爵。是月乙未，全忠遣大將楊師厚討匡凝，收唐、鄧、復、郢、隨等州，全忠自率親軍赴之。荆襄之軍，陣於漢水之陰。

九月丁巳朔。辛酉，楊師厚於襄州西六十里陰谷江口伐竹木爲浮梁。癸亥，梁成，引軍渡江。甲子，趙匡凝率勁兵二萬，陣於江之湄。師厚一戰敗之，遂乘勝躡之，陣於城下。是夜，匡凝挈其孥潰圍遁去。乙丑，師厚入襄陽。丙寅，全忠繼至。壬申，匡凝牙將王建武遣押牙常質以荆南降。言權知荆南軍府事趙匡明今月十一日棄城上峽〔七〕，奔蜀川。敕曰：「梁王躬臨貔武，收復荆、襄，拔峴首若轉丸，平荆門如沃雪，連收兩鎮，併走二兇。乃睠勳庸，載深嘉注，宜賜詔奬飾。」內出宣旨：「嬭婆楊氏可賜號昭儀，嬭婆王氏可封郡夫人，第二嬭婆王氏先帝已封郡夫人〔八〕，准楊氏例改封。」中書奏議言：「乳母古無封夫人賜內職之例，近代因循，殊乖典故。昔漢順帝以乳母宋氏爲山陽君，安帝乳母王氏曰野王君，當時朝議非之。今國祚中興，禮宜求舊。臣等商量，楊氏望賜號安聖君，王氏曰福聖君，第二王氏曰康聖君。」從之。己巳，敕武成王廟宜改爲武明王。乙酉，敕先擇十月九日有事郊丘，備物之間，有所未辦，宜改用十一月十九日。

十月丙戌朔，制梁王全忠可充諸道兵馬元帥，別開府幕，加食邑通前一萬五千戶，實封一千五百戶。金州馮行襲奏當道昭信軍額內一字，與元帥全忠諱字同，乃賜號戎昭軍。制削奪荆南留後趙匡凝官爵〔九〕。丁亥，勅：「洛城坊曲內，舊有朝臣諸司宅舍，經亂荒榛。張全義葺理已來，皆已耕墾，既供軍賦，卽係公田。或恐每有披論，認爲世業，須煩按驗，遂啓倖門。其都內坊曲及畿內已耕植田土，諸色人並不得論認。如要業田，一任買置。凡論認者，不在給還之限。如有本主元自差人勾當，不在此限。如荒田無主，卽許識認。付河南府。」甲午，起居郎蘇楷駁昭宗謚號曰：「帝王御宇，由理亂以審汙隆；宗祀配天，資謚號以定升降。故臣下君上皆不得而私也。伏以陛下順考古道，昭彰至公，既當不諱之朝，寧阻上言之路。伏以昭宗皇帝睿哲居尊，恭儉垂化，其於善美，孰敢蔽虧。然而否運莫興，至理猶鬱，遂致四方多事，萬乘頻遷。始則閹豎猖狂，受幽辱於東內；終則嬪嬙悖亂，罹夭閼於中闈。其於易名，宜循考行。有司先定尊謚曰聖穆景文孝皇帝，廟號昭宗，敢言溢美，似異直書。按後漢和、安、順帝，緣非功德，遂改宗稱，以允臣下之請。今郊禋有日，祫祭惟時。將期允愜列聖之心，更下詳議新廟之稱。庶使叶先朝罪己之德，表聖主無私之明。」楷，禮部尚書循之子，凡劣無藝。乾寧二年應進士登第後，物論以爲濫，昭宗命翰林學士陸扆、祕書監馮渥覆試黜落，永不許入舉場，楷負愧銜怨。至是，全忠弑逆君上，柳璨陷害朝臣，乃與起居郎羅袞、起居舍人盧鼎連署駁議。楷目不知書，手僅能執筆，其文羅袞作也。時政出賊臣，哀帝不能制。太常卿張廷範改諡曰恭靈莊閔孝皇帝，廟號曰襄宗。全忠雄猜物鑒，自楷駁諡後，深鄙之，既傳代之後，循、楷父子皆斥逐，不令在朝。丁未，所司改題昭宗神主，輟朝一日。癸丑，敕成德軍宜改爲武順，管內槀城縣曰槀平，信都曰堯都，欒城曰欒氏，阜城曰漢阜，臨城爲房子，避全忠祖、父名也。

十一月乙卯朔，敕潞州潞城縣改爲潞子，黎城曰黎亭。全忠平荆襄後，遂引軍將攻淮南。行次棗陽，阻雨，比至光州，道險塗潦，人馬饑乏。休止十餘日，乃趨固始。進軍距壽州三十里，壽人閉壁不出，左右言師老不可用。是月丙辰，全忠自正陽渡淮而北，至汝陰。全忠深悔此行無益。丁卯，至大梁。時哀帝以此月十九日親祠圜丘，中外百司禮儀法物已備。戊辰，宰相已下於南郊壇習儀，而裴迪自大梁迴，言全忠怒蔣玄暉、張廷範、柳璨等謀延唐祚，而欲郊天改元。玄暉、柳璨大懼。庚午，敕曰：「先定此月十九日親禮南郊，雖定吉辰，改卜亦有故事。宜改取來年正月上辛。付所司。」辛巳，制：迴天再造竭忠守正功臣、諸道兵馬元帥、宣武宣義天平護國等軍節度觀察處置、修宮闕制置、度支解縣池場、亳州太清宮等使、開府儀同三司、守太尉、中書令、河中尹、汴滑鄆等州刺史、上柱國、梁王、食邑一萬五千戶、實封一千五百戶朱全忠可授相國，總百揆，其以宣武宣義天平護國天雄武順忠武佑國河陽義武昭義保義戎昭武定泰寧平盧匡國鎮國武寧忠義荆南二十一道爲魏國，仍進封魏王，依前充諸道兵馬元帥、太尉、中書令、宣武宣義天平護國等軍節度觀察處置等使，加食邑五千戶，實封八千五百戶，入朝不趨，劍履上殿，贊拜不名，兼備九錫之命，仍擇日備禮册命。又制以楊師厚爲襄州兵馬留後，左龍武統軍張愼思爲武寧軍兵馬留後。壬午，中書門下奏：「相國魏王總百揆，百司合呈納本司印。其中書門下印，堂候王仁珪呈納，中書公事，權追中書省印行遣。」從之。甲申，敕河南告成縣改爲陽邑，蔡州襃城改爲苞孚，同州韓城改爲韓原，絳州翼城改爲澮川，鄆州鄆城改爲萬安，慈州文城改爲屈邑，澤州晉城改爲高都，陽城改爲濩澤，安州應城改爲應陽，洪州豐城改爲吳高。全忠令判官司馬鄴讓相國總百揆之命。

十二月乙酉朔。戊子，詔蔣玄暉齎手詔赴魏國，不許陳讓錫命。辛卯，制：正議大夫、門下侍郎，兼戶部尚書、同平章事、太微宮使、弘文館大學士、延資庫使，充諸道鹽鐵轉運等使、上柱國、河東縣開國男、食邑三百戶柳璨可光祿大夫、守司空，兼門下侍郎、同平章事、太微宮使、弘文館大學士、延資庫使，充諸道鹽鐵轉運等使，進封河東縣開國伯，通前食邑七百戶，充魏國册禮使。制：相國魏王曾祖贈太傅茂琳追封魏王，謚宣憲；祖贈太師信追封魏王，謚武元；父贈尙書令誠追封魏王，謚文明。敕右常侍王鉅、太常卿張廷範、給事中崔沂、工部尙書李克助、祠部郞中知制誥張茂樞、膳部員外知制誥杜曉、吏部郞中李光嗣、駕部郎中趙光胤、戶部郎中崔協、比部郎中楊煥、左常侍孔拯、右諫議蕭頎、左拾遺裴瑑、右拾遺高濟、職方郎中牛希逸、主客郎中蕭蘧等，隨册禮使柳璨魏國行事。先是，北院宣徽使王殷使壽州行營，構蔣玄暉於全忠，全忠怒，急歸大梁。上令刑部尚書裴迪齎詔慰勞全忠，全忠忿恨，語極不遜，故行相國百揆之命以悅其心。蔣玄暉自至大梁陳訴，全忠怒猶不解。帝憂之。甲午，上召三宰相議其事，柳璨曰：「人望歸元帥，陛下揖讓釋負，今其時也。」帝曰：「運祚去唐久矣，幸爲元帥所延。今日天下，非予之天下，神器大寶，歸於有德，又何疑焉。他人傳予意不盡，卿自往大梁，備言此懷。」乃賜璨茶、藥，便令進發。乙未，敕：樞密使蔣玄暉宜削在身官爵，送河南府處斬。豐德庫使應頊、尚食使朱建武送河南府決殺。

庚子，敕：樞密使及宣徽南院北院並停。其樞密公事，令王殷權知。其兩院人吏，並勒歸中書。其諸司諸道人，並不得到宣徽院，凡有公事，並於中書論請。其延義、千秋兩門，只差小黃門三人勾當，其官健勒歸本軍。敕：「魏王堅辭寵命，過示撝謙。朕以國史所書元帥之任，並以天下爲名，爰自近年，改爲諸道，既非舊制，須在正名。宜追制改爲天下兵馬元帥，餘准詔旨處分。」辛丑，敕：「漢宣帝中興，五日一聽朝，歷代通規，永爲常式。近代不循舊儀，輒隳制度，既姦邪之得計，致臨視之失常，須守舊規，以循定制。宜每月只許一、五、九日開延英，計九度。其入閤日，仍於延英日一度指揮；如有大段公事，中書門下具牓子奏請開延英，不計日數。付所司。」又敕：「宮嬪女職，本備內任，近年已來，稍失儀制。宮人出內宣命，寀御參隨視朝，乃失舊規，須爲永制。今後每遇延英坐朝日，只令小黃門祗候引從，宮人不得擅出內門，庶循典儀，免至紛雜。」壬寅，戎昭軍奏收復金州，兵火之後，井邑殘破，請移理所於均州，從之。仍改爲武定軍。

乙巳，汴州別駕蔣仲伸決殺，玄暉季父也。又敕：「蔣玄暉身居密近，擅弄威權，鬻爵賣官，聚財營第，而苞藏悖逆，稔浸姦邪。雖都市已處於極刑，而屈法尙慊於衆怒，更示焚棄之典，以懲顯負之蹤。宜追削爲凶逆百姓，仍委河南府揭屍於都門外，聚衆焚燒。」玄暉死後，王殷、趙殷衡等又譖於全忠云：「內人相傳，玄暉私侍積善宮，與柳璨、張廷範爲盟誓之交，求興唐祚。」戊申，全忠令知樞密王殷害皇太后何氏于積善宮，又殺宮人阿秋、阿虔，言通導蔣玄暉。己酉，敕以太后喪，廢朝三日。百官奉慰訖。又敕曰：「皇太后位承坤德，有愧母儀。近者凶逆誅夷，宮闈詞連醜狀，尋自崩變，以謝萬方。朕以幼沖，君臨區宇，雖情深號慕，而法難徇私，勉循秦、漢之規，須示追降之典。其遣黃門收所上皇太后寶册，追廢爲庶人，宜差官告郊廟。」庚戌，敕：「朕以謬荷丕圖，禮合親謁郊廟，先定來年正月上辛用事。今以宮闈內亂，播于醜聲，難以慚恧之容，入於祖宗之廟。其明年上辛親謁郊廟宜停。」壬子，敕積善宮安福殿宜廢。癸丑，敕光祿大夫、守司空、門下侍郎、平章事、太微宮使、弘文館大學士、延資庫使、諸道鹽鐵轉運使柳璨責授朝議郎，守登州刺史。又敕：「太常卿張廷範、太常少卿裴礀溫鑾、祠部郎中知制誥張茂樞等，蔣玄暉在樞密之時，與柳璨、張廷範共爲朋扇，日相往來，假其遊宴之名，別貯傾危之計。苟安重位，酷陷朝臣，既此陰謀，難寬大辟。柳璨已從別敕處分，廷範可責授萊州司戶。裴礀等常同聚會，固共苞藏，礀可青州北海尉，鑾臨淄尉，茂樞博昌尉，並員外置。」甲寅，敕：「責授登州刺史柳璨，素矜憸巧，每務回邪。幸以庸才，驟居重位，曾無顯效，孤負明恩。詭譎多端，苞藏莫測，但結連於凶險，獨陷害於賢良。罪既貫盈，理須竄殛。可貶密州司戶，再貶長流崖州百姓，委御史臺賜自盡。」是日斬于上東門外。又敕：「張廷範性唯庸妄，志在回邪，不能保慎寵榮，而乃苞藏凶險。密交柳璨，深結玄暉，晝議宵行，欺天負地。神祇共怒，罪狀難原。宜除名，委河南府於都市集衆，以五車分裂。溫鑾、裴礀、張茂樞並除名，委於御史臺所在賜自盡。柳璨弟瑀、瑊，送河南府決殺。」

三年春正月乙卯朔，全忠以四鎮之師七萬，會河北諸軍，屯于深州樂城〔10〕。戊午，敕右拾遺柳瑗貶洛州雞澤尉，璨疎屬也。乙丑，全忠自汴河赴魏州。丙寅，制：「定亂安國功臣、鎮海鎮東軍節度、浙江東西道觀察處置等使、淮南東面行營招討營田安撫兩浙鹽鐵制置發運等使、開府儀同三司、守侍中、兼中書令、杭越兩州刺史、上柱國、吳王、食邑九千戶、實封五百戶錢鏐，總臨兩鎭，制撫三吳。道途阻艱，未行册命，宜令所司擇日備禮。」己巳夜，魏博節度使羅紹威殺其衙內親軍八千人。戊午，全忠自內黃入魏州。是月，魏博衙外兵五萬自歷亭還，分據紹威貝、博等州，汴軍攻圍之。壬申，敕：「相國總百揆魏王頃辭册命，宜令所司再行册禮。」辛巳，國子監奏：「奉去年十一月五日敕文，應國學每年與諸道等一例解送兩人，今監生郭應圖等六十人連狀論訴。」敕旨：「取士之科，明經極重，每年人數，已有舊規，去夏條疏，蓋防淪濫。今國子監、河南府俱有論奏，所試明經，宜令准常年例解送禮部，放人多少，酌量施行。但不徇囑求，無致僥倖。付所司。」

二月甲申朔，魏博節度使羅紹威宜許於本鎭置三代私廟。癸卯，敕今年禮部所放進士，據依去年人數外，更放兩人。

三月甲寅朔。甲戌，敕：「河中、昭義管內，俱有慈州，地里相去不遠，稱謂時聞錯悞，其昭義管內慈州宜改爲惠州。」壬戌，全忠奏河中判官劉崇子匡圖，今年進士登第，遽列高科，恐涉羣議，請禮部落下。戊寅，制元帥梁王可兼領諸道鹽鐵轉運等使，判度支戶部事，充三司都制置使。辛巳，敕貶西都留守判官、左諫議大夫鄭賨崖州司戶，尋賜死。

四月甲申朔，日有蝕之，在胃十二度。戊申，魏博羅紹威奏：「臣當管博州聊城縣、武陽莘縣武水博平高堂等五縣，皆於黃河東岸，其鄉村百姓渡河輸稅不便，與天平軍管界接連，請割屬鄆。」從之。

五月癸酉朔，追贈故荆南節度使成汭、鄂岳節度使杜洪官爵，仍於本州立祠廟，從全忠奏也。丙申，敕：「天祐二年九月二十日於金州置戎昭軍，割均、房二州爲屬郡。比因馮行襲叶贊元勳，克宣丕績，用奬濟師之効，遂行割地之權。今命帥得人，疇庸有秩，其戎昭軍額宜停，其均、房二州却還山南東道收管。」

六月癸未朔。甲申，敕：「襄州近因趙匡凝作帥，請別立忠義軍額，既非往制，固是從權。忠義軍額宜停廢，依舊爲山南東道節度使。」己亥，權知唐州事衞審符奏，州郭凋殘，又不居要路，請移理所於泌陽縣，從之。制以京兆尹、佑國軍節度使韓建爲青州節度使，代王重師；以重師代建爲京兆尹。壬寅，敕：「文武百僚每月一度入閤於貞觀殿。貞觀大殿，朝廷正衙，遇正至之辰，受羣臣朝賀。比來視朔，未正規儀，今後於崇勳殿入閤。付所司。」左拾遺、充史館修撰裴璙以堂叔母危疾在濟源，無兄弟侍疾，乞假寧省，從之。

七月壬子朔。己未，全忠始自魏州歸大梁，魏博六州平定。檢校工部尚書、守宗正卿、嗣邠王震停見任，落下襲封，以請告於外也。辛未，皇妹永明公主薨，罷朝三日。

八月甲辰，全忠復自汴州北渡河，攻滄州。乙未，魏博奏割貝州永濟、廣宗，相州臨河、內黃、洹水、斥丘等六縣隸魏州，從之。

九月辛亥朔。丁卯，全忠大軍至滄州，軍於長蘆。是月積陰霖雨不止，差官禜都門。

十月乙未，兩浙錢鏐請於本鎮立三代私廟，從之。

十一月庚戌朔。丙子，廢牛羊司。御廚肉河南府供進，所有進到牛羊，便付河南府收管。

十二月己卯朔，淮南僞署宣歙觀察使、檢校司徒王茂章可金紫光祿大夫、檢校太保，從錢鏐奏也。茂章背楊渥，以宣州降錢鏐故也。己丑，全忠奏文武兩班一、五、九朔日，元帥府排比廊飧。敕曰：「百官入朝，兩廊賜食，遷都之後，有司官闕供。元帥梁王欲整大綱，復行故事，俾其班列，益認優隆〔二〕，宜賜詔獎飾。」甲辰，河陽節度副使孫乘貶崖州司戶，尋賜自盡。

閏十二月己酉朔，福建百姓僧道詣闕，請爲節度使王審知立德政碑，從之。乙丑，華州鎮國節度觀察處置等使額及興德府名，並宜停廢，復爲華州刺史，充本州防禦使，仍隸同州爲支郡，所管華、商兩州諸縣，先升次赤、次畿並罷，宜依舊名。西都佑國軍作鎮已來，未有屬郡，其金州、商州宜隸爲屬郡。京兆府奉先縣本屬馮翊，櫟陽連接下邽，奉先縣宜卻隸同州，櫟陽宜隸華州。丙寅，奪西川節度使王建在身官爵。戊辰，李克用與幽州之衆同攻潞州，全忠守將丁會以澤、潞降太原，克用以其子嗣昭爲留後。甲戌，全忠燒長蘆營旋軍，聞潞州陷故也。乙亥，貶興唐府少尹孫祕長流愛州，尋賜死，孫乘弟也。

四年春正月戊寅朔。壬寅，全忠自長蘆至大梁，天子遣御史大夫薛貽矩齎詔慰勞。全忠自弒昭宗之後，岐、蜀、太原，連兵牽制，關西日削。幸羅紹威殺牙軍，全獲魏博六州。將行篡代，欲威臨河朔，乃再興師臨幽、滄，冀仁恭父子乞盟，則與之相結，以固王鎔、紹威之心。而自秋迄冬，攻滄州無功，及聞丁會失守，燒營遽還。路由魏州，羅紹威知失勢，恐兵襲己，深贊篡奪之謀，他日如王受禪，必罄六州軍賦以助大禮，全忠深感之。至大梁，會薛貽矩來，乃以臣禮見全忠。貽矩承間密陳禪代之謀，全忠心德之。貽矩還奏曰：「元帥有受代意，陛下深體時事，去茲重負。」帝曰：「此吾素懷也。」乃降詔元帥以二月行傳禪之禮，全忠僞辭。

二月壬子，詔文武百官以今月七日齊赴元帥府。癸丑，宰相百官辭，全忠以未斷表爲詞。

三月戊寅朔，全忠令大將李思安率兵三萬，合魏博之衆，攻掠幽州。思安頓兵臨其郛，會仁恭子守光率兵赴援，思安乃還。庚寅，詔薛貽矩再使大梁，達傳位之旨。甲辰，詔曰：

敕宰臣文武百辟，藩岳庶尹，明聽朕言。夫大寶之尊，神器之重，儻非德充宇宙，功濟黔黎，著重華納麓之功，彰文命導川之績，允熙帝載，克代天工，則何以統御萬邦，照臨八極。元帥梁王，龍顏瑞質，玉理奇文，以英謀睿武定寰瀛，以厚澤深仁撫華夏。神功至德，絕後光前，緹油罕紀其鴻勳，謳誦顯歸於至化。二十年之功業，億兆衆之推崇，邇無異言，遠無異望。朕惟王聖德，光被八紘，宜順玄穹，膺茲寶命。況天文符瑞，雜沓宣明，虞夏昌期，顯于圖籙。萬機不可以久曠，天命不可以久違，神祇叶心，歸于有德。朕敬以天下，傳禪聖君，退居舊藩，以備三恪。今敕宰臣張文蔚、楊涉等率文武百僚，備法駕奉迎梁朝，勉厲肅恭，尊戴明主。沖人釋茲重負，永爲虞賓，獲奉新朝，慶泰兼極。中外列辟，宜體朕懷。

乙酉，乃以中書侍郎、平章事張文蔚充册使，禮部尚書蘇循爲副。中書侍郎、平章事楊涉押傳國寶使，翰林學士、中書舍人張策爲副。御史大夫薛貽矩爲押金寶使，左丞趙光逢爲副。甲午，文蔚押文武百僚赴大梁。甲子，行事。册曰：

皇帝若曰：咨爾天下兵馬元帥、相國總百揆梁王，朕每觀上古之書，以堯舜爲始者，蓋以禪讓之典，垂於無窮。故封泰山，禪梁父，略可道者七十二君，則知天下至公，非一姓獨有。自古明王聖帝，焦思勞神，惴若納隍，坐以待旦，莫不居之則兢畏，去之則逸安。且軒轅非不明，放勳非不聖，尚欲遊於姑射，休彼大庭。矧乎曆數尋終，期運久謝，屬於孤藐，統御萬方者哉！況自懿祖之後，孌幸亂朝，禍起有階，政漸無象。天網幅裂，海水橫流，四紀于茲，羣生無庇。洎乎喪亂，誰其底綏。洎于小子，粤以幼年，繼茲衰緒。豈茲沖昧，能守洪基？惟王明聖在躬，體于上哲。奮揚神武，戡定區夏，大功二十，光著册書。北越陰山，南踰瘴海，東至碣石，西暨流沙，懷生之倫，罔不悅附。矧予寡昧，危而獲存。今則上察天文，下觀人願，是土德終極之際，乃金行兆應之辰。況十載之間，彗星三見，布新除舊，厥有明徵，謳歌所歸，屬在睿德。今遣持節、銀青光祿大夫、守中書侍郎、同中書門下平章事張文蔚等，奉皇帝寶綬，敬遜于位。於戲！天之曆數在爾躬，允執其中，天祿永終。王其祗顯大禮，享茲萬國，以肅膺天命。

全忠建國，奉帝爲濟陰王，遷於曹州，處前刺史氏叔琮之第。時太原、幽州、鳳翔、西川猶稱天祐正朔。天祐五年二月二十一日，帝爲全忠所害，時年十七，仍謚曰哀皇帝，以王禮葬於濟陰縣之定陶鄉。中興之初，方備禮改卜，遇國喪而止。明宗時就故陵置園邑，有司請謚曰昭宣光烈孝皇帝，廟號「景宗」。中書覆奏少帝行事，不合稱宗，存謚而已。知禮者亦以宣、景之謚非宜，今只取本謚，載之于紀。

史臣曰：悲哉！土運之將亡也，五常殆盡，百怪斯呈，宇縣瓜分，皇圖瓦解。昭宗皇帝英猷奮發，志憤陵夷，旁求奇傑之才，欲拯淪胥之運。而世途多僻，忠義俱亡，極爵位以待賢豪，罄珍奇而託心腹。殷勤國士之遇，罕有託孤之賢，豢豐而犬豕轉獰，肉飽而虎狼逾暴。五侯九伯，無非問鼎之徒；四岳十連，皆畜無君之迹。雖蕭屛之臣扼腕，巖廊之輔痛心，空銜毀室之悲，寧救喪邦之禍？及扶風西幸，洛邑東遷，如寄珠於盜跖之門，蓄水於尾閭之上，往而不返，夫何言哉！至若川竭山崩，古今同歎；虎爭龍戰，興替無常。縱胠篋之不仁，亦攫金之有道。曹操請刑於椒壼，蓋迫陰謀；馬昭拒命於凌雲，窘於見討。誠知醜迹，得以爲詞，而全忠所行，止於殘忍。況自岐遷洛，天子塊然，六軍盡斥於秦人，四面皆環於汴卒。冕旒如寄，纖芥爲疑，迎鑾未及於崇朝，傳刃已聞於塗地。立嗣君於南面，斃母后於中闈，黃門與禁旅皆殲，宗室共衣冠並殪。復又盜鐘掩耳，嫁禍於人。何九六之數窮，偶天人之道盡，目擊斯亂，言之傷心。哀帝之時，政由凶族。雖揖讓之令，有類於山陽；而凌逼之權，過踰於侯景。人道寖薄，陰隲難徵，然以此受終，如何延永！

贊曰：勛華受命，揖讓告終。逆取順守，仁道已窮。暴則短祚，義則延洪。虞賓之禍，非止一宗。

校勘記

〔一〕宜兼充和陵臺令　「和」字各本原作「知」，據冊府卷三一改。

〔二〕難可盡定　「盡」字各本原作「書」，據全唐文卷九三改。

〔三〕比常出入　「常」字各本原作「帝」，冊府卷六一、全唐文卷九三此句均作「至於常事」，合鈔卷二四哀帝紀作「比常出入」，究其上下文意，「帝」字當作「常」，今據合鈔改。

〔四〕買宴　「買」字各本原作「置」，據冊府卷一一一改。

〔五〕蠟面茶　「蠟」字各本原作「臘」。十七史商榷卷七六：「臘當作蠟」。蠟面茶亦稱蠟茶，唐宋人詩文中屢見其名。據改。

〔六〕安流侯　聞本、懼盈齋本、局本作「安侯」，殿本作「安口」，廣本作「安流」，今據冊府卷三四改。

〔七〕權知荊南軍府事趙匡明　「明」字各本原作「凝」，據新書卷一〇哀帝紀、通鑑卷二六五改。

〔八〕第二孀婆王氏　「王氏」，各本原無，據冊府卷三八補。

〔九〕荊南留後趙匡凝　校勘記卷一〇云：「削奪荊襄節度使趙匡凝官，前已書於八月，且其官節度，非留後也。據匡凝傳（舊五代史卷一七），成汭敗，匡凝表匡明爲荊南節度留後，當爲匡明。」

〔一〇〕深州樂城　通鑑卷二六五胡注：「樂城恐當作樂壽。」案本書卷三九地理志作「樂壽」，云：「漢樂城縣。後魏移縣東北，近古樂壽亭，因改爲樂壽。」

〔二〕益認優隆　「認」字冊府卷一〇八、全唐文卷九三均作「任」。

舊唐書卷二十一

志第一

禮儀一

記曰：「人生而靜，天之性也；感物而動，性之欲也。」欲無限極，禍亂生焉。聖人懼其邪放，於是作樂以和其性，制禮以檢其情，俾俯仰有容，周旋中矩。故肆覲之禮立，則朝廷尊；郊廟之禮立，則人情肅；冠婚之禮立，則長幼序；喪祭之禮立，則孝慈著；蒐狩之禮立，則軍旅振；享宴之禮立，則君臣篤。是知禮者，品彙之璿衡，人倫之繩墨，失之者辱，得之者榮，造物已還，不可須臾離也。

五帝之時，斯爲治本。類帝禋宗，吉禮也；遏音陶瓦，凶禮也；班瑞肆覲，賓禮也；誅苗殛鯀，軍禮也；釐降嬪虞，嘉禮也。故曰，修五禮五玉，堯、舜之事也。時代猶淳，節文尚簡。及周公相成王，制五禮六樂，各有典司，其儀大備。暨幽、厲失道，平王東遷，周室寖微，諸侯侮法。男女失冠婚之節，野麕之刺興焉；君臣廢朝會之期，踐土之譏著矣。葬則奢儉無算，軍則狙詐不仁。數百年間，禮儀大壞。雖仲尼自衞返魯，而有定禮之言，蓋舉周公之舊章，無救魯邦之亂政。仲尼之世，禮教已亡。遭秦燔煬，遺文殆盡。

漢興，叔孫通草定，止習朝儀。至於郊天祀地之文，配祖禋宗之制，拊石鳴球之備物，介丘壓水之盛猷，語則有之，未遑措思。及世宗禮重儒術，屢訪賢良，河間博洽古文，大搜經籍，有周舊典，始得周官五篇，士禮十七篇。王又鳩集諸子之說，爲禮書一百四十篇。后倉二戴，因而删擇，得四十九篇，此曲臺集禮，今之禮記是也。然數百載不見舊儀，諸子所書，止論其意。百家縱胸臆之說，五禮無著定之文。故西漢一朝，曲臺無制。郊上帝於甘泉，祀后土於汾陰。宗廟無定主，樂懸缺金石。巡狩非勛、華之典，封禪異陶匏之音。光武受命，始詔儒官，草定儀注，經邦大典，至是粗備。漢末喪亂，又淪沒焉。而衞宏、應仲遠、王仲宣等掇拾遺散，裁志條目而已。東京舊典，世莫得聞。

自晉至梁，繼令條纘。鴻生鉅儒，銳思綿蕝，江左學者，髣髴可觀。隋氏平陳，寰區一統，文帝命太常卿牛弘集南北儀注，定五禮一百三十篇。煬帝在廣陵，亦聚學徒，修江都集禮〔一〕。由是周、漢之制，僅有遺風。

神堯受禪，未遑制作，郊廟宴享，悉用隋代舊儀。太宗皇帝踐祚之初，悉興文教，乃詔中書令房玄齡、祕書監魏徵等禮官學士，修改舊禮，定著吉禮六十一篇，賓禮四篇，軍禮二十篇，嘉禮四十二篇，凶禮六篇，國恤五篇，總一百三十八篇，分爲一百卷。玄齡等始與禮官述議，以爲月令禘祭，唯祭天宗，謂日月而下。近代禘五天帝、五人帝、五地祇〔二〕，皆非古典，今並除之。又依禮，有益於人則祀之。神州者國之所託，餘八州則義不相及。近代通祭九州，今除八州等八座，唯祭皇地祇及神州，以正祀典。又漢建武中封禪，用元封時故事，封泰山於圓臺上，四面皆立石闕，並高五丈。有方石再累，藏玉牒書。石檢十枚，於四邊檢之，東西各三，南北各二。外設石封，高九尺，上加石蓋。周設石距十八，如碑之狀，去壇二步，其下石跗入地數尺。今案封禪者，本以成功告於上帝。天道貴質，故藉用稾秸，罇以瓦甒。此法不在經誥，又乖醇素之道，定議除之。近又案梁甫是梁陰，代設壇於山上，乃乖處陰之義。今定禪禮改壇位於山北。又皇太子入學及太常行山陵、天子大射、合朔、陳五兵於太社、農隙講武、納皇后行六禮、四孟月讀時令、天子上陵、朝廟、養老於辟雍之禮，皆周、隋所闕〔三〕，凡增多二十九條。餘並準依古禮，旁求異代，擇其善者而從之。太宗稱善，頒于內外行焉。

高宗初，議者以貞觀禮節文未盡，又詔太尉長孫無忌、中書令杜正倫李義府、中書侍郎李友益、黃門侍郎劉祥道許圉師、太子賓客許敬宗、太常少卿韋琨、太學博士史道玄、符璽郎孔志約、太常博士蕭楚才孫自覺賀紀等重加緝定，勒成一百三十卷。至顯慶三年奏上之，增損舊禮，并與令式參會改定，高宗自爲之序。時許敬宗、李義府用事，其所損益，多涉希旨，行用已後，學者紛議，以爲不及貞觀。上元三年三月，下詔令依貞觀年禮爲定。儀鳳二年，又詔顯慶新修禮多有事不師古，其五禮並依周禮行事。自是禮司益無憑準，每有大事，皆參會古今禮文，臨時撰定。然貞觀、顯慶二禮，皆行用不廢。時有太常卿裴明禮、太常少卿韋萬石相次參掌其事，又前後博士賀敳、賀紀、韋叔夏、裴守真等多所議定。

則天時，以禮官不甚詳明，特詔國子博士祝欽明及叔夏，每有儀注，皆令參定。叔夏卒後，博士唐紹專知禮儀，博學詳練舊事，議者以爲稱職。先天二年，紹爲給事中，以講武失儀，得罪被誅。其後禮官張星、王琇又以元日儀注乖失，詔免官歸家學問。

開元十年，詔國子司業韋縚爲禮儀使，專掌五禮。十四年，通事舍人王喦上疏，請改撰禮記，削去舊文，而以今事編之。詔付集賢院學士詳議。右丞相張說奏曰〔四〕：「禮記漢朝所編，遂爲歷代不刊之典。今去聖久遠，恐難改易。今之五禮儀注，貞觀、顯慶兩度所修，前後頗有不同，其中或未折衷。望與學士等更討論古今，刪改行用。」制從之。初令學士右散騎常侍徐堅及左拾遺李銳、太常博士施敬本等檢撰，歷年不就。說卒後，蕭嵩代爲集賢院學士，始奏起居舍人王仲丘撰成一百五十卷，名曰大唐開元禮。二十年九月，頒所司行用焉。

昊天上帝、五方帝、皇地祇、神州及宗廟爲大祀，社稷、日月星辰、先代帝王、岳鎭海瀆、帝社、先蠶、釋奠爲中祀，司中、司命、風伯、雨師、諸星、山林川澤之屬爲小祀。大祀，所司每年預定日奏下。小祀，但移牒所由。若天子不親祭享，則三公行事；若官缺，則職事三品已上攝三公行事。大祀散齋四日，致齋三日。中祀散齋三日，致齋二日。小祀散齋二日，致齋一日。散齋之日，晝理事如舊，夜宿於家正寢，不得弔喪問疾，不判署刑殺文書，不決罰罪人，不作樂，不預穢惡之事。致齋惟爲祀事得行，其餘悉斷。若大祀，齋官皆於散齋之日，集於尙書省受誓戒，太尉讀誓文。致齋之日，三公於尙書省安置；餘官各於本司；若皇城內無本司，於太常郊社、太廟署安置。皆日未出前至齋所。至祀前一日，各從齋所晝漏上水五刻向祠所。接神之官，皆沐浴給明衣。若天子親祠，則於正殿行致齋之禮。文武官服袴褶，陪位於殿庭。車駕及齋官赴祠祭之所，州縣及金吾淸所行之路，不得見諸凶穢及縗絰者，哭泣之聲聞於祭所者權斷，訖事依舊。齋官至祠所，太官惟設食。祭訖，依班序餕，訖，均胙，貴者不重，賤者不虛。中祀已下，惟不受誓戒，自餘皆同大祀之禮。

武德初，定令：

每歲冬至，祀昊天上帝於圓丘，以景帝配。其壇在京城明德門外道東二里。壇制四成，各高八尺一寸，下成廣二十丈，再成廣十五丈，三成廣十丈，四成廣五丈。每祀則昊天上帝及配帝設位于平座，藉用稾秸，器用陶匏。五方上帝、日月、內官、中官、外官及衆星，並皆從祀。其五方帝及日月七座，在壇之第二等；內五星已下官五十五座〔五〕，在壇之第三等；二十八宿已下中官一百三十五座，在壇之第四等；外官百十二座，在壇下外壝之內；衆星三百六十座，在外壝之外。其牲，上帝及配帝用蒼犢二，五方帝及日月用方色犢各一，內官已下加羊豕各九。

夏至，祭皇地祇于方丘，亦以景帝配。其壇在宮城之北十四里。壇制再成，下成方十丈，上成五丈。每祀則地祇及配帝設位於壇上，神州及五嶽、四鎮、四瀆、四海、五方、山林、川澤、丘陵、墳衍、原隰，並皆從祀。神州在壇之第一等。五嶽已下三十七座，在壇下外壝之內。丘陵等三十座，在壝外。其牲，地祇及配帝用犢二，神州用黝犢一，岳鎮已下加羊豕各五。

孟春辛日，祈穀，祀感帝于南郊，元帝配，牲用蒼犢二。

孟夏之月，雩祀昊天上帝於圓丘，景帝配，牲用蒼犢二。五方上帝、五人帝、五官並從祀，用方色犢十。

季秋，祀五方上帝於明堂〔六〕，元帝配，牲用蒼犢二。五人帝、五官並從祀，用方色犢十。

孟冬，祭神州於北郊，景帝配，牲用黝犢二。

貞觀初，詔奉高祖配圓丘及明堂北郊之祀，元帝專配感帝，自餘悉依武德。永徽二年，又奉太宗配祀于明堂，有司遂以高祖配五天帝，太宗配五人帝。

顯慶元年，太尉長孫無忌與禮官等奏議曰：

臣等謹尋方册，歷考前規，宗祀明堂，必配天帝，而伏羲五代，本配五郊〔七〕，預入明堂，自緣從祀。今以太宗作配，理有未安。伏見永徽二年七月，詔建明堂，伏惟陛下天縱聖德，追奉太宗，已遵嚴配。時高祖先在明堂，禮司致惑，竟未遷祀，率意定儀，遂便著令。乃以太宗皇帝降配五人帝，雖復亦在明堂，不得對越天帝，深乖明詔之意，又與先典不同。

謹案孝經云：「孝莫大於嚴父，嚴父莫大於配天。昔者周公宗祀文王於明堂，以配上帝。」伏惟詔意，義在於斯。今所司行令，殊爲失旨。又尋漢、魏、晉、宋歷代禮儀，並無父子同配明堂之義。唯祭法云：「周人禘嚳而郊稷，祖文王而宗武王。」鄭玄注云：「禘、郊、祖、宗，謂祭祀以配食也。禘謂祭昊天於圓丘，郊謂祭上帝於南郊，祖、宗謂祭五帝、五神於明堂也。」尋鄭此注，乃以祖、宗合爲一祭，又以文、武共在明堂，連祖配祀，良爲謬矣。故王肅駁曰：「古者祖有功而宗有德，祖、宗自是不毀之名，非謂配食於明堂者也。審如鄭義，則孝經當言祖祀文王於明堂，不得言宗祀也。凡宗者，尊也。周人既祖其廟，又尊其祀，孰謂祖於明堂者乎？」鄭引孝經以解祭法，而不曉周公本意，殊非仲尼之義旨也。又解「宗武王」云：「配勾芒之類，是謂五神，位在堂下。」武王降位，失君叙矣。

又案六韜曰：「武王伐紂，雪深丈餘，五車二馬，行無轍迹，詣營求謁。武王怪而問焉，太公對曰：『此必五方之神，來受事耳。』遂以其名召入，各以其職命焉。既而克殷，風調雨順。」豈有生來受職，歿則配之，降尊敵卑，理不然矣。故春秋外傳曰〔八〕：「禘、郊、祖、宗、報五者，國之典祀也。」傳言五者，故知各是一事，非謂祖、宗合祀於明堂也。

臣謹上考殷、周，下洎貞觀，並無一代兩帝同配於明堂。南齊蕭氏以武、明昆季並於明堂配食，事乃不經，未足援據。又檢武德時令，以元皇帝配於明堂，兼配感帝。至貞觀初緣情革禮，奉祀高祖配於明堂，奉遷世祖專配感帝。此卽聖朝故事已有遞遷之典，取法宗廟，古之制焉。

伏惟太祖景皇帝構室有周，建絕代之丕業；啟祚汾、晉，創歷聖之洪基。德邁發生，道符立極。又世祖元皇帝潛鱗韞慶，屈道事周，導濬發之靈源，肇光宅之垂裕。稱祖清廟，萬代不遷。請停配祀，以符古義。伏惟高祖太武皇帝躬受天命，奄有神州，創制改物，體元居正，爲國始祖，抑有舊章。昔者炎漢高帝，當塗太祖，皆以受命，例並配天。請遵故實，奉祀高祖於圓丘，以配昊天上帝。伏惟太宗文皇帝道格上元，功淸下瀆，拯率土之塗炭，協大造於生靈，請準詔書，宗祀於明堂，以配上帝。又請依武德故事，兼配感帝作主。斯乃二祖德隆，永不遷廟；兩聖功大，各得配天。遠協孝經，近申詔意。

二年七月，禮部尚書許敬宗與禮官等又奏議：

據祠令及新禮，並用鄭玄六天之議，圓丘祀昊天上帝，南郊祭太微感帝，明堂祭太微五帝。謹按鄭玄此義，唯據緯書，所說六天，皆謂星象，而昊天上帝，不屬穹蒼。故注月令及周官，皆謂圓丘所祭昊天上帝爲北辰星曜魄寶。又說孝經「郊祀后稷以配天」及明堂嚴父配天，皆爲太微五帝。考其所說，舛謬特深。按周易云：「日月麗於天，百穀草木麗於地。」又云：「在天成象，在地成形。」足明辰象非天，草木非地。毛詩傳云：「元氣昊大，則稱昊天。遠視蒼蒼，則稱蒼天。」此則蒼昊爲體，不入星辰之例。且天地各一，是曰兩儀。天尚無二，焉得有六？是以王肅羣儒，咸駮此義〔九〕。又檢太史圓丘圖，昊天上帝座外，別有北辰座，與鄭義不同。得太史令李淳風等狀，昊天上帝圖位自在壇上，北辰自在第二等，與北斗並列，爲星官內座之首，不同鄭玄據緯書所說。此乃羲和所掌，觀象制圖，推步有徵，相沿不謬。

又按史記天官書等，太微宮有五帝者，自是五精之神，五星所奉。以其是人主之象，故況之曰帝。亦如房心爲天王之象，豈是天乎！周禮云：「兆五帝於四郊。」又云：「祀五帝則掌百官之誓戒。」惟稱五帝，皆不言天。此自太微之神〔一〇〕，本非穹昊之祭。又孝經惟云「郊祀后稷」，無別祀圓丘之文。王肅等以爲郊卽圓丘，圓丘卽郊，猶王城、京師，異名同實。符合經典，其義甚明。而今從鄭說，分爲兩祭，圓丘之外，別有南郊，違棄正經，理深未允。且檢吏部式，惟有南郊陪位，更不別載圓丘。式文既遵王肅，祠令仍行鄭義，令、式相乖，理宜改革。

又孝經云「嚴父莫大於配天」，下文卽云：「周公宗祀文王於明堂，以配上帝。」則是明堂所祀〔一一〕，正在配天，而以爲但祭星官，反違明義。又按月令：「孟春之月，祈穀於上帝。」左傳亦云：「凡祀，啓蟄而郊，郊而後耕。故郊祀后稷，以祈農事。」然則啓蟄郊天，自以祈穀，謂爲感帝之祭，事甚不經。今請憲章姬、孔，考取王、鄭，四郊迎氣，存太微五帝之祀；南郊明堂，廢緯書六天之義。其方丘祭地之外，別有神州，謂之北郊，分地爲二，既無典據，理又不通，亦請合爲一祀，以符古義。仍並條附式令，永垂後則。

敬宗等又議籩、豆之數曰：「按今光祿式，祭天地、日月、岳鎮、海瀆、先蠶等，籩、豆各四。祭宗廟，籩、豆各十二。祭社稷、先農等，籩、豆各九。祭風師、雨師，籩、豆各二。尋此式文，事深乖謬。社稷多於天地，似不貴多。風雨少於日月，又不貴少。且先農、先蠶，俱爲中祭，或六或四，理不可通。又先農之神，尊於釋奠，籩、豆之數，先農乃少，理既差舛，難以因循。謹按禮記郊特牲云：『籩、豆之薦，水土之品，不敢用褻味而貴多品，所以交於神明之義也。』此卽祭祀籩、豆，以多爲貴。宗廟之數，不可踰郊。今請大祀同爲十二，中祀同爲十，小祀同爲八，釋奠準中祀。自餘從座，並請依舊式。」詔並可之，遂附于禮令。

乾封初，高宗東封迴，又詔依舊祀感帝及神州。司禮少常伯郝處俊等奏曰：

顯慶新禮，廢感帝之祀，改爲祈穀。昊天上帝，以高祖太武皇帝配。檢舊禮，感帝以世祖元皇帝配。今既奉敕依舊復祈穀爲感帝，以高祖太武皇帝配神州，又高祖依新禮見配圓丘昊天上帝及方丘皇地祇，若更配感帝神州，便恐有乖古禮。按禮記祭法云：「有虞氏禘黃帝而郊嚳，夏后氏亦禘黃帝而郊鯀，殷人禘嚳而郊冥，周人禘嚳而郊稷。」鄭玄注云：「禘謂祭昊天於圓丘也。祭上帝於南郊曰郊」〔三〕。又按三禮義宗云，「夏正郊天者，王者各祭所出帝於南郊」，卽大傳所謂「王者禘其祖之所自出，以其祖配之」

是也。此則禘須遠祖，郊須始祖。今若禘郊同用一祖，恐於典禮無所據。其神州十月祭者，十月以陰用事，故以此時祭之，依檢更無故實。按春秋「啓蟄而郊」，鄭玄注禮云：「三王之郊，一用夏正。」又三禮義宗云：「祭神州法，正月祀於北郊。」請依典禮，以正月祭者。請集奉常博士及司成博士等總議定奏聞。其靈臺、明堂，檢舊禮用鄭玄義，仍祭五方帝，新禮用王肅義。

又下詔依鄭玄義祭五天帝，其雩及明堂，並準敕祭祀。於是奉常博士陸遵楷、張統師、權無二、許子儒等議稱：「北郊之月，古無明文。漢光武正月辛未，始建北郊。咸和中議，北郊同用正月，然皆無指據。武德來禮令即用十月，爲是陰用事，故於時祭之。請依舊十月致祭。」

乾封二年十二月，詔曰：

夫受命承天，崇至敬於明祀；膺圖纂籙，昭大孝於嚴配。是以薦鰷鱨於淸廟，集振鷺於西雍，宣雅頌於太師，明肅恭於考室。用能紀配天之盛業，嗣積德之鴻休，永播英聲，長爲稱首。周京道喪，秦室政乖，禮樂淪亡，典經殘滅。遂使漢朝博士，空說六宗之文；晉代鴻儒，爭陳七祀之議。或同昊天於五帝，分感帝於五行。自茲以降，遞相祖述，異論紛紜，是非莫定。

朕以寡薄，嗣膺丕緒，肅承禋祀，明發載懷，虔奉宗祧，寤寐興感。每惟宗廟之重，尊配之儀，思革舊章，以申誠敬。高祖太武皇帝撫運膺期，創業垂統，拯庶類於塗炭，寘懷生於仁壽。太宗文皇帝德光齊聖，道極幾神，執銳被堅，櫛風沐雨，勞形以安百姓，屈己而濟四方，澤被區中，恩覃海外。乾坤所以交泰，品物於是咸亨。掩玄闕而開疆，指青丘而作鎮。巍巍蕩蕩，無得名焉。禮曰：「化人之道，莫急於禮。禮有五經，莫重於祭。祭者，非物自外至也，自內生於心也。是以惟賢者乃能盡祭之義。」況祖功宗德，道冠百王；盡聖窮神，業高千古。自今以後，祭圓丘、五方、明堂、感帝、神州等祠，高祖太武皇帝、太宗文皇帝崇配，仍總祭昊天上帝及五帝於明堂。庶因心致敬，獲展虔誠，宗祀配天，永光鴻烈。

儀鳳二年七月，太常少卿韋萬石奏曰：「明堂大享，准古禮鄭玄義〔一三〕，祀五天帝，王肅義，祀五行帝。貞觀禮依鄭玄義祀五天帝，顯慶已來新修禮祀昊天上帝。奉乾封二年敕祀五帝，又奉制兼祀昊天上帝。伏奉上元三年三月敕，五禮並依貞觀年禮為定。又奉去年敕，並依周禮行事。今用樂須定所祀之神，未審依古禮及貞觀禮，為復依見行之禮？」時高宗及宰臣並不能斷，依違久而不決。尋又詔尚書省及學者詳議，事仍不定。自此明堂大享，兼用貞觀、顯慶二禮。

則天臨朝，垂拱元年七月，有司議圓丘、方丘及南郊、明堂嚴配之禮。成均助教孔玄義奏議曰：

謹按孝經云：「孝莫大於嚴父，嚴父莫大於配天。」明配尊大，昊天是也。物之大者，莫若於天，推父比天，與之相配，行孝之大，莫過於此，以明尊配之極也。又易云：「先王以作樂崇德，殷薦之上帝，以配祖考。」鄭玄注：「上帝，天帝也。」故知昊天之祭，合祖考並配。請奉太宗文武聖皇帝、高宗天皇大帝配昊天上帝於圓丘，義符孝經、周易之文也。神堯皇帝肇基王業，應天順人，請配感帝於南郊，義符大傳之文。又祭法云：「祖文王而宗武王。」祖，始也；宗，尊也。所以名祭爲尊始者，明一祭之中，有此二義。又孝經云：「宗祀文王於明堂。」文王言祖，而云宗者，亦是通武王之義。故明堂之祭，配以祖考。請奉太宗文武聖皇帝、高宗天皇大帝配祭於明堂，義符周易及祭法之文也。

太子右諭德沈伯儀曰：

謹按禮：「有虞氏禘黃帝而郊嚳，祖顓頊而宗堯。夏后氏禘黃帝而郊鯀，祖顓頊而宗禹。殷人禘嚳而郊冥，祖契而宗湯。周人禘嚳而郊稷，祖文王而宗武王。」鄭玄注云：「禘、郊、祖、宗，謂祭祀以配食也。禘謂祭昊天於圓丘，祭上帝於南郊曰郊，祭五帝、五神於明堂曰祖、宗。」伏尋嚴配之文，於此最爲詳備。虞、夏則退顓頊而郊嚳，殷人則捨契而郊冥。去取既多，前後乖次。得禮之序，莫尙於周。禘嚳郊稷，不聞於二王；明堂宗祀，始兼於兩配。咸以文王、武王父子殊別〔四〕，文王爲父，上主五帝；武王對父，下配五神。孝經曰：「嚴父莫大於配天，則周公其人也。昔者周公宗祀文王於明堂，以配上帝。」不言嚴武王以配天〔五〕，則武王雖在明堂，理未齊於配祭；既稱宗祀，義獨主於尊嚴。雖同兩祭，終爲一主。故孝經緯曰「后稷爲天地主，文王爲五帝宗」也。必若一神兩祭便，則五祭十祠，薦獻頻繁，禮虧於數。此則神無二主之道，禮崇一配之義。竊尋貞觀、永徽，共尊專配；顯慶之後，始創兼尊。必以順古而行，實謂從周爲美。高祖神堯皇帝請配圓丘、方澤，太宗文武聖皇帝請配南郊、北郊。高宗天皇大帝德邁九皇，功開萬宇，制禮作樂，告禪升中，率土共休，普天同賴，竊惟莫大之孝，理當總配五天。

鳳閣舍人元萬頃、范履冰等議曰：

伏惟高祖神堯皇帝鑿乾構象，闢土開基。太宗文武聖皇帝紹統披元，循機闡極。高宗天皇大帝弘祖宗之大業，廓文武之宏規。三聖重光，千年接旦。神功叡德，罄圖牒而難稱；盛烈鴻猷，超古今而莫擬。豈徒錙銖堯、舜，糠粃殷、周而已哉！謹案見行禮，昊天上帝等祠五所，咸奉高祖神堯皇帝、太宗文武聖皇帝兼配。今議者引祭法、周易、孝經之文，雖近稽古之辭，殊失因心之旨。但子之事父，臣之事君，孝以成志，忠而順美。竊以兼配之禮，特稟先聖之懷，爰取訓於前規，遂申情於大孝。詩云：「昊天有成命，二后受之。」易曰：「殷薦之上帝，以配祖考。」敬尋厥旨，本合斯義。今若遠摭遺文，近乖成典，拘常不變，守滯莫通，便是臣黜於君，遽易郊丘之位，下非於上，靡遵弓劍之心。豈所以申太后哀感之誠，徇皇帝孝思之德！愼終追遠，良謂非宜。嚴父配天，寧當若是？伏據見行禮，高祖神堯皇帝、太宗文武聖皇帝，今既先配五祠，理當依舊無改。高宗天皇大帝齊尊曜魄，等邃含樞，闡三葉之宏基，開萬代之鴻業。重規疊矩，在功烈而無差；享帝郊天，豈祀配之有別。請奉高宗天皇大帝歷配五祠。制從萬頃議。自是郊丘諸祠皆以三祖配。

及則天革命，天册萬歲元年，加號爲天册金輪大聖皇帝，親享南郊，合祭天地。以武氏始祖周文王追尊爲始祖文皇帝，后考應國公追尊爲無上孝明高皇帝，亦以二祖同配，如乾封之禮。其後長安年，又親享南郊，合祭天地及諸郊丘，並以配焉。

中宗卽位，神龍元年九月，親享昊天上帝于東都之明堂，以高宗天皇大帝崇配，其儀亦依乾封故事。至景龍三年十一月，親祀南郊，初將定儀注，國子祭酒祝欽明希旨上言后亦合助祭，遂奏議曰：「謹按周禮：『天神曰祀，地祇曰祭，宗廟曰享。』又內司服：『職掌王后之六服，凡祭祀，供后之衣服。』又祭統曰：『夫祭也者，必夫婦親之。』據此諸文，卽知皇后合助皇帝祀天神祭地祇明矣。望請別修助祭儀注同進。」上令宰相與禮官議詳其事。太常博士唐紹、蔣欽緒建議云：「皇后南郊助祭，於禮不合。但欽明所執，是祭宗廟禮，非祭天地禮。按漢、魏、晉、宋及後魏、齊、梁、隋等歷代史籍，興王令主，郊天祀地，代有其禮，史不闕書，並不見皇后助祭之事。又高祖神堯皇帝、太宗文武聖皇帝、高宗天皇大帝南郊祀天，並無皇后助祭之禮。」尙書右僕射韋巨源又協同欽明之議，上遂以皇后爲亞獻，仍補大臣李嶠等女爲齋娘，執籩豆焉。

時十一月十三日乙丑冬至，陰陽人盧雅、侯藝等奏請促冬至就十二日甲子以爲吉會。時右臺侍御史唐紹奏曰：「禮所以冬至祀圓丘於南郊，夏至祭方澤於北郊者，以其日行躔次，極於南北之際也。日北極當晷度循半，日南極當晷度環周。是日一陽爻生，爲天地交際之始。故易曰：『復，其見天地之心乎！』卽冬至卦象也。一歲之內，吉莫大焉。甲子但爲六旬之首，一年之內，隔月常遇，既非大會，晷運未周，唯總六甲之辰，助四時而成歲。今欲避環周以取甲子，是背大吉而就小吉也。」太史令傅孝忠奏曰：「準漏刻經〔一六〕，南陸北陸並日校一分，若用十二日，卽欠一分。未南極，卽不得爲至。」上曰：「俗諺云，『冬至長於歲』，亦不可改。」竟依紹議以十三日乙丑祀圓丘。

睿宗太極元年正月，初將有事南郊，有司立議，惟祭昊天上帝而不設皇地祇位。諫議大夫賈曾上表曰：

微臣詳據典禮，謂宜天地合祭。謹按禮祭法曰：「有虞氏禘黃帝而郊嚳，夏后氏禘黃帝而郊鯀。」傳曰：「大祭曰禘。」然則郊之與廟，俱有禘祭。禘廟，則祖宗之主俱合於太祖之廟；禘郊，則地祇羣望俱合於圓丘，以始祖配享。皆有事而大祭，異於常祀之義。禮大傳曰：「不王不禘。」故知王者受命，必行禘禮。虞書曰：「月正元日，舜格于文祖，肆類于上帝，禋于六宗，望于山川，徧于羣神。」此則受命而行禘禮者也。言「格于文祖」，則餘廟之享可知矣。言「類于上帝」，則地祇之合可知矣。且山川之祀，皆屬于地，羣望尙徧，況地祇乎！周官「以六律、六呂、五聲、八音、六舞、大合樂，以致神祇，以和邦國，以諧萬人」。又「凡六樂者，六變而致象物及天神」，此則禘郊合天神、地祇、人鬼而祭之樂也。

三輔故事漢祭圓丘儀：昊天上帝位正南面，后土位兆亦南面而少東。又東觀漢記云：「光武卽位，爲壇於鄗之陽，祭告天地，採用元始故事。二年正月，於洛陽城南依鄗爲圓壇，天地位其上，皆南向西上。」按兩漢時自有后土及北郊祀，而此已於圓丘設地位，明是禘祭之儀。又春秋說云：「王者一歲七祭，天地合食於四孟，別於分、至。」此復天地自常有同祭之義。王肅云：「孔子言兆圓丘於南郊，南郊卽圓丘，圓丘卽南郊也。」又云：「祭天而地配。」此亦郊祀合祭之明說。惟鄭康成不論禘當合祭，而分昊天上帝爲二神，專憑緯文，事匪經見。又其注大傳「不王不禘」義，則云：「正歲之首，祭感帝之精，以其祖配。」注周官大司樂圓丘，則引大傳之禘以爲多至之祭〔七〕。遞相矛盾，未足可依。

伏惟陛下膺籙居尊，繼文在曆，自臨宸極，未親郊祭。今之南郊，正當禘禮，固宜合祀天地，咸秩百神，答受命之符，彰致敬之道。豈可不崇盛禮，同彼常郊，使地祇無位，未從禘享！今請備設皇地祇幷從祀等座，則禮得稽古，義合緣情。然郊丘之祀，國之大事，或失其情，精禋將闕。臣術不通經，識慚博古，徒以昔謬禮職，今忝諫曹，正議是司，敢陳忠讜。事有可採，惟斷之聖慮。

制令宰臣召禮官詳議可否。禮官國子祭酒褚无量、國子司業郭山惲等咸請依曾所奏。時又將親享北郊，竟寢曾之表。

玄宗卽位，開元十一年十一月，親享圓丘。時中書令張說爲禮儀使，衞尉少卿韋縚爲副，說建議請以高祖神堯皇帝配祭，始罷三祖同配之禮。

至二十年，蕭嵩爲中書令，改撰新禮。祀天一歲有四，祀地有二。冬至，祀昊天上帝於圓丘，高祖神堯皇帝配，中官加爲一百五十九座，外官減爲一百四座。其昊天上帝及配帝二座，每座籩、豆各用十二，簠、簋、甑、俎各一。上帝則太罇、著罇、犧罇、象罇、壺罇各二，山罍六。配帝則不設太罇及壺罇，減山罍之四，餘同上帝。五方帝座則籩、豆各十，簠、簋、甑、俎各一，太罇二。大明、夜明，籩、豆各八，餘同五方帝。內官每座籩、豆二，簠、俎各一。內官已上設罇於十二階之間。內官每道間著罇二，中官犧罇二，外官著罇二，衆星壺罇二。正月上辛，祈穀，祀昊天上帝於圓丘，以高祖配，五方帝從祀。其上帝、配帝，籩、豆等同冬至之數。五方帝，太罇、著罇、犧罇、山罍各一，籩、豆等亦同冬至之數。孟夏，雩祀昊天上帝於圓丘，以太宗配，五方帝及太昊等五帝、勾芒等五官從祀。其上帝、配帝、五方帝，籩、豆各八，簠、簋、甑、俎各一。五官每座籩、豆各二，簠、簋及俎各一。季秋，大享于明堂，祀昊天上帝，以睿宗配，其五方帝、五人帝、五官從祀。籩、豆之數，同于雩祀。夏至，禮皇地祇于方丘，以高祖配，其從祀神州已下六十八座，同貞觀之禮。地祇、配帝，籩、豆如圓丘之數。神州，籩、豆各四，簠、簋、甑、俎各一。五岳、四鎮、四海、四瀆、五方、山林、川澤等三十七座，每座籩、豆各二，簠、簋各一。五方五帝、丘陵、墳衍、原隰等三十座，籩、豆、簠、簋、甑、俎各一。立冬，祭神州于北郊，以太宗配。二座籩、豆各十二，簠、簋、甑、俎各一。自冬至圓丘已下，餘同貞觀之禮。

時起居舍人王仲丘既掌知修撰，乃建議曰：

按貞觀禮，正月上辛，祀感帝於南郊，顯慶禮，祀昊天上帝於圜丘以祈穀。左傳曰：「郊而後耕。」詩曰：「噫嘻，春夏祈穀于上帝。」禮記亦曰：「上辛祈穀于上帝。」則祈穀之文，傳於歷代，上帝之號，允屬昊天。而鄭康成云：「天之五帝遞王，王者之興，必感其一，因其所感，別祭尊之。故夏正之月，祭其所生之帝於南郊，以其祖配之。故周祭靈威仰，以后稷配之，因以祈穀。」據所說祀感帝之意，本非祈穀。先儒所說，事恐難憑。今祈穀之禮，請準禮修之。且感帝之祀，行之自久。記曰：「有其舉之，莫可廢也。」請於祈穀之壇，遍祭五方帝。夫五帝者，五行之精。五行者，九穀之宗也。今請二禮並行，六神咸祀。

又按貞觀禮，孟夏雩祀五方上帝、五人帝、五官於南郊，顯慶禮，則雩祀昊天上帝於圓丘。且雩祀上帝，蓋爲百穀祈甘雨。故月令云：「命有司大雩帝，用盛樂，以祈穀實。」鄭玄云：「雩上帝者，天之別號，允屬昊天，祀於圓丘，尊天位也。」然雩祀五帝既久，亦請二禮並行，以成大雩帝之義。

又貞觀禮，季秋祀五方帝、五官於明堂，顯慶禮，祀昊天上帝於明堂。準孝經曰：「郊祀后稷以配天，宗祀文王於明堂，以配上帝。」先儒以爲天是感精之帝，即太微五帝，此卽皆是星辰之例。且上帝之號，皆屬昊天，鄭玄所引，皆云五帝。周禮曰：「王將旅上帝，張氈案，設皇邸。祀五帝，張大次小次。」由此言之，上帝之與五帝，自有差等，豈可混而爲一乎！孝經云：「嚴父莫大於配天。」其下文卽云：「宗祀文王於明堂，以配上帝。」鄭玄注云：「上帝者，天之別名。神無二主，故異其處。」孔安國云：「帝，亦天也。」然則禋享上帝，有合經義。而五方皆祀，行之已久，有其擧之，難於卽廢。亦請二禮並行，以成月令大享帝之義。

天寶十載五月已前，郊祭天地，以高祖神堯皇帝配座，故將祭郊廟，告高祖神堯皇帝室。寶應元年，杜鴻漸爲太常卿禮儀使，員外郎薛頎、歸崇敬等議：以神堯爲受命之主，非始封之君，不得爲太祖以配天地。太祖景皇帝始受封於唐，卽殷之契，周之后稷也。請以太祖景皇帝郊祀配天地，告請宗廟，亦太祖景皇帝酌獻。諫議大夫黎幹議，以太祖景皇帝非受命之君，不合配享天地。二年五月，幹進議狀爲十詰十難，曰：

集賢校理潤州別駕歸崇敬議狀及禮儀使判官水部員外郎薛頎等稱：禘謂冬至祭天於圓丘，周人則以遠祖帝嚳配，今欲以景皇帝爲始祖，配昊天於圓丘。

臣幹詰曰：國語曰：「有虞氏、夏后氏俱禘黃帝，商人禘舜，周人禘嚳。」俱不言祭昊天於圓丘，一也。詩商頌曰：「長發，大禘也。」又不言祭昊天於圓丘，二也。詩周頌曰：

「雍，禘太祖也。」又不言祭昊天於圓丘，三也。禮記祭法曰：「有虞氏、夏后氏俱禘黃帝，殷人、周人俱禘嚳。」又不言祭昊天於圓丘，四也。禮記大傳曰：「不王不禘。王者禘其祖之所自出，以其祖配之。」又不言祭昊天於圓丘，五也。爾雅釋天曰：「禘，大祭也。」又不言祭昊天於圓丘，六也。家語云：「凡四代帝王之所郊，皆以配天也。其所謂禘者，皆五年大祭也。」又不言祭昊天於圓丘，七也。盧植云：「禘，祭名。禘者諦也，事尊明諦，故曰禘。」又不言祭昊天於圓丘，八也。王肅云：「禘謂於五年大祭之時。」又不言祭昊天於圓丘，九也。郭璞云：「禘，五年之大祭。」又不言祭昊天於圓丘，十也。

臣幹謂禘是五年宗廟之大祭，詩禮經傳，文義昭然。今略舉十詰以明之。臣惟見禮記祭法及禮記大傳、商頌長發等三處鄭玄注，或稱祭昊天，或云祭靈威仰。臣精詳典籍，更無以禘為祭昊天於圓丘及郊祭天者。審如禘是祭之最大，則孔子說孝經為萬代百王法，稱周公大孝，何不言禘祀帝嚳於圓丘以配天，而反言「郊祀后稷以配天」？是以五經俱無其說，聖人所以不言。輕議大典，亦何容易。猶恐不悟，今更作十難。

其一難曰：周頌：「雍，禘祭太祖也。」鄭玄箋云：「禘，大祭。太祖，文王也。」商頌云：「長發，大禘也。」玄又箋云：「大禘，祭天也。」夫商、周之頌，其文互說。或云禘太祖，或云大禘，俱是五年宗廟之大祭，詳覽典籍，更無異同。惟鄭玄箋長發，乃稱是郊祭天。詳玄之意，因此商頌禘如大傳云大祭〔二八〕，如春秋「大事于太廟」，爾雅「禘大祭」，雖云大祭，亦是宗廟之祭，可得便稱祭天乎？若如所說，大禘卽云郊祭天，稱禘卽是祭宗廟。又祭法說虞、夏、商、周禘黃帝與嚳，大傳「不王不禘」，禘上俱無大字，玄何因復稱祭天乎？又長發文亦不歌嚳與感生帝，故知長發之禘，而非禘嚳及郊祭天明矣。殷、周五帝之大祭〔二九〕，羣經衆史及鴻儒碩學，自古立言著論，序之詳矣，俱無以禘爲祭天。何棄周、孔之法言，獨取康成之小注，便欲違經非聖，誣亂祀典，謬哉！

其二難曰：大傳稱「禮，不王不禘，王者禘其祖之所自出，以其祖配之，諸侯及其太祖」者，此說王者則當禘。其謂祭法，虞、夏、殷、周禘黃帝及嚳，「不王則不禘，所當禘其祖之所自出」，謂虞、夏出黃帝，殷、周出帝嚳，以近祖配而祭之。自出之祖，既無宗廟，卽是自外至者，故同之天地神祇，以祖配而祀之。自出之說，非但於父，在母亦然。左傳子產云：「陳則我周之自出。」此可得稱出於太微五帝乎？故曰「不王不禘，王者禘其祖之所自出，以其祖配之」，此之謂也〔三〇〕。及諸侯之禘，則降於王者，不得祭自出之祖，只及太祖而已。故曰「諸侯及其太祖」，此之謂也。鄭玄錯亂，分禘爲三：注祭法云「禘謂祭昊天於圓丘」，一也。注大傳稱「郊祭天〔三一〕，以后稷配靈威仰」，箋商頌又稱「郊祭天」，二也。注周頌云「禘大祭，大於四時之祭，而小於祫，太祖謂文王」，三也。禘是一祭，玄析之爲三，顚倒錯亂，皆率胸臆，曾無典據，何足可憑。

其三難曰：虞、夏、殷、周已前，禘祖之所自出，其義昭然。自漢、魏、晉已還千餘歲，其禮遂闕。又鄭玄所說，其言不經，先儒棄之，未曾行用。愚以爲錯亂之義，廢棄之注，不足以正大典。

其四難曰：所稱今三禮行於代者，皆是鄭玄之學，請據鄭學以明之。曰雖云據鄭學〔三〕，今欲以景皇帝爲始祖之廟以配天，復與鄭義相乖。何者？王制云：「天子七廟。」玄云：「此周禮也。」七廟者，太祖及文、武之祧與親廟四也。殷則六廟，契及湯與二昭二穆也。據鄭學，夏不以鯀及顓頊、昌意爲始祖，昭然可知也。而欲引稷、契爲例，其義又異是。爰稽邃古洎今，無以人臣爲始祖者，惟殷以契，周以稷。夫稷、契者，皆天子元妃之子，感神而生。昔帝嚳次妃簡狄，有娀氏之女，吞玄鳥之卵，因生契。契長而佐禹治水，有大功。舜乃命契作司徒，百姓既和，遂封於商。故詩曰：「天命玄鳥，降而生商，宅殷土芒芒。」此之謂也。后稷者，其母有邰氏之女曰姜嫄，爲帝嚳妃，出野履巨跡，歆然有孕，生稷。稷長而勤於稼穡，堯聞，舉爲農師，天下得其利，有大功，舜封於邰，號曰后稷。唐、虞、夏之際，皆有令德。故詩曰：「履帝武敏歆，居然生子，即有邰家室。」此之謂也。舜、禹有天下，稷、契在其間，量功比德，抑其次也。舜授職，則播百穀，敷五教。禹讓功，則平水土，宅百揆。故國語曰：「聖人之制祀也，功施於人則祀之，以死勤事則祀之。」契爲司徒而人輯睦，稷勤百穀而死，皆居前代祀典，子孫有天下，得不尊而祖之乎？

其五難曰：既遵鄭說，小德配寡，遂以后稷只配一帝，尙不得全配五帝。今以景皇帝特配昊天，於鄭義可乎？

其六難曰：衆難臣云：上帝與五帝，一也。所引春官：祀天旅上帝，祀地旅四望。旅訓衆，則上帝是五帝。臣曰，不然。旅雖訓衆，出於爾雅，及爲祭名，春官訓陳，注有明文。若如所言，旅上帝便成五帝，則季氏旅於泰山，可得便是四鎭耶？

其七難曰：所云據鄭學，則景皇帝親盡，廟主合祧，卻欲配祭天地，錯亂祖宗。夫始祖者，經綸草昧，體大則天，所以正元氣廣大，萬物之宗尊，以長至陽氣萌動之始日，俱祀於南郊也。夫萬物之始，天也。人之始，祖也。日之始，至也。掃地而祭，質也。器用陶匏，性也。牲用犢，誠也。兆於南郊，就陽位也。至尊至質，不敢同於先祖，禮也。故白虎通曰：「祭天歲一，何？天至尊至質，事之不敢褻黷，故因歲之陽氣始達而祭之。」今國家一歲四祭之，黷莫大焉。上帝、五帝，其祀遂闕，怠亦甚矣。黷與怠，皆禮之失，不可不知。夫親有限，祖有常，聖人制禮，君子不以情變易。國家重光累聖，歷祀百數，豈不知景皇帝始封于唐。當時通儒議功度德，尊神堯克配彼天，宗太宗以配上帝。神有定主，爲日已久。今欲黜神堯配含樞紐，以太宗配上帝，則紫微五精，上帝佐也，以子先父，豈禮意乎！非止神祇錯位，亦以祖宗乖序，何以上稱皇天祖宗之意哉！若夫神堯之功，太宗之德，格于皇天上帝，臣以爲郊祀宗祀，無以加焉。

其八難曰：欲以景皇帝爲始祖，既非造我區宇，經綸草昧之主，故非夏始祖禹、殷始祖契、周始祖稷、漢始祖高帝、魏始祖武皇帝、晉始祖宣帝、國家始祖神堯皇帝同功比德，而忽升于宗祀圜丘之上，爲昊天匹，曾謂圜丘不如林放乎？

其九難曰：昨所言魏文帝丕以武帝操爲始祖，晉武帝炎以宣帝懿爲始祖者。夫孟德、仲達者，皆人傑也。擁天下之強兵，挾漢、魏之微主，專制海內，令行草偃，服衮冕，陳軒懸，天子決事於私第，公卿列拜於道左，名雖爲臣，勢實凌君。後主因之而業帝，前王由之而禪代，子孫尊而祖之，不亦可乎？

其十難曰：所引商、周、魏、晉，既不當矣，則景皇帝不爲始祖明矣。我神堯拔出羣雄之中，廓清隋室，拯生人於塗炭，則夏禹之勳不足多；成帝業於數年之間，則漢祖之功不足比。夏以大禹爲始祖，漢以高帝爲始祖，則我唐以神堯爲始祖，法夏則漢，於義何嫌？今欲革皇天之祀，易太祖之廟，事之大者，莫大於斯，曾無按據，一何寡陋，不愧于心，不畏于天乎！

以前奉詔，令諸司各據禮經定議者。臣幹忝竊朝列，官以諫爲名，以直見知，以學見達，不敢不罄竭以裨萬一。昨十四日，具以議狀呈宰相，宰相令朝臣與臣論難。所難臣者，以臣所見獨異，莫不騰辭飛辯，競欲碎臣理，鉗臣口。剖析毫釐，分別異同，序墳典之凝滯，指子傳之乖謬，事皆歸根，觸物不礙。但臣言有宗爾，豈辯者之流也。又歸崇敬、薛頎等援引鄭學，欲蕪祀典，臣爲明辯，迷而不復。臣輒作十詰十難，援據墳籍，昭然可知。庶郊禘事得其眞，嚴配不失其序，皇靈降祉，天下蒙賴。臣亦何顧不蹈鼎鑊？謹敢聞達，伏增悚越。

議奏，不報。

至二年春夏旱。言事者云：太祖景皇帝追封於唐，高祖實受命之祖，百神受職，合依高祖。今不得配享天地，所以神不降福，以致愆陽。代宗疑之，詔百僚會議。太常博士獨孤及獻議曰：

禮，王者禘其祖之所自出，以其祖配之。凡受命始封之君，皆爲太祖。繼太祖已下六廟，則以親盡迭毀。而太祖之廟，雖百代不遷。此五帝、三王所以尊祖敬宗也。故受命于神宗，禹也，而夏后氏祖顓頊而郊鯀。纘禹黜夏，湯也，而殷人郊冥而祖契。革命作周，武王也，而周人郊稷而祖文王。則明自古必以首封之君，配昊天上帝。唯漢氏崛起豐沛，豐公太公，皆無位無功，不可以爲祖宗，故漢以高皇帝爲太祖，其先細微也。非足爲後代法。

伏惟太祖景皇帝以柱國之任，翼周弼魏，肇啓王業，建封于唐。高祖因之，以爲有天下之號，天所命也。亦如契之封商，后稷之封邰。禘郊祖宗之位，宜在百代不遷之典。郊祀太祖，宗祀高祖，猶周之祖文王而宗武王也。今若以高祖創業，當躋其祀，是棄三代之令典，尊漢氏之末制，黜景皇帝之大業，同豐公太公之不祀，反古違道，失孰大焉？夫追尊景皇，廟號太祖，高祖、太宗所以崇尊之禮也。若配天之位既異，則太祖之號宜廢，祀之不修，廟亦當毀。尊祖報本之道，其墜于地乎！漢制，擅議宗廟，以大不敬論。今武德、貞觀憲章未改，國家方將敬祀事，和神人，禘郊之間，恐非所宜。臣謹稽禮文，參諸往制，請仍舊典。

竟依歸崇敬等議，以太祖配享天地。

廣德二年正月十六日，禮儀使杜鴻漸奏：「郊、太廟，大禮，其祝文自今已後，請依唐禮，板上墨書。其玉簡金字者，一切停廢。如允臣所奏，望編爲常式。」敕曰：「宜行用竹簡。」

貞元元年十一月十一日，德宗親祀南郊。有司進圖，敕付禮官詳酌。博士柳冕奏曰：

「開元定禮，垂之不刊。天寶改作，起自權制。此皆方士謬妄之說，非禮典之文，請一準開元禮。」從之。

其年十月二十七日，詔：「郊祀之義，本於至誠。制禮定名，合從事實，使名實相副，則尊卑有倫。五方配帝，上古哲王，道濟烝人，禮著明祀。論善計功，則朕德不類，統天御極，朕位攸同。而於祝文稱臣以祭，既無益於誠敬，徒有瀆於等威。前京兆府司錄參軍高佩上疏陳請，其理精詳。朕重變舊儀，訪于卿士，申明大義，是用釋然。宜從改正，以敦至禮。自今已後，祀五方配帝祝文，並不須稱臣。其餘禮數如舊。」

六年十一月八日，有事于南郊。詔以皇太子爲亞獻，親王爲終獻。上問禮官：「亞獻、終獻合受誓誡否？」吏部郎中柳冕曰：「準開元禮，獻官前七日於內受誓誡。辭云：『各揚其職，不供其事，國有常刑。』今以皇太子爲亞獻，請改舊辭，云『各揚其職，肅奉常儀』。」從之。

十五年四月，術士匡彭祖上言：「大唐土德，千年合符，請每於四季月郊祀天地。」詔禮官儒者議。歸崇敬曰：「準禮，立春日迎春於東郊，祭青帝。立夏日迎夏於南郊，祭赤帝。立秋後十八日〔三〕，迎黃靈於中地，祭黃帝。秋、冬各於其方。黃帝於五行爲土，王在四季，土生於火，用事於木，而祭於秋〔四〕，三季則否。漢、魏、周、隋，共行此禮。國家土德乘時，亦以每歲六月土王之日，祀黃帝於南郊，以后土配，合於典禮。彭祖憑候緯之說，據陰陽之書，事涉不經，恐難行用。」乃寢。

元和十五年十二月，將有事於南郊。穆宗問禮官：「南郊卜日否？」禮院奏：「伏準禮令，祠祭皆卜。自天寶已後，凡欲郊祀，必先朝太清宮，次日饗太廟，又次日祀南郊。相循至今，並不卜日。」從之。及明年正月，南郊禮畢，有司不設御榻，上立受羣臣慶賀。及御樓仗退，百僚復不於樓前賀，乃受賀於興慶宮。二者闕禮，有司之過也。

校勘記

〔一〕修江都集禮　「集禮」各本原作「禮集」，據本書卷四六經籍志、新書卷五八藝文志改。

〔二〕五人帝五地祇　各本「人帝」上「五」字原無，「祇」字原作「極」，據通典卷四四、唐會要卷三七補改。

〔三〕皆周隋所闕　「隋」字各本原無，據唐會要卷三七補。

〔四〕右丞相張說奏曰　「相」字各本原無，據唐會要卷三七、册府卷五六四補。張森楷校勘記云：「丞下當有相字，說傳及宰相表可證。說於景雲中爲左丞，未嘗爲右丞也。」

〔五〕內五星已下官　文字似有舛誤。合鈔卷二五禮志作「內官五星以下」。大唐開元禮卷四作「五星十二辰河漢及內官五十五座」。

〔六〕祀五方上帝於明堂　「方」字下各本原有「天」字，通典卷四四、合鈔卷二五禮志均無，校勘記卷一一引閣本考證謂「天」字衍，據刪。

〔七〕宗祀明堂必配天帝而伏羲五代本配五郊　「天帝而伏羲五代本配」各本原無，據通典卷四四、唐會要卷一二、冊府卷五八六補。

〔八〕故春秋外傳曰　「外」「曰」，各本原無，據唐會要卷一二、英華卷七六四、冊府卷五八六補。

〔九〕咸駁此義　「義」字各本原作「議」，據通典卷四三、冊府卷五八五改。

〔一〇〕此自太微之神　「此自」，閣本作「自」，殿本、懼盈齋本、局本、廣本作「此」，據通典卷四三、合鈔卷二五禮志補。

〔一一〕則是明堂所祀　「則是」下各本原有「上帝即是」四字，據通典卷四三、冊府卷五八五刪。

〔一二〕禘謂祭昊天於圜丘也祭上帝於南郊曰郊　各本原作「禘謂祭上帝於南郊」，據禮記祭法鄭注原文補。

〔一三〕准古禮鄭玄義　「准」字各本原作「惟」，據唐會要卷一二、冊府卷五八六改。

〔一四〕文王武王　「武王」，各本原無，據通典卷四三及四四、冊府卷五八六補。

〔一五〕嚴武王　「嚴」字下各本原有「父」字，據通典卷四四、冊府卷五八六刪。

〔一六〕準漏刻經　「刻」字各本原無，據隋書卷三四經籍志、冊府卷五八七補。

〔二七〕則引大傳之禘　「之」字各本原作「五」，據冊府卷五八八改。

〔二八〕如大傳云大祭　冊府卷五九〇作「加大字便云祭天」，新書卷一四五黎幹傳作「加大因曰祭天」。

〔二九〕殷周五帝之大祭　校勘記卷一一云：「按五帝宜作五年。」

〔三〇〕此之謂也　「此之」，各本原無，據冊府卷五九〇補。

〔三一〕注大傳稱郊祭天　「大傳」，各本原作「左傳」，據禮記大傳鄭注改。

〔三二〕曰雖云據鄭學　「曰」字冊府卷五九〇作「議」。

〔三三〕立秋後十八日　聞本、殿本、懼盈齋本、廣本同，局本、本書卷一四九歸崇敬傳作「先立秋十八日」。按後漢書祭祀志中：「先立秋十八日，迎黃靈於中兆，祭黃帝后土。」大唐開元禮卷十六、十七均謂「季夏土王日祀黃帝於南郊」。

〔三四〕用事於木而祭於秋　本書卷一四九歸崇敬傳作「故火用事之末而祭之」。「火用事之末」指夏末，即指「先立秋十八日」。此條與上條均以歸崇敬傳爲是。

舊唐書卷二十二

志第二

禮儀二

隋文帝開皇中，將作大匠宇文愷依月令造明堂木樣以獻。帝令有司於京城安業里內規兆其地，方欲崇建，而諸儒爭論不定，竟議罷之。煬帝時，愷復獻明堂木樣并議狀，屬遷都興役，事又不就。終於隋代，季秋大享，恆在雩壇設祀。

高祖受禪，不遑創儀。太宗平定天下，命儒官議其制。貞觀五年，太子中允孔穎達以諸儒立議違古，上言曰：「臣伏尋前敕，依禮部尚書盧寬、國子助教劉伯莊等議〔一〕，以爲『從崑崙道上層祭天』。又尋後敕云：『爲左右閣道，登樓設祭。』臣檢六藝羣書百家諸史，皆名基上曰堂，樓上曰觀，未聞重樓之上而有堂名。孝經云：『宗祀文王於明堂。』不云明樓、明觀，其義一也。又明堂法天，聖王示儉，或有翦蒿爲柱，葺茅作蓋。雖復古今異制，不可恆然，猶依大典，惟在朴素。是以席惟稾秸，器尚陶匏，用繭栗以貴誠，服大裘以訓儉。今若飛樓架道，綺閣凌雲，考古之文，實堪疑慮。按郊祀志：漢武明堂之制，四面無壁，上覆以茅。祭五帝於上座，祀后土於下防。臣以上座正爲基上，下防惟是基下。旣云無四壁，未審伯莊以何知上層祭神〔二〕，下有五室？且漢武所爲，多用方士之說，違經背正，不可師祖。又盧寬等議云：『上層祭天，下堂布政，欲使人神位別，事不相干。』臣以古者敬重大事，與接神相似，是以朝覲祭祀〔三〕，皆在廟堂，豈有樓上祭祖，樓下視朝？閣道升樓，路便窄隘，乘輦則接神不敬〔四〕，步往則勞勸聖躬。侍衞在旁，百司供奉。求之典誥，全無此理。臣非敢固執愚見，以求己長。伏以國之大典，不可不愼。乞以臣言下羣臣詳議。」

侍中魏徵議曰：「稽諸古訓，參以舊圖，其上圓下方，複廟重屋，百慮一致，異軫同歸。洎當塗膺籙，未遑斯禮；典午聿興，無所取則。裴頠以諸儒持論，異端蜂起，是非舛互，靡所適從，遂乃以人廢言，止爲一殿。宋、齊卽仍其舊，梁、陳遵而不改。雖嚴配有所，祭享不匱，求之典則，道實未弘。夫孝因心生，禮緣情立。心不可極，故備物以表其誠；情無以盡，故飾宮以廣其敬。宣尼美意，其在茲乎！臣等親奉德音，令參大議，思竭塵露，微增山海。凡聖人有作，義重隨時，萬物斯覩，事資通變。若據蔡邕之說，則至理失於文繁；若依裴頠所爲，則又傷於質略。求之情理，未允厥中。今之所議，非無用捨。請爲五室重屋，上圓下方，既體有則象，又事多故實。下室備布政之居，上堂爲祭天之所，人神不雜，禮亦宜之。其高下廣袤之規，几筵尺丈之制，則並隨時立法，因事制宜。自我而作，何必師古。廓千載之疑議，爲百王之懿範。不使泰山之下，惟聞黃帝之法；汶水之上，獨稱漢武之圖。則通乎神明，庶幾可俟，子來經始，成之不日。」議猶未決。

十七年五月，秘書監顏師古議曰：

明堂之制，爰自古昔，求之簡牘，全文莫覩。始之黃帝，降及有虞，彌歷夏、殷，迄于周代，各立名號，別創規模。衆說舛駁，互執所見，巨儒碩學，莫有詳通，斐然成章，不知裁斷。究其指要，實布政之宮也。徒以戰國縱橫，典籍廢棄；暴秦酷烈，經禮湮亡。今之所存，傳記雜說，用爲準的，理實蕪昧。

然周書之敍明堂，紀其四面，則有應門、雉門，據此一堂〔五〕，固是王者之常居耳。其青陽、總章、玄堂、太廟及左个、右个，與四時之次相同，則路寢之義，足爲明證。又文王居明堂之篇：「帶以弓韣，祠于高禖。下九門磔禳以禦疾疫，置梁除道以利農夫，令國有酒以合三族。」凡此等事，皆合月令之文。觀其所爲，皆在路寢者也。戴禮：「昔周公朝諸侯于明堂之位，天子負斧扆南向而立。明堂也者，明諸侯之尊卑也。」周官又云〔六〕：「周人明堂，度九尺之筵，東西九筵，堂一筵〔七〕。」據其制度，卽大寢也。尸子亦曰〔八〕：

「黃帝曰合宮，有虞氏曰總章，殷曰陽館，周曰明堂。」斯皆路寢之徵，知非別處。大戴所說，初有近郊之言，復稱文王之廟，進退無據，自爲矛盾。原夫負扆受朝，常居出入，既在皋庫之內，亦何云於郊野哉？孝經傳云「在國之陽」，又無里數。

漢武有懷創造，詢於搢紳，言論紛然，終無定據，乃立於汶水之上而宗祀焉，明其不拘遠近，無擇方面。孝成之代，表行城南，雖有其文，厥功靡立。平帝元始四年，大議營創。孔牢等乃以爲明堂、辟雍、太學，其實一也，而有三名。金褒等又稱經傳無文，不能分別同異。中興之後，蔡邕作論，復云明堂太廟，一物二名。鄭玄則曰：「在國之陽，三里之外。」淳于登又云：「三里之外，七里之內，丙巳之地。」潁容釋例亦云：「明堂太廟，凡有八名，其體一也。」苟立同異，競爲巧說，並出自胸懷，曾無師祖。

審夫功成作樂，理定制禮，草創從宜，質文遞變。旌旗冠冕，古今不同，律度權衡，前後不一，隨時之義，斷可知矣。假如周公舊章，猶當擇其可否；宣尼彝則，尚或補其闕漏。況鄭氏臆說，淳于謏聞，匪異守株，何殊膠柱？愚謂不出墉雉，邇接宮闈，實允事宜，諒無所惑。但當上遵天旨，祗奉德音，作皇代之明堂，永貽範於來葉。區區碎議，皆略而不論。

又上表曰：「明堂之制，陛下已發德音，久令詳議。但以學者專固，人人異言，損益不同，是非莫定。臣愚以爲五帝之後，兩漢已前，高下方圓，皆不相襲。惟在陛下聖情創造，即爲大唐明堂，足以傳於萬代，何必論戶牖之多少〔九〕，疑階庭之廣狹？若恣儒者互說一端，久無斷決，徒稽盛禮。昔漢武欲草封禪儀，博望諸生，所說不同，莫知孰是。唯御史大夫倪寬勸上自定制度，遂成登封之禮。臣之愚誠，亦望陛下斟酌繁省，爲其節文，不可謙拒，以淹大典。」尋以有事遼海，未暇營創。

永徽二年七月二日，敕曰：「上玄幽贊，處崇高而不言；皇王提象，代神功而理物。是知五精降德，爰應帝者之尊；九室垂文，用紀配天之業。且合宮、靈府，創鴻規於上代；太室、總章，標茂範於中葉。雖質文殊制，奢儉異時，然其立天中〔一〇〕，作人極，布政施教，其歸一揆。朕嗣膺下武，丕承上烈，思所以答眷上靈，聿遵孝享，而法宮曠禮，明堂寢構。今國家四表無虞，人和歲稔，作範垂訓，今也其時。宜令所司與禮官學士等考覈故事，詳議得失，務依典禮，造立明堂。庶曠代闕文，獲申於茲日；因心展敬，永垂於後昆。其明堂制度，令諸曹尚書及左右丞侍郎、太常、國子秘書官、弘文館學士同共詳議。」

於是太常博士柳宣依鄭玄義，以爲明堂之制，當爲五室。內直丞孔志約據大戴禮及盧植、蔡邕等義，以爲九室。曹王友趙慈皓、秘書郎薛文思等各造明堂圖。諸儒紛爭，互有不同。上初以九室之議爲是，乃令所司詳定形制及辟雍門闕等。

明年六月，內出九室樣，仍更令有司損益之。有司奏言：

內樣：堂基三重，每基階各十二。上基方九雉，八角，高一尺。中基方三百尺，高一筵。下基方三百六十尺，高一丈二尺。上基象黃琮，爲八角，四面安十二階。請從內樣爲定。基高下仍請準周制高九尺，其方共作司約準一百四十八尺。中基下基，望並不用。

又內樣〔二〕：室各方三筵，開四闥、八窗。屋圓楣徑二百九十一尺。按季秋大饗五帝，各在一室，商量不便，請依兩漢季秋合饗，總於太室。若四時迎氣之祀，則各於其方之室。其安置九室之制，增損明堂故事，三三相重。太室在中央，方六丈。其四隅之室，謂之左右房，各方二丈四尺。當太室四面，青陽、明堂、總章、玄堂等室，各長六丈，以應太室；闊二丈四尺，以應左右房。室間並通巷，各廣一丈八尺。其九室幷巷在堂上，總方一百四十四尺，法坤之策。屋圓楣、楯、檐，或爲未允。請據鄭玄、盧植等說，以前梁爲楣，其徑二百一十六尺，法乾之策。圓柱旁出九室四隅，各七尺，法天以七紀。柱外餘基，共作司約準面別各餘一丈一尺。內樣〔三〕：室別四闥、八窗，檢與古同，請依爲定。其戶依古外設而不開〔三〕。內樣〔四〕：外有柱三十六，每柱十梁。內有七間，柱根以上至梁高三丈，梁以上至屋峻起，計高八十一尺。上圓下方，飛檐應規，請依內樣爲定。其屋蓋形制，仍望據考工記改爲四阿，并依禮加重檐，準太廟安鴟尾。堂四向五色，請依周禮白盛爲便。其四向各隨方色。請施四垣及四門。

辟雍，按大戴禮及前代說，辟雍多無水廣、內徑之數。蔡邕云：「水廣二十四丈，四周於外。」三輔黃圖云「水廣四周」，與蔡邕不異，仍云「水外周堤」。又張衡東京賦稱「造舟爲梁」。禮記明堂位、陰陽錄云：「水左旋以象天。」商量水廣二十四丈，恐傷於闊，今請減爲二十四步，垣外量取周足。仍依故事造舟爲梁，其外周以圓堤，并取陰陽「水行左旋」之制〔二五〕。

殿垣，按三輔黃圖，殿垣四周方在水內，高不蔽日，殿門去殿七十二步。準今行事陳設，猶恐窄小。其方垣四門去堂步數，請準太廟南門去廟基遠近爲制。仍立四門八觀，依太廟門別各安三門，施玄閫，四角造三重魏闕。

此後羣儒紛競，各執異議。尙書左僕射于志寧等請爲九室，太常博士唐𥈞等請爲五室。高宗令於觀德殿依兩議張設，親與公卿觀之。帝曰：「明堂之禮，自古有之。議者不同，未果營建。今設兩議，公等以何者爲宜？」工部尙書閻立德對曰：「兩議不同，俱有典故。九室似闇，五室似明。取捨之宜，斷在聖慮。」上以五室爲便，議又不定，由是且止。

至乾封二年二月，詳宜略定，乃下詔曰：「朕以寡薄，忝承丕緒。奉二聖之遺訓，撫億兆以初臨，馭朽兢懷，推溝在念。而上玄垂祐，宗社降休，歲稔時和，人殷俗阜。車書混一，文軌大同。檢玉泥金，升中告禪，百蠻執贄，萬國來庭，朝野懽娛，華夷胥悅。但爲郊禋嚴配，未安太室，布政施行，猶闕合宮。朕所以日昃忘疲，中宵輟寢，討論墳籍，錯綜群言，採三代之精微，探九皇之至賾，斟酌前載，製造明堂。棟宇方圓之規，雖兼故實；度筵陳俎之法，獨運財成。宣諸內外，博考詳議，求其長短，冀廣異聞。而鴻生碩儒，俱稱盡善，搢紳士子，並奏該通。創此宏模，自我作古。因心既展，情禮獲伸，永言宗祀，良深感慰。宜命有司，及時起作，務從折中，稱朕意焉。」於是大赦天下，改元爲總章，分萬年置明堂縣。

明年三月，又具規製廣狹，下詔曰：

合宮聽朔，闡皇軒之茂範；靈府通和，敷帝勛之景化。殷人陽館，靑珪備禮；姬氏玄堂，彤璋合獻。雖運殊驪翰，時變質文，至於立天中，建皇極，軌物施教，其歸一揆。考圖汶上，僅存公玉之儀；度室圭躔，才紀中元之製。屬炎精墜馭，璿宮毀籥，四海淪於沸鼎，九土陷於塗原。高祖太武皇帝杖鉞唐郊，收鈐雍野，納祥符於蒼水，受靈命於丕山。飛沈泳沫，動植游源。太宗文皇帝盟津光誓，協降火而登壇；豐谷斷蛇，應屯雲而鞠旅。封金岱嶺，昭累聖之鴻勳；勒石丸都，成文考之先志。固可以作化明堂，顯庸太室。傍羅八柱，周建四門〔一六〕，木工不琢，土事無文，豐約折衷，經始勿亟，闕文斯備，大禮聿修。

其明堂院每面三百六十步，當中置堂。按周易乾之策二百一十有六，坤之策一百四十有四，總成三百六十，故方三百六十步。當中置堂，處二儀之中，定三才之本，構茲一宇，臨此萬方。自降院每面三門，同爲一宇，徘徊五間。按尙書，一期有四時，故四面各一所開門；每時有三月，故每一所開三門；一期十有二月，故周迴總十二門。所以面別一門，應茲四序，旣一時而統三月，故於一舍而置三門。又周易三爲陽數，二爲陰數，合而爲五，所以每門舍五間。院四隅各置重樓，其四墉各依本方色。按淮南子，地有四維，故四樓。又按月令，水、火、金、木、土五方各異色，故其牆各依本方之色。

基八面，象八方。按周禮，黃琮禮地。鄭玄注：琮者，八方之玉，以象地形，故以祀地。則知地形八方。又按漢書，武帝立八觚壇以祀地。登地之壇，形象地，故令爲八方之基，以象地形。基高一丈二尺，徑二百八十尺。按漢書，陽爲六律，陰爲六呂。陽與陰合，故高一丈二尺。又按周易，三爲陽數，八爲陰數。三八相乘，得二百四十尺。按漢書，九會之數有四十，合爲二百八十，所以基徑二百八十尺。故以交通天地之和，錯綜陰陽之數。以明陽不獨運，資陰和以助成；陰不孤行，待陽唱而方應。陰陽兩順，天地咸亨，則百寶斯興，九疇攸序。基每面三階，周迴十二階，每階爲二十五級。按漢書，天有三階，故每面三階；地有十二辰，故周迴十二階。又按文子，從凡至聖，有二十五等，故每階二十五級。所以應符星而設階，法台耀以疏陛，上擬霄漢之儀，下則地辰之數。又列茲重級，用準聖凡。象皇極之高居，俯庶類而臨耀。

基之上爲一堂，其宇上圓。按道德經：天得一以清，地得一以寧，侯王得一以爲天下貞。又曰：道生一，一生二，二生三，三生萬物。又按漢書：太極元氣，函三爲一。又曰：天子以四海爲家。故置一堂以象元氣，幷取四海爲家之義。又按周禮，蒼璧禮天。鄭玄注：璧圓以象天。故爲宇上圓。堂每面九間，各廣一丈九尺。按尚書，地有九州，故立九間。又按周易，陰數十，故間別一丈九尺，所以規模厚地，準則陰陽，法二氣以通基，置九州於一宇。堂周迴十二門，每門高一丈七尺，闊一丈三尺。按禮記，一歲有十二月，所以置十二門。又按周易，陰數十，陽數七，故高一丈七尺；又曰陽數五，陰數八，故闊一丈三尺。所以調茲玉燭，應彼金輝，叶二氣以循環，逐四序而迎節。堂周迴二十四窗，高一丈三尺，闊一丈一尺，二十三櫺，二十四明。按史記，天有二十四氣，故置二十四窗。又按書，一年十二月，幷象閏，故高一丈三尺。又按周易，天數一，地數十，故闊一丈一尺；又天數九，地數十，幷四時成二十三，故二十三櫺。又按周易，八純卦之本體，合二十四爻，故有二十四明。列牖疏窗，象風候氣，遠周天地之數，曲準陰陽之和。

堂心八柱，各長五十五尺。按河圖，八柱承天，故置八柱。又按周易，大衍之數五十有五，故長五十五尺。聳茲八柱，承彼九間，數該大衍之規，形符立極之制。且柱爲陰數，天實陽元，柱以陰氣上升，天以陽和下降，固陰陽之交泰，乃天地之相承。堂心之外，置四柱爲四輔。按漢書，天有四輔星，故置四柱以象四星。內以八柱承天，外象四輔明化，上交下泰，表裏相成，叶台耀以分輝，契編珠而拱極。八柱四輔之外，第一重二十柱。按周易，天數五，地數十，并五行之數合而爲二十，故置二十柱。體二儀而立數，叶五位以裁規，式符立極之功，允應剛柔之道。八柱四輔之外，第二重二十八柱。按史記，天有二十八宿，故有二十八柱。所以仰則乾圖，上符景宿，考編珠而紀度，觀列宿以迎時。八柱四輔之外，第三重三十二柱。按漢書，有八節、八政、八風、八音，四八三十二柱。調風御節，萬物資以化成；布政流音，九區仰而貽則。外面周迴三十六柱。按漢書，一期三十六旬，故法之以置三十六柱。所以象歲時而致用，順寒暑以通微，璿璣之度無愆，玉曆之期永契。八柱之外，修短總有三等。按周易，天、地、人爲三才，故置柱長短三等。所以擬三才以定位，高下相形；體萬物以資生，長短兼運。

八柱之外，都合一百二十柱。按禮記，天子置三公、九卿、二十七大夫、八十一元士，合爲一百二十，是以置一百二十柱。分職設官，翊化資於多士；開物成務，構廈藉於羣材。其上檻周迴二百四柱。按周易，坤之策一百四十有四，又漢書，九會之數有六十，故置二百四柱。所以採坤策之玄妙，法甲乙之精微，環迴契辰象之規，結構準陰陽之數。又基以象地，故叶策於坤元；柱各依方，復規模於甲子。

重楣，二百一十六條。按周易，乾之策二百一十有六，故置二百一十六條。所以規模易象，擬法乾元，應大衍之深玄，叶神策之至數。大小節級拱，總六千三百四十五。按漢書，會月之數，六千三百四十五，故置六千三百四十五枚。所以遠採三統之文，傍符會月之數，契金儀而調節，偶璇曆以和時。重幹，四百八十九枚。按漢書，章月二百三十五，閏月周迴二百五十四，總成四百八十九，故置四百八十九枚。所以法履端之奧義，象舉正之芳猷，規模曆象，發明章、閏。下枊，七十二枚。按易緯，有七十二候，故置七十二枚。所以式模芳節，取規貞候，契至和於昌曆，偶神數於休期。上枊，八十四枚。按漢書，九會之數有七十八〔一〕。又按莊子：六合之外，聖人存而不論。司馬彪注：天地四方爲六合。總成八十四，故置八十四枚。所以模範二儀，包羅六合，準會陰陽之數，周通氣候之源。枅，六十枚。按漢書，推太歲之法有六十，故置六十枚。所以兼該曆數，包括陰陽，採甲乙之深微，窮辰子之玄奧。連栱，三百六十枚。按周易，當期之日，三百有六十，故置三百六十枚。所以叶周天之度，準當期之日，順平分而成歲，應晷運以循環。小梁，六十枚。按漢書，有六十甲子，故置六十枚。構此虹梁，遐規鳳曆，傍竦四宇之製，遙符六甲之源。棒，二百二十八枚。按漢書，章中二百二十八，故置二百二十八枚。所以應長曆之規，象中月之度，廣綜陰陽之數，傍通寒暑之和。方衡，一十五重。按尚書，五行生數一十有五，故置十五重。結棟分間，法五行而演秘；疏楹疊構，叶生數以成規。南北大梁，二根。按周易，太極生兩儀，故置二大梁。軌範乾坤，模擬天地，象玄黃之合德，表覆載以生成。陽馬，三十六道。按易緯，有三十六節，故置三十六道。所以顯茲嘉節，契此貞辰，分六氣以變陰陽，環四象而調風雨。椽，二千九百九十根。按漢書，月法二千三百九十二，通法五百九十八，共成二千九百九十。所以偶推步之規，合通法之數。是知疏椽構宇，則大壯之架斯隆；積月成年，則會曆之規無爽。大梠，兩重，重別三十六條，總七十二。按淮南子，太平之時，五日一風，一年有七十二風，故置七十二條。所以通規瑞曆，叶數祥風，遙符淳俗之年，遠則休徵之契。飛檐椽，七百二十九枚。按漢書，從子至午，其數七百二十九，故置七百二十九枚〔六〕。所以採辰象之宏模，法周天之至數。且午爲陰本，子實陽源，子午分時，則生成之道自著；陰陽合德，則覆載之義茲隆。

堂檐，徑二百八十八尺。按周易，乾之策二百一十六，易緯云，年有七十二候，合爲二百八十八，故徑二百八十八尺。所以仰叶乾策，遠承貞候，順和氣而調序，擬圓蓋以照臨。堂上棟，去基上面九十尺。按周易，天數九，地數十，以九乘十，數當九十，故去基上面九十尺。所以上法圓清，下儀方載，契陰陽之至數，叶交泰之貞符。又以茲天九，乘於地十，象陽唱而陰和，法乾施而坤成。檐，去地五十五尺。按周易，大衍之數五十有五，故去地五十五尺。所以擬大易之嘉數，通惟神之至賾，道合萬象，理貫三才。上以清陽玉葉覆之。按淮南子，清陽爲天，合以清陽之色。

詔下之後，猶羣議未決。終高宗之世，未能創立。

則天臨朝，儒者屢上言請創明堂。則天以高宗遺意，乃與北門學士議其制，不聽羣言。垂拱三年春，毀東都之乾元殿，就其地創之。四年正月五日，明堂成。凡高二百九十四尺，東西南北各三百尺。有三層：下層象四時，各隨方色；中層法十二辰，圓蓋，蓋上盤九龍捧之；上層法二十四氣，亦圓蓋。亭中有巨木十圍，上下通貫，栭、櫨、欂、樀，藉以爲本，亙之以鐵索。蓋爲鸑鷟，黃金飾之，勢若飛翥。刻木爲瓦，夾紵漆之。明堂之下施鐵渠，以爲辟雍之象。號萬象神宮。因改河南縣爲合宮縣。詔曰：

黃軒御曆，朝萬方於合宮；丹陵握符，咨四岳於衢室。有虞輯瑞，總章之號既存；大禹錫珪，重屋之名攸建。殷人受命，置陽館以辨方；周室凝圖，立明堂以經野。用能範圍三極，幽贊五神，展尊祖之懷，申宗祀之典。爰從漢、魏，迨及周、隋，經始之制雖興，修廣之規未備。

朕以庸昧，虔膺厚託，受寄於綴衣之夕，荷顧於仍几之前。伏以高宗往年，已屬意於陽館，故京輔之縣，預紀明堂之名，改元之期，先著總章之號。朕於乾封之際，已奉表上塵，雖簡宸心，未遑營構。今以鼎郊勝壤，圭邑奧區，處天地之中，順陰陽之序，舟車是湊，貢賦攸均，爰藉子來之功，式遵奉先之旨。

夫明堂者，天子宗祀之堂，朝諸侯之位也。開乾坤之奧策，法氣象之運行，故能使災害不生，禍亂不作。眷言盛烈，豈不美歟！比者鴻儒禮官，所執各異，咸以爲明堂者，置之三里之外，七里之內，在國陽明之地。今既俯邇宮掖，恐黷靈祇，誠乃布政之居，未爲宗祀之所。朕乃爲丙巳之地，去宮室遙遠，每月所居，因時饗祭，常備文物，動有煩勞，在於朕懷，殊非所謂。今故裁基紫掖，闢宇彤闈，經始肇興，成之匪日。但敬事天地，神明之德乃彰；尊祀祖宗，嚴恭之志方展。若使惟云布政，負扆臨人，則茅宇土階，取適而已，豈必勞百姓之力，制九筵而御哉！誠以獲執蘋蘩，虔奉宗廟故也。時既沿革，莫或相遵，自我作古，用適於事。今以上堂爲嚴配之所，下堂爲布政之居，光敷禮訓，式展誠敬。來年正月一日，可於明堂宗祀三聖，以配上帝。宜令禮官、博士、學士、內外明禮者，詳定儀禮，務從典要，速以奏聞。

永昌元年正月元日，始親享明堂，大赦改元。其月四日，御明堂布政，頒九條以訓于百官。文多不載。翌日，又御明堂，饗羣臣，賜縑纁有差。自明堂成後，縱東都婦人及諸州父老入觀，兼賜酒食，久之乃止。吐蕃及諸夷以明堂成，亦各遣使來賀。載初元年冬正月庚辰朔，日南至，復親饗明堂，大赦改元，用周正。翼日，布政于羣后。其年二月，則天又御明堂，大開三教。內史邢文偉講孝經，命侍臣及僧、道士等以次論議，日昃乃罷。

天授二年正月乙酉，日南至，親祀明堂，合祭天地，以周文王及武氏先考、先妣配，百神從祀，並於壇位次第布席以祀之。於是春官郎中韋叔夏奏曰：「謹按明堂大享，唯祀五帝。故月令云：『是月也，大享帝。』則曲禮所云『大享不問卜』，鄭玄注云『謂徧祭五帝於明堂，莫適卜』是也。又按祭法云：『祖文王而宗武王。』鄭玄注云：『祭五帝、五神於明堂曰祖、宗。故孝經云：宗祀文王於明堂，以配上帝。』據此諸文，明堂正禮，唯祀五帝，配以祖宗及五帝、五官神等〔九〕，自外餘神，並不合預。伏惟陛下追遠情深，崇禋志切，於明堂享祀，加昊天上帝、皇地祇，重之以先帝、先后配享〔一〇〕，此乃補前王之闕典，弘嚴配之虔誠。往以神都郊壇未建，乃於明堂之下，廣祭衆神，蓋義出權時，非不刊之禮也。謹按禮經：其內官、中官、五岳、四瀆諸神，並合從祀於二至。明堂總奠，事乃不經。然則宗祀配天之親，雜與小神同薦，於嚴敬之道，理有不安。望請每歲元日，惟祀天地大神，配以帝后。其五岳以下，請依禮於冬、夏二至，從祀方丘、圜丘，庶不煩黷。」從之。

時則天又於明堂後造天堂，以安佛像，高百餘尺。始起建構，爲大風振倒。俄又重營，其功未畢。證聖元年正月丙申夜，佛堂災，延燒明堂，至曙，二堂並盡。尋時又無雲而雷，起自西北。則天欲責躬避正殿。宰相姚璹曰：「此實人火，非是天災。至如成周宣榭，卜代逾長；漢武建章，盛德彌永。今明堂是布政之所，非宗祀也。」則天乃御端門觀酺宴，下詔令文武九品已上各上封事，極言無有所隱。左拾遺劉承慶上疏曰：

臣聞自古帝王，皆有美惡，休祥所以昭其德，災變所以知其咎，天道之常理，王者之常事。然則休祥屢臻，不可矜功而自滿；災變奄降，不可輕忽而靡驚。故殷宗以桑穀生朝，懷懼而自省，妖不勝德，遂立中興之功；辛紂以雀生大鳥〔三〕，恃福而自盈，祥不勝驕，終致傾亡之禍。故知災變之生，將以覺悟明主〔三〕，扶持大業，使盛而不衰。理須祗畏神心，警懼天誡，飭身正事，業業兢兢，則凶往而吉來，轉禍而爲福。昔殷湯禱身而降雨，成王省事以反風，宋公憂熒惑之災，而應三舍之壽，高宗懲雊鼎之異，而享百年之福，此其類也。

自陛下承天理物，至道事神，美瑞嘉祥，洊臻狎委，非臣所能盡述。日者變生人火，損及神宮，驚惕聖心，震動黎庶。臣謹按左傳曰：「人火曰火，天火曰災。」人火因人而興，故指火體而爲稱；天火不知何起，直以所災言之。其名雖殊，爲害不別。又漢書五行志曰：「火失性則自上而降，及濫燄妄起，災宗廟，燒宮館。」自上而降，所謂天火；濫燄妄起〔三〕，所謂人火。其來雖異，爲患實同。王者舉措營爲，必關幽顯。幽爲天道，顯爲人事，幽顯迹通，天人理合。今工匠宿藏其火，本無放燎之心；明堂教化之宮，復非延火之所。孽煨潛扇，倏忽成災，雖則因人，亦關神理。臣愚以爲火發既先從廡主〔四〕，後及總章，意將所營佛舍，恐勞而無益。但崇其教，即是津梁，何假紺宮，方存汲引？既僻在明堂之後，又前逼牲牢之筵，兼以厥構崇大，功多難畢。立像弘法，本擬利益黎元；傷財役人，却且煩勞家國。承前大風摧木，天誡已顯；今者毒燄冥熾，人孽復彰。聖人動作，必假天人之助，一興功役，二者俱違，厥應昭然，殆將緣此。

臣以爲明堂是正陽之位，至尊所居，展禮班常，崇化立政，玉帛朝會，神靈依憑。營之可曰大功，損之實非輕事，既失嚴禋之所，復傷孝理之情。陛下昨降明制，猶申寅畏之旨，羣僚理合兢畏震悚，勉力司存，豈合承恩耽樂，安然酺宴？又下人感荷聖德，覩變慴惶〔三五〕，神體克寧，豈非深悅。但以火氣初止，尚多驚懼，餘憂未息，遽以歡事遏之。臣恐憂喜相爭，傷於情理。故傳曰：「可憂而爲樂，取憂之道。」又古者有火，祭四墉。四墉，積陰之氣，祈之以禳火災。火，陽之氣，歡樂陽事，火氣方勝，不可復興陽事。

臣聞災變之興，至聖不免，聿修其德，來患可禳。陛下垂制博訪，許陳至理。而左史張鼎以爲「今既火流王屋，彌顯大周之祥」，通事舍人逢敏奏稱，「當彌勒初成佛道時，有天魔燒宮，七寶臺須臾散壞」。斯實諂妄之邪言，實非君臣之正論。晦昧王化，無益萬機。夫天道雖高，其察彌近；神心雖寂，其聽彌聰。交際皇王，事均影響。今大風烈火，譴告相仍，實天人丁寧，匡諭聖主，使鴻基益固，天祿永終之意也。伏願陛下乾乾在慮，翼翼爲懷，若涉巨川，如承大祭，審其致災之理，詳其降眚之由，無瞢天人之心，而興不急之役。則兆人蒙賴，福祿靡窮，幸甚，幸甚。

則天尋令依舊規制重造明堂，凡高二百九十四尺，東西南北廣三百尺。上施寶鳳，俄以火珠代之。明堂之下，圜遶施鐵渠，以爲辟雍之象。天册萬歲二年三月，重造明堂成，號爲通天宮。四月朔日，又行親享之禮，大赦，改元爲萬歲通天。翼日，則天御通天宮之端扆殿，命有司讀時令，布政于羣后。

其年，鑄銅爲九州鼎，既成，置於明堂之庭，各依方位列焉。神都鼎高一丈八尺〔三六〕，受一千八百石。冀州鼎名武興，雍州鼎名長安，兖州名日觀，青州名少陽，徐州名東原，揚州名江都，荆州名江陵，梁州名成都。其八州鼎高一丈四尺，各受一千二百石。司農卿宗晉卿爲九鼎使，都用銅五十六萬七百一十二斤。鼎上圖寫本州山川物產之像，仍令工書人著作郎賈膺福、殿中丞薛昌容、鳳閣主事李元振、司農録事鍾紹京等分題之，左尚方署令曹元廓圖畫之。鼎成，自玄武門外曳入，令宰相、諸王率南北衙宿衞兵十餘萬人〔三七〕，并仗內大牛、白象共曳之。則天自爲曳鼎歌，令相唱和。其時又造大儀鐘，斂天下三品金，竟不成。九鼎初成，欲以黄金千兩塗之。納言姚璹曰：「鼎者神器，貴於質朴，無假別爲浮飾。臣觀其狀，光有五彩輝煥錯雜其間，豈待金色爲之炫燿？」乃止。其年九月，又大享於通天宮。以契丹破滅，九鼎初成，大赦，改元爲神功。

聖曆元年正月，又親享及受朝賀。尋制：每月一日於明堂行告朔之禮。司禮博士辟閭仁諝奏議曰：

謹按經史正文，無天子每月告朔之事。惟禮記玉藻云：「天子聽朔於南門之外。」周禮天官太宰：「正月之吉，布政于邦國都鄙。」干寶注云：「周正建子之月，告朔日也。」此卽玉藻之聽朔矣。今每歲首元日，於通天宮受朝，讀時令，布政事，京官九品以上、諸州朝集使等咸列於庭，此則聽朔之禮畢，而合于周禮、玉藻之文矣。而鄭玄注玉藻

「聽朔」，以秦制月令有五帝五官之事，遂云：「凡聽朔，必特牲告其時帝及其神，配以文王、武王。」此鄭注之誤也。故漢魏至今莫之用。按月令云「其帝太昊，其神勾芒」者，謂宣布時令，告示下人，其令詞云其帝其神耳。所以爲敬授之文，欲使人奉其時而務其業。每月有令，故謂之月令，非謂天子月朔日以祖配帝而祭告之。其每月告朔者，諸侯之禮也。故春秋左氏傳曰：「公既視朔，遂登觀臺。」又鄭注論語云：「禮，人君每月告朔於廟，有祭謂之朝享。魯自文公始不視朔。」是諸侯之禮明矣。今王者行之，非所聞也。按鄭所謂告其帝者即太昊等五人帝，其神者即重黎等五行官。雖並功施於人，列在祀典，無天子每月拜祭告朔之文。

臣等謹檢禮論及三禮義宗、江都集禮、貞觀禮、顯慶禮及祠令，並無天子每月告朔之事。若以爲代無明堂，故無告朔之禮，則江都集禮、貞觀禮、顯慶禮及祠令，著祀五方上帝於明堂，即孝經「宗祀文王於明堂」也。此則無明堂而著其享祭，何爲告朔獨闕其文？若以君有明堂即合告朔，則周、秦有明堂，而經典正文，無天子每月告朔之事。臣等歷觀今古，博考載籍，既無其禮，不可習非。望請停每月一日告朔之祭，以正國經。竊以天子之尊，而用諸侯之禮，非所謂頒告朔、令諸侯、使奉而行之之義也〔二〕。

鳳閣侍郎王方慶又奏議曰：

謹按明堂，天子布政之宮也。蓋所以順天氣，統萬物，動法於兩儀，德被於四海者也。夏曰世室，殷曰重屋，姬曰明堂，此三代之名也。明堂，天子太廟，所以宗祀其祖，以配上帝。東曰青陽，南曰明堂，西曰總章，北曰玄堂，中曰太室。雖有五名，而以明堂爲主。漢代達學通儒，咸以明堂、太廟爲一。漢左中郎將蔡邕立議，亦以爲然。取其宗祀，則謂之淸廟；取其正室，則謂之太室；取其向陽，則謂之明堂；取其建學，則謂之太學；取其圜水，則謂之辟雍：異名而同事，古之制也。天子以孟春正月上辛日，於南郊總受十二月之政，還藏於祖廟，月取一政班於明堂。諸侯孟春之月，朝於天子，受十二月之政藏於祖廟，月取一政而行之。蓋所以和陰陽、順天道也。如此則禍亂不作，災害不生矣。故仲尼美而稱之曰：「明王之以孝理天下也。」人君以其禮告廟，則謂之告朔；聽視此月之政，則謂之視朔，亦曰聽朔。雖有三名，其實一也。

今禮官議稱「經史正文無天子每月告朔之事」者。臣謹按春秋：「文公六年閏十月，不告朔。」穀梁傳曰：「閏，附月之餘日〔三九〕，天子不以告朔。」左氏傳云：「閏月不告朔，非禮也。閏以正時，時以作事，事以厚生，生人之道，於是乎在矣。不告閏朔，棄時政也。」臣據此文，則天子閏月亦告朔矣。寧有他月而廢其禮者乎？博考經籍，其文甚著。何以明之？周禮太史職云：「頒告朔於邦國。閏月，告王居門終月。」又禮記玉藻云：「閏月則闔門左扉，立于其中。」並是天子閏月而行告朔之事也。

禮官又稱：「玉藻：『天子聽朔於南門之外。』周禮天官太宰：『正月之吉，布政于邦國都鄙。』干寶注云：『周正建子之月，告朔日也。』此卽玉藻之聽朔矣。今每歲首元日，通天宮受朝，讀時令，布政事，京官九品以上、諸州朝集使等咸列於庭，此聽朔之禮畢，而合于周禮、玉藻之文矣。禮論及三禮義宗、江都集禮、貞觀禮、顯慶禮及祠令，無王者告朔之事」者。臣謹按玉藻云：「玄冕而朝日於東門之外，聽朔於南門之外。」鄭注云：「朝日，春分之時也。東門、南門〔三〇〕，皆謂國門也。明堂在國之陽，每月就其時之堂而聽朔焉〔三一〕，卒事，反宿於路寢。凡聽朔，必以特牲告其時帝及其神，配以文王、武王。」臣謂今歲首元日，通天宮受朝，讀時令及布政，自是古禮孟春上辛，受十二月之政藏於祖廟之禮耳，而月取一政〔三二〕，班於明堂，其義昭然，猶未行也。卽如禮官所言，遂闕其事。

臣又按禮記月令，天子每月居青陽、明堂、總章、玄堂，卽是每月告朔之事。先儒舊說，天子行事，一年十八度入明堂：大享不問卜，一入也；每月告朔，十二入也；四時迎氣，四入也；巡狩之年，一入也。今禮官立議，王惟歲首一入耳，與先儒既異，臣不敢同。鄭玄云：「凡聽朔告其帝。」臣愚以爲告朔之日，則五方上帝之一帝也。春則靈威仰，夏則赤熛怒，秋則白招拒，冬則叶光紀，季月則含樞紐也，並以始祖而配之焉。人帝及神，列在祀典，亦於其月而享祭之。魯自文公始不視朔，子貢見其禮廢，欲去其羊，孔子以羊存猶可識其禮，羊亡其禮遂廢，故云：「爾愛其羊，我愛其禮。」

漢承秦滅學，庶事草創，明堂、辟雍，其制遂闕。漢武帝封禪，始造明堂於太山，既不立於京師，所以無告朔之事。至漢平帝元始中，王莽輔政，庶幾復古，乃建明堂、辟雍焉。帝祫祭於明堂，諸侯王、列侯、宗室子弟九百餘人助祭畢，皆益戶、賜爵及金帛、增秩、補吏各有差。漢末喪亂，尙傳其禮。爰至後漢，祀典仍存。明帝永平二年，郊祀五帝於明堂，以光武配，祭牲各一犢，奏樂如南郊。董卓西移，載籍湮滅，告朔之禮，於此而墜。暨于晉末，戎馬生郊，禮樂衣冠，掃地總盡。元帝過江，是稱狼狽，禮樂制度，南遷蓋寡，彝典殘缺，無復舊章，軍國所資，臨事議之。旣闕明堂，寧論告朔。宋朝何承天纂集其文，以爲禮論，雖加編次，事則闕如。梁代崔靈恩撰三禮義宗，但捃摭前儒，因循故事而已。隋大業中，煬帝命學士撰江都集禮〔言〕，只抄撮禮論，更無異文。貞觀、顯慶禮及祠令不言告朔者，蓋爲歷代不傳，其文遂闕，各有由緒，不足依據。今禮官引爲明證，在臣誠實有疑。

陛下肇建明堂，聿遵古典，告朔之禮，猶闕舊章，欽若稽古，應須補葺。若每月聽政於明堂，事亦煩數，孟月視朔，恐不可廢。

上又命奉常廣集衆儒，取方慶、仁諝所奏，議定得失。當時大儒成均博士吳揚吾、太學博士郭山惲曰：「臣等謹按周禮、禮記及三傳，皆有天子告朔之禮。夫天子頒告朔於諸侯，秦政焚滅詩、書，由是告朔禮廢。今明堂肇建，總章新立，紹百王之絕軌，樹萬代之鴻規，上以嚴配祖宗，下以敬授人時，使人知禮樂，道適中和，災害不生，禍亂不作。今若因循頒朔，每月依行，禮貴隨時，事須沿革。望依王方慶議，用四時孟月日及季夏於明堂修復告朔之禮，以頒天下。其帝及神，亦請依方慶用鄭玄義，告五時帝於明堂上。則嚴配之道，通於神明；至孝之德，光於四海。」制從之。

長安四年，始制：元日明堂受朝，停讀時令。

中宗即位，神龍元年九月，親享明堂，合祭天地，以高宗配。禮畢，曲赦京師。明年駕入京，於季秋大享，復就圜丘行事，迄于睿宗之世。

開元二年八月，太子賓客薛謙光獻九鼎銘。其蔡州鼎銘，天后御撰，曰：「羲、農首出，軒、昊膺期。唐、虞繼踵，湯、禹乘時。天地光宅，域中雍熙。上天降鑒，方建隆基。」紫微令姚崇奏曰：「聖人啓運，休兆必彰。請宣付史館。」從之。

五年正月，幸東都，將行大享之禮。太常少卿王仁忠、博士馮宗陳貞節等議，以武氏所造明堂，有乖典制，奏議曰：

明堂之建，其所從來遠矣！自天垂象，聖人則之。蒿柱茅簷之規，上圓下方之制，考之大數，不踰三七之間，定之方中，必居丙巳之地者，豈非得房心布政之所，當太微上帝之宮乎？故仰叶俯從，正名定位，人神不雜，各司其序，則嘉應響至，保合太和。昔漢氏承秦，經籍道息，旁求湮墜，詳究難明。孝武初，議立明堂於長安城南，遭竇太后不好儒術，事乃中廢。孝成之代，又欲立於城南，議其制度，莫之能決。至孝平元始四年，始創造於南郊，以申嚴配。光武中元元年〔三〕，立於國城之南。自魏、晉迄於梁朝，雖規制或殊，而所居之地，常取丙巳者，斯蓋百王不易之道也。

高宗天皇大帝纂承平之運，崇朴素之風，四夷來賓，九有咸乂。永徽三年，詔禮官學士議明堂制度，羣儒紛競，各執異端，久之不決，因而遂止者，何也？非謂財不足、力不堪也。將以周、孔既遙，禮經且紊，事不師古，或爽天心，難用作程，神不孚祐者也。

則天太后總禁闈之政，藉軒臺之威，屬皇室中圮之期，躡和熹從權之制。以爲乾元大殿，承慶小寢，當正陽亭午之地，實先聖聽斷之宮。表順端闈，儲精營室，爰從朝享，未始臨御。乃起工徒，挽令摧覆。既毁之後，雷聲隱然，衆庶聞之，或以爲神靈感動之象也。於是增土木之麗，因府庫之饒，南街北闕，建天樞大儀之制，乾元遺趾，興重閣層樓之業。煙焰蔽日，梁柱排雲，人斯告勞，天實貽誡。煨燼甫爾，遽加修復。況乎地殊丙巳，未答靈心，跡匪膺期，乃申嚴配。事昧彝典，神不昭格。此其不可者一也。又明堂之制，木不鏤，土不文。今體式乖宜，違經紊禮，雕鐫所及，窮侈極麗。此其不可者二也。高明爽塏，事資虔敬，密邇宮掖，何以祈天？人神雜擾，不可放物。此其不可者三也。況兩京上都，萬方取則，而天子闕當陽之位，聽政居便殿之中，職司其憂，豈容沉默。當須審考歷之計，擇煩省之宜，不便者量事改修，可因者隨宜適用，削彼明堂之號，克復乾元之名，則當宁無偏，人識其舊矣。

詔令所司詳議奏聞。

刑部尚書王志愔等奏議，咸以此堂所置，實乖典制，多請改削，依舊造乾元殿。乃下詔曰：「古之操皇綱、執大象者，何嘗不上稽天道，下順人極，或變通以隨時，爰損益以成務。且衢室創制，度堂以筵，用之以禮神，是光孝享，用之以布政，蓋稱視朔，先王所以厚人倫、感天地者也。少陽有位，上帝斯歆，此則神貴於不黷，禮殷於至敬。今之明堂，俯鄰宮掖，此之嚴祀，有異肅恭，苟非憲章，將何軌物？由是禮官博士、公卿大夫，廣參羣議，欽若前古，宜存露寢之式，用罷辟雍之號。可改爲乾元殿，每臨御宜依正殿禮。」自是駕在東都，常以元日冬至於乾元殿受朝賀〔三四〕。季秋大享祀，依舊於圓丘行事。十年，復題乾元殿爲明堂，而不行享祀之禮。二十五年，駕在西京，詔將作大匠康䛒素往東都毁之。䛒素以毁拆勞人，乃奏請且拆上層，卑於舊制九十五尺。又去柱心木，平座上置八角樓，樓上有八龍，騰身捧火珠。又小於舊制，周圍五尺，覆以眞瓦，取其永逸。依舊爲乾元殿。

校勘記

〔一〕依禮部尚書盧寬國子助敎劉伯莊等議　「盧寬國子助敎」，各本原無，據唐會要卷一一、冊府卷五八五補。新舊唐書合鈔補正卷二云：「劉伯莊，兩書皆在儒學傳，以弘文館學士累除國子助敎，遷國子博士，未嘗爲禮部尚書。此譌合兩人爲一人。」

〔二〕以何知　各本原作「如何」，據唐會要卷一一、冊府卷五八五改。

〔三〕是以朝覲祭祀　「是」字各本原無，據唐會要卷一一、冊府卷五八五補。

〔四〕乘輦則接神不敬　「則」字各本原作「相儀」，據唐會要卷一一、冊府卷五八五改。

〔五〕據此一堂　「堂」字各本原作「塗」，據唐會要卷一一、英華卷七六二、唐文粹卷四〇改。

〔六〕周官又云　「周官」各本原無，據唐會要卷一一、英華卷七六二、唐文粹卷四〇補。

〔七〕東西九筵堂一筵　案周禮考工記匠人，「堂」上有「南北七筵」一句，「堂」下有「崇」字，通典卷四四記周明堂制度同考工記，此處疑有脫文。

〔八〕尸子亦曰　「尸子」，各本原無，據唐會要卷一一、英華卷七六二、唐文粹卷四〇補。

〔九〕何必論戶牖之多少　「必」字各本原作「以」，據唐會要卷一一改。

〔一〇〕然其立天中　「其」字各本原作「則」，據御覽卷五三三、冊府卷五六四改。

〔一一〕又內樣　「樣」字各本原無，據冊府卷五八五、通考卷七三補。

〔一二〕內樣　「樣」字各本原無，據冊府卷五八五、通考卷七三補。

〔一三〕其戶依古外設而不開　「開」字聞本、殿本、懼盈齋本、廣本同，局本、通典卷四四、冊府卷五八五作「閉」，未詳孰是。

〔一四〕內樣　「樣」字各本原無，據殘宋本冊府卷五八五、通考卷七三補。

〔一五〕并取陰陽水行左旋之制　校勘記卷一一云：「張本陰陽下有錄字，云：本脫錄字，據上引禮記明堂陰陽錄補之。」此處疑有脫文。

〔一六〕周建四門　「門」字冊府卷五六四作「墉」。

〔一七〕九會之數有七十八　「八」字各本原無，據通典卷四四補。

〔一八〕故置七百二十九枚　「故置七百二十九」，各本原無，新舊唐書合鈔補正卷二謂依上下文義應有，據補。

〔一九〕配以祖宗　「祖宗」，各本原作「宗祖」，據唐會要卷一二、英華卷七六二、殘宋本冊府卷五八六改。

〔二〇〕重之以先帝先后配享　「先帝」，各本原無，據唐會要卷一二、英華卷七六二補。

〔二一〕辛紂以雀生大鳥　「雀」字各本原作「省」，據冊府卷五四三改。

〔二二〕將以覺悟明主　「以」字各本原作「自」，據冊府卷五四三改。

〔二三〕災宗廟燒宮館自上而降所謂天火濫燄妄起　以上十八字各本原無，據漢書卷二七上五行志、冊府卷五四三補。

〔二四〕廝主　聞本、殿本、懼盈齋本、廣本同。局本、冊府卷五四三作「廟主」。

〔二五〕覩變憯惶　「憯」字疑誤，冊府卷五四三作「悚」，全唐文卷二〇三作「增」。

〔二六〕神都鼎　通典卷四四、唐會要卷一一作「蔡州鼎名永昌」，通鑑卷二〇五胡注作「神都鼎曰豫州」。蔡州鼎卽豫州鼎，避代宗諱追改。神都（洛陽）地處豫州，故鼎亦曰豫州鼎或蔡州鼎。此處「神都鼎」下疑有脫文。

〔二七〕令宰相諸王率南北衙宿衞兵十餘萬人　「率」字各本原無，據通典卷四四、唐會要卷一一補。

〔二八〕使奉而行之之義也　各本原只一「之」字，據唐會要卷一二、英華卷七六二補。

〔二九〕附月之餘日　「之」字各本原無，據唐會要卷一二、冊府卷五八七、英華卷七六二及穀梁傳原文補。

〔三〇〕東門南門　「南門」，各本原無，據禮記玉藻鄭注原文補。

〔三一〕每月就其時之堂而聽朔焉　「堂」字各本原作「帝」，據唐會要卷一二、英華卷七六二、册府卷五八七及禮記玉藻鄭注原文改。

〔三二〕藏於祖廟之禮耳而月取一政　以上十二字各本原無，據唐會要卷一二、英華卷七六二、册府卷五八七補。

〔三三〕江都集禮　「集禮」，各本原作「禮集」，據本卷上文、本書卷四六經籍志、唐會要卷一二、英華卷七六二、册府卷五八七改。

〔三四〕光武中元元年　上「元」字各本原作「興」，據後漢書卷一下光武帝紀、全唐文卷二八一改。

〔三五〕於乾元殿受朝賀　「殿」字各本原無，據通典卷四四、唐會要卷一一補。

舊唐書卷二十三

志第三

禮儀三

封禪之禮，自漢光武之後，曠世不修。隋開皇十四年，晉王廣率百官抗表，固請封禪。文帝令牛弘、辛彥之、許善心等創定儀注。至十五年，行幸兗州，遂於太山之下，爲壇設祭，如南郊之禮，竟不升山而還。

貞觀六年，平突厥，年穀屢登，羣臣上言請封泰山。太宗曰：「議者以封禪爲大典。如朕本心，但使天下太平，家給人足，雖闕封禪之禮，亦可比德堯、舜；若百姓不足，夷狄內侵，縱修封禪之儀，亦何異於桀、紂？昔秦始皇自謂德洽天心，自稱皇帝，登封岱宗，奢侈自矜。漢文帝竟不登封，而躬行儉約，刑措不用。今皆稱始皇爲暴虐之主，漢文爲有德之君。以此而言，無假封禪。禮云，『至敬不壇』，掃地而祭，足表至誠，何必遠登高山，封數尺之土也！」侍中王珪對曰：「陛下發德音，明封禪本末，非愚臣之所及。」秘書監魏徵曰：「隋末大亂，黎民遇陛下，始有生望。養之則至仁，勞之則未可。升中之禮，須備千乘萬騎，供帳之費，動役數州。戶口蕭條，何以能給？」太宗深嘉徵言，而中外章表不已。上問禮官兩漢封山儀注，因遣中書侍郎杜正倫行太山上七十二帝壇迹。是年兩河水潦，其事乃寢。

至十一年，羣臣復勸封山，始議其禮。於是國子博士劉伯莊、睦州刺史徐令言等，各上封祀之事，互設疑議，所見不同。多言新禮中封禪儀注，簡略未周。太宗敕秘書少監顏思古、諫議大夫朱子奢等，與四方名儒博物之士參議得失。議者數十家，遞相駁難，紛紜久不決。於是左僕射房玄齡、特進魏徵、中書令楊師道，博採衆議堪行用而與舊禮不同者奏之。其議昊天上帝壇曰：「將封先祭，義在告神，且備謁敬之儀，方展慶成之禮。固當於壇下阯，預申齊潔。贊饗已畢，然後登封。既表重愼之深，兼示行事有漸。今請祭於泰山下，設壇以祀上帝，以景皇帝配享。壇長一十二丈，高一丈二尺。」

又議制玉牒曰：「金玉重寶，質性貞堅，宗祀郊禋，皆充器幣，豈嫌華美，實貴精確。況乎三神壯觀，萬代鴻名，禮極殷崇，事資藻縟。玉牒玉檢，式韞靈奇，傳之無窮，永存不朽。今請玉牒長一尺三寸，廣厚各五寸。玉檢厚二寸，長短闊狹一如玉牒〔二〕。其印齒請隨璽大小，仍纏以金繩五周。」

又議玉策曰：「封禪之祭，嚴配作主，皆奠玉策，肅奉虔誠。今玉策四枚，各長一尺三寸，廣一寸五分，厚五分。每策五簡，俱以金編。其一奠上帝，一奠太祖座，一奠皇地祇，一奠高祖座。」

又議金匱曰：「登配之策，盛以金匱，歸格藝祖之廟室。今請長短令容玉策，高廣各六寸。形制如今之表函。纏以金繩，封以金泥，印以受命璽。」

又議方石再累曰：「舊藏玉牒，止用石函，亦猶盛書篋笥，所以或呼石篋。今請方石三枚，以爲再累。其十枚石檢，刻方石四邊而立之。纏以金繩，封以石泥，印以受命璽。」

又議泰山上圜壇曰：「四出開道，壇場通義，南面入升，於事爲允。今請介丘上圜壇廣五丈，高九尺，用五色土加之。四面各設一階。御位在壇南，升自南階，而就上封玉牒。」

又議圜壇上土封曰〔三〕：「凡言封者，皆是積土之名。利建分封，亦以班社立號。謂之封禪，厥義可知。今請於圜壇之上，安置方石，璽緘既畢，加土築以爲封。高一丈二尺，而廣二丈，以五色土益封，玉牒藏於其內。祀禪之土，其封制亦同此。」

又議玉璽曰：「謹詳前載方石緘封，玉檢金泥，必資印璽，以爲秘固。今請依令用受命璽以封石檢。其玉檢既與石檢大小不同，請更造璽一枚，方一寸二分，文同受命璽，以封玉牒。石檢形制，依漢建武故事。」

又議立碑曰：「勒石紀號，顯揚功業，登封降禪，肆覲之壇，立碑紀之。」

又議設告至壇曰：「既至山下，禮行告至，柴于東方上帝，望秩遍禮羣神。今請其壇方八十一尺，高三尺，陛仍四出。其禪方壇及餘儀式，請從今禮。仍請柴祭、望秩，同時行事。」

又議廢石闕及大小距石曰：「距石之設，意取牢固，本資實用，豈云雕飾。今既積土厚封，足與天長地久。其小距環壇，石闕迴建，事非經誥，無益禮義，煩而非要，請從減省。」

太宗從其議，仍令附之於禮。

十五年，下詔，將有事於泰山，復令公卿諸儒詳定儀注。太常卿韋挺、禮部侍郎令狐德棻爲封禪使，參考其議。時論者又執異見，顏師古上書申明前議。太宗覽其奏，多依師古所陳爲定。車駕至洛陽宮，會有彗星之變，乃下詔罷其事。

高宗卽位，公卿數請封禪，則天既立爲皇后，又密贊之。麟德二年二月，車駕發京，東巡狩，詔禮官、博士撰定封禪儀注：

有司於乾封元年正月戊辰朔。先是，有司齋戒。於前祀七日平旦，太尉誓百官於行從中臺，云：「來月一日封祀，二日登封泰山，三日禪社首，各揚其職。不供其事，國有常刑。」上齋於行宮四日，致齋三日。近侍之官應從升者，及從事羣官、諸方客使，各本司公館清齋一宿。前祀一日，諸衞令其屬：未後一刻，設黃麾半仗於外壝之外，與樂工人俱清齋一宿。

有司於太嶽南四里爲圓壇，三成、十二階，如圓丘之制。壇上飾以青，四面各依方色，幷造燎壇及壝三重。又造玉策三枚，皆以金繩連編玉簡爲之。每簡長一尺二寸，廣一寸二分，厚三分，刻玉塡金爲字。又爲玉匱一，以藏正座玉策，長一尺三寸。幷玉檢方五寸，當繩處刻爲五道，當封璽處刻深二分，方一寸二分。又爲金匱二，以藏配座玉策，制度如玉匱。又爲黃金繩以纏金玉匱〔三〕，各五周。爲金泥、玉匱、金匱〔四〕。爲玉璽一枚，方一寸二分，文同受命璽，封玉匱、金匱。又爲石䃭，以藏玉匱〔五〕。用方石再累，各方五尺，厚一尺。刻方石中令容玉匱。䃭旁施檢處，皆刻深三寸三分，闊一尺。當繩處皆刻深三分，闊一寸五分。爲石檢十枚，以檢石䃭，皆長三尺，闊一尺，厚七寸。皆刻爲印齒三道，深四寸。當封璽處方五寸，當通繩處闊一寸五分。皆有小石蓋，制與檢刻處相應，以檢擫封泥。其檢立於䃭旁，南方、北方各三，東方、西方各二，去䃭隅皆七寸。又爲金繩以纏石䃭，各五周，徑三分。爲石泥以泥石䃭，其泥，末石和方色土爲之。爲距石十二枚〔六〕，分距䃭隅，皆再累，各闊二尺，長一丈，斜刻其首，令與䃭隅相應。

泰山之上，設登封之壇，上徑五丈，高九尺，四出陛。壇上飾以青，四面依方色。一壝，隨地之宜。其玉牒、玉匱、石感、石檢、距石，皆如封祀之制。又爲降禪壇於社首山上〔七〕，方壇八隅，一成八陛，如方丘之制。壇上飾以黃，四面依方色。三壝，隨地之宜。其玉策、玉匱、石感、石檢、距石等，亦同封祀之制。

至其年十二月，車駕至山下。及有司進奏儀注，封祀以高祖、太宗同配，禪社首以太穆皇后、文德皇后同配，皆以公卿充亞獻、終獻之禮。於是皇后抗表曰：

伏尋登封之禮，遠邁古先，而降禪之儀，竊爲未允。其祭地祇之日，以太后昭配，至於行事，皆以公卿。以妾愚誠，恐未周備。何者？乾坤定位，剛柔之義已殊；經義載陳，中外之儀斯別。瑤壇作配，既合於方祇；玉豆薦芳，實歸於內職。況推尊先后，親饗瓊筵，豈有外命宰臣，內參禋祭？詳於至理，有紊徽章。但禮節之源，雖興於昔典；而升降之制，尚缺於遙圖。且往代封嶽，雖云顯號，或因時省俗，意在尋仙；或以情覬名，事深爲己。豈如化被乎四表，推美於神宗；道冠乎二儀，歸功於先德。寧可仍遵舊軌，靡創彝章？

妾謬處椒闈，叨居蘭掖。但以職惟中饋，道屬於蒸、嘗；義切奉先，理光於蘋、藻。罔極之思，載結於因心；祇肅之懷，實深於明祀。但妾早乖定省，已闕侍於晨昏；今屬崇禋，豈敢安於帷帟。是故馳情夕寢，睠嬴里而翹魂；疊慮宵興，仰梁郊而聳念。伏望展禮之日，總率六宮內外命婦，以親奉奠。冀申如在之敬，式展虔拜之儀。積此微誠，已淹氣序。既屬鑾輿將警，奠璧非賒，輒効丹心，庶裨大禮。冀聖朝垂則，永播於芳規；螢燭末光，增輝於日月。

於是祭地祇、梁甫，皆以皇后爲亞獻，諸王大妃爲終獻。

丙辰，前羅文府果毅〔八〕李敬貞論封禪須明水實樽：「淮南子云：『方諸見月，則津而爲水。』高誘注云：『方諸，陰燧，大蛤也。熟摩拭令熱，以向月，則水生。以銅盤受之，下數石。』王充論衡云：『陽燧取火於日，方諸取水於月，相去甚遠，而火至水來者，氣感之驗也。』漢舊儀云〔九〕：『八月飲酎，車駕夕牲，以鑑諸取水於月，以陽燧取火於日。』周禮考工記云：『金有六齊。金錫半，謂之鑑燧之齊。』鄭玄注云：『鑑燧，取水火於日月之器也。』準鄭此注，則水火之器，皆以金錫爲之。今司宰有陽燧，形如圓鏡，以取明火；陰鑑形如方鏡，以取明水。但比年祠祭，皆用陽燧取火，應時得；以陰鑑取水，未有得者，常用井水替明水之處〔一〇〕。」奉敕令禮司研究。敬貞因說先儒是非，言及明水，乃云：「周禮金錫相半，自是造陽燧法，鄭玄錯解以爲陰鑑之制。依古取明水法，合用方諸，引淮南子等書，用大蛤也。」又稱：「敬貞曾八九月中，取蛤一尺二寸者依法試之。自人定至夜半，得水四五斗。」奉常奏曰：「封禪祭祀，卽須明水實樽〔二〕。敬貞所陳，檢有故實。」又稱：「先經試驗確執，望請差敬貞自取蚌蛤，便赴太山與所司對試。」

是日，制曰：「古今典制，文質不同，至於制度，隨世代沿革，唯祀天地，獨不改張，斯乃自處於厚，奉天以薄。又今封禪，卽用玉牒金繩，器物之間，復有瓦罇秸席，一時行禮，文質頓乖，駁而不倫，深爲未愜。其封祀、降禪所設上帝、后土位，先設槀秸、瓦甒、瓢杯等物，並宜改用裀褥罍爵，每事從文。其諸郊祀，亦宜準此。」於是昊天上帝之座褥以蒼，皇地祇褥以黃，配帝及后褥以紫，五方上帝及大明、夜明席皆以方色，內官已下席皆以莞。

三年正月，帝親享昊天上帝于山下，封祀之壇，如圓丘之儀。祭訖，親封玉策，置石䃭，聚五色土封之。圓徑一丈二尺，高九尺。其日，帝率侍臣已下升泰山。翌日，就山上登封之壇封玉策訖，復還山下之齋宮。其明日，親祀皇地祇於社首山上，降禪之壇，如方丘之儀。皇后爲亞獻，越國太妃燕氏爲終獻。翌日，上御朝覲壇以朝羣臣，如元日之儀。禮畢，詔文武百僚，大赦改元。初，上親享于降禪之壇，行初獻之禮畢，執事者皆趨而下。宦者執帷，皇后率六宮以升，行禮。帷帟皆以錦繡爲之。百僚在位瞻望，或竊議焉。於是詔立登封、降禪、朝覲之碑，各於壇所。又詔名封祀壇爲舞鶴臺，介丘壇爲萬歲臺，降禪壇爲景雲臺，以紀當時所見之瑞焉。

高宗既封泰山之後，又欲遍封五岳。至永淳元年，於洛州嵩山之南，置崇陽縣。其年七月，敕其所造奉天宮。二年正月，駕幸奉天宮。至七月，下詔將以其年十一月封禪於嵩岳。詔國子司業李行偉、考工員外郎賈大隱、太常博士韋叔夏裴守貞輔抱素等詳定儀注。於是議：

立封祀壇，如圓丘之制。上飾以玄，四面依方色。爲圓壇，三成，高二丈四尺，每等高六尺。壇上徑一十六步，三等各闊四步。設十二陛，陛皆上闊八尺，下闊一丈四尺。爲三重壝，距外壝三十步，內壝距五十步。燎壇在壇東南外壝之內，高三尺，方一丈五尺，南出陛。

登封壇，圓徑五丈，高九尺。四出陛，爲一壝，飾以五色，準封祀。

禪祭壇，上飾以金，四面依方色，爲八角方壇，再成，高一丈二尺，每等高四尺。壇上方十六步，每等廣四步，設八陛。其上壇陛皆廣八尺，中等陛皆廣一丈，下等陛皆廣一丈二尺。爲三重壝之大小，準封祀。爲埋埳，在壇之未地外壝之內，方深取足容物，南出陛。

朝覲壇，於行宮之前爲壇。宮方三分。壝二，在南。壇方二十四丈，高九尺，南面兩陛，餘三面各一陛。

封祀、登封，五色土封石礪爲圓封，上徑一丈二尺，下徑三丈，高九尺。禪祭，五色土封爲八角方封，大小準封祀制度。所用尺寸，準歷東封，並用古尺。諸壇並築土爲之，禮無用石之文。並度影以定方位。登封、降禪，四出陛各當四方之中，陛各上廣七尺，下廣一丈二尺。

封祀玉帛料，有蒼璧，四圭有邸，圭璧。禪祭有黃琮，兩圭有邸，無圭璧。

又定登封、降禪、朝覲等日。準禮，冬至祭天於圜丘，其封祀請用十一日。準東封祀故事，十二日登封，十三日禪祭，十四日朝覲。若有故，須改登封已下期日，在禮無妨。

又輦輿料云：封祀、登封，皇帝出乘玉輅，還乘金輅。皇太子往還金輅。禪祭，皇帝、太子如封祀。

又衣服料云：東封祠祭日，天皇服袞冕，近奉制，依貞觀禮服大裘。又云：袞冕服一具，齋服之；通天冠服一具，迴服之；翼善冠服一具，馬上服之。皇太子袞冕服。又齋則服遠遊冠，受朝則公服遠遊冠服，馬上則進德冠服。

當時又令詳求射牛之禮。行偉、守貞等議曰：「據周禮及國語，郊祀天地，天子自射其牲。漢武唯封太山，令侍中儒者射牛行事〔一二〕。至於餘祀，亦無射牲之文。但親舂射牲，雖是古禮，久從廢省。據封禪禮〔一三〕，祀日，未明十五刻，宰人以鑾刀割牲，質明而行事。比鑾駕至時，牢牲總畢，天皇唯奠玉酌獻而已。今若祀前一日射牲，事卽傷早。祀日方始射牲，事又傷晚。若依漢武故事，卽非親射之儀，事不可行。」詔從之。尋屬高宗不豫，遂罷封禪之禮。

則天證聖元年，將有事於嵩山，先遣使致祭以祈福助，下制，號嵩山爲神岳，尊嵩山神爲天中王，夫人爲靈妃。嵩山舊有夏啓及啓母、少室阿姨神廟，咸令預祈祭。至天册萬歲二年臘月甲申，親行登封之禮。禮畢，便大赦，改元萬歲登封，改嵩陽縣爲登封縣，陽成縣爲告成縣。粤三日丁亥，禪于少室山。又二日己丑，御朝覲壇朝羣臣，咸如乾封之儀。則天以封禪日爲嵩岳神祇所祐，遂尊神岳天中王爲神岳天中皇帝，靈妃爲天中皇后，夏后啓爲齊聖皇帝；封啓母神爲玉京太后，少室阿姨神爲金闕夫人；王子晉爲昇仙太子，別爲立廟。登封壇南有檞樹，大赦日於其杪置金雞樹〔一四〕。則天自制昇中述志碑，樹於壇之丙地。

玄宗開元十二年，文武百僚、朝集使、皇親及四方文學之士，皆以理化昇平，時穀屢稔，上書請修封禪之禮并獻賦頌者，前後千有餘篇。玄宗謙沖不許。中書令張說又累日固請，乃下制曰：

自古受命而王者，曷嘗不封泰山，禪梁父，答厚德，告成功。三代之前，罔不由此。越自魏、晉，以迄周、隋，帝典闕而大道隱，王綱弛而舊章缺，千載寂寥，封崇莫嗣。物極而復，天祚我唐，武、文二后，應圖受籙。洎于高宗，重光累盛，承至理，登介丘，懷百神，震六合，紹殷、周之統，接虞、夏之風。中宗弘懿鑠之休，睿宗沐粹精之道，巍巍蕩蕩，無得而稱者也。

朕昔戡多難，稟略先朝，虔奉慈旨，嗣膺丕業。是用創九廟以申孝敬，禮二郊以展嚴禋，寶菽粟於水火，捐珠玉於山谷。兢兢業業，非敢追美前王；日愼一日，實以奉遵遺訓。至於巡狩大典，封禪鴻名，顧惟寡薄，未遑時邁，十四載于茲矣。今百穀有年，五材無眚，刑罰不用，禮義興行，和氣氤氳，淳風澹泊。蠻夷戎狄，殊方異類，重譯而至者，日月於闕廷；奇獸神禽，甘露嘉醴，窮祥極瑞，朝夕於林籞。王公卿士，罄乃誠於中；鴻生碩儒，獻其書於外。莫不以神祇合契，億兆同心。斯皆烈祖聖考，垂裕餘慶。故朕頼宗廟之介福，敢以眇身，顓其克讓。是以敬奉羣議，弘此大猷，以光我高祖之丕圖，以紹我高祖之鴻烈。永言陟配，追感載深。可以開元十三年十一月十日，式遵故實，有事太山。所司與公卿諸儒詳擇典禮，預爲備具，勿廣勞人，務存節約，以稱朕意。

於是詔中書令張說、右散騎常侍徐堅、太常少卿韋縚、秘書少監康子元、國子博士侯行果等，與禮官於集賢書院刊撰儀注。

玄宗初以靈山好靜，不欲喧繁，與宰臣及侍講學士對議，用山下封祀之儀。於是張說謂徐堅、韋縚等曰：「乾封舊儀，禪社首，享皇地祇，以先后配饗。王者父天而母地，當今皇母位，亦當往帝之母也，子配母饗，亦有何嫌？而以皇后配地祇，非古之制也。天監孔明，福善如響。乾封之禮，文德皇后配皇地祇，天后爲亞獻，越國太妃爲終獻。宮闈接神，有乖舊典。上玄不祐，遂有天授易姓之事，宗社中圮，公族誅滅，皆由此也。景龍之季，有事圓丘，韋氏爲亞獻，皆以婦人升壇執籩豆，媟黷穹蒼，享祀不潔。未及踰年，國有內難，終獻皆受其咎〔一五〕，掌座齋郎及女人執祭者，多亦夭卒。今主上尊天敬神，事資革正。斯禮以睿宗大聖貞皇帝配皇地祇，侑神作主。」乃定議奏聞。上從之。

舊禮：郊祀既畢，收取玉帛牲體，置於柴上，然後燔於燎壇之上，其壇於神壇之左。顯慶中，禮部尚書許敬宗等因修改舊禮，乃奏曰：

謹按祭祀之禮，周人尚臭，祭天則燔柴，祭地則瘞血，宗廟則焫蕭灌鬯，皆貴氣臭，同以降神。禮經明白，義釋甚詳。委柴在祭神之初，理無所惑。是以三禮義宗等並云：「祭天以燔柴爲始，然後行正祭。祭地以瘞血爲先，然後行正祭。」又禮論說太常賀循上言：「積柴舊在壇南，燎祭天之牲，用犢左胖，漢儀用頭，今郊用脅之九个。太宰令奉牲脅，太祝令奉圭璧，俱奠燎薪之上。」此卽晉氏故事，亦無祭末之文〔一六〕。既云漢儀用牲頭，頭非神俎之物，且祭末俎皆升右胖之脅。唯有三禮、賀循既云用祭天之牲左胖，復云今儀用脅九个，足明燔柴所用，與升俎不同。是知自在祭初，別燔牲體，非於祭末，燒神餘饌。此則晉氏以前，仍遵古禮。唯周、魏以降，妄爲損益。緣告廟之幣，事畢瘞埋，因改燔柴，將爲祭末。事無典實，禮闕降神。

又燔柴、正祭，牲、玉皆別。蒼璧蒼犢之流，柴之所用；四圭騂犢之屬，祀之所須。故郊天之有四圭，猶祀廟之有圭瓚。是以周官典瑞，文勢相因，並事畢收藏，不在燔例。而今新禮引用蒼璧，不顧圭瓚，遂亦俱燔，義既有乖，理難因襲。

又燔柴作樂，俱以降神，則處置之宜，須相依準。柴燔在左，作樂在南，求之禮情，實爲不類。且禮論說積柴之處在神壇之南，新禮以爲壇左，文無典故。請改燔爲祭始，位樂懸之南，外壝之內。其陰祀瘞埋，亦請準此。

制可之。自是郊丘諸祀，並先焚而後祭。

及玄宗將作封禪之禮，張說等參定儀注，徐堅、康子元等建議曰：

臣等謹按顯慶年修禮官長孫無忌等奏改燔柴在祭前狀稱「祭祀之禮，必先降神。周人尚臭，祭天則燔柴」者。臣等按禮，迎神之義，樂六變則天神降，八變則地祇出，九變則鬼神可得而禮矣。則降神以樂，周禮正文，非謂燔柴以降神也。案尚臭之義，不爲燔之先後。假如周人尚臭，祭天則燔柴，容或燔臭先以迎神。然則殷人尚聲，祭天亦燔柴，何聲可燔先迎神乎？又按顯慶中無忌等奏稱「晉氏之前，猶遵古禮〔一七〕。周、魏以降，妄爲損益」者。今按郭璞晉南郊賦及注爾雅：「祭後方燔。」又按宋志所論〔一八〕，亦祭後方燔。又檢南齊、北齊及梁郊祀，亦飲福酒後方燔。又檢後周及隋郊祀，亦先祭後燔。據此，卽周遵後燔，晉不先燎。無忌之事，義乃相乖。

又按周禮大宗伯職：「以玉作六器，以禮天地四方。」注云：「禮爲始告神時薦於神座也。」下文云：「以蒼璧禮天，以黃琮禮地，皆有牲幣，各如其器之色。」又禮器云：「有以少爲貴者，祭天特牲。」是知蒼璧之與蒼牲，俱各奠之神座，理節不惑。又云：「四圭有邸，以祀天、旅上帝。」卽明祀昊天上帝之時，以旅五方天帝明矣。其青圭、赤璋、白琥、玄璜，自是立春、立夏、立秋、立冬之日，各於其方迎氣所用，自分別矣。今按顯慶所改新禮，以蒼璧與蒼牲、蒼幣，俱用先燔。蒼璧旣已燔矣，所以遂加四圭有邸，奠之神座。蒼牲旣已燔矣，所以更加騂牲，充其實俎。混昊天於五帝，同用四圭；失特牲之明文，加爲二犢。深乖禮意，事乃無憑。

考功員外郎趙冬曦、太學博士侯行果曰：「先焚者本以降神，行之已久。若從祭義，後焚爲定〔一九〕。」中書令張說執奏曰：「徐堅等所議燔柴前後，議有不同。據祭義及貞觀〔二〇〕。顯慶已後，旣先燔，若欲正失禮，求祭義，請從貞觀禮。如且因循不改，更請從顯慶禮。凡祭者，本以心爲主，心至則通於天地，達於神祇。既有先燔、後燎，自可斷於聖意，聖意所至〔三一〕，則通於神明。燔之先後，臣等不敢裁定。」玄宗令依後燔及先奠之儀。是後太常卿甯王憲奏請郊壇時祭，並依此先奠璧而後燔柴、瘞埋，制從之。

時又有四門助教施敬本駁奏舊封禪禮八條，其略曰：

舊禮，侍中跪取匜沃盥，非禮也。夫盥手洗爵，人君將致潔而尊神，故能使小臣爲之〔三二〕。今侍中，大臣也，而沃盥於人君〔三三〕；太祝，小臣也，乃詔祝於天神。是接天神以小臣，奉人君以大臣，故非禮。按周禮大宗伯曰：「鬱人，下士二人，贊祼事。」則沃盥此職也。漢承秦制，無鬱人之職，故使近臣爲之。魏、晉至今，因而不改。然則漢禮，侍中行之則可矣，今以侍中爲之，則非也。漢侍中，其始也微。高帝時籍孺爲之，惠帝時閎孺爲之，留侯子辟強年十五爲之。至後漢，樓堅以議郎拜侍中，邵闓自侍中遷步兵校尉，秩千石，少府卿之屬也。少府卿秩中二千石，丞秩千石，侍中與少府丞班同。魏代蘇則爲之。舊侍中親省起居，故謂之「執獸子」。吉茂見謂之曰：「仕進不止執獸子」，是言其爲褻臣也。今侍中，名則古官，人非昔任，掌同燮理，寄實鹽梅，非復漢、魏「執獸子」之班，異乎周禮鬱人之職。行舟不息，墜劍方遙，驗刻而求，可謂謬矣。

夫祝以傳命，通主人之意以薦於神明，非賤職也。故兩君相見，則卿爲上儐。況天人之際〔二四〕，其肅恭之禮，以兩君爲喻，不亦大乎！今太祝，下士也，非所以重命而尊神之義也。然則周、漢太祝，是禮矣。何者？按周禮大宗伯曰：「太祝，下大夫二人，上士四人，掌六祝之辭。」大宗伯爲上卿，今禮部尚書、太常卿比也；小宗伯中大夫，今侍郎、少卿比也；太祝下大夫，今郎中、太常丞比也；上士四人，今員外郎、太常博士之比也。故可以處天人之際，致尊極之辭矣。又漢太祝令，秩六百石，與太常博士同班。梁太祝令，與南臺御史同班。今太祝下士之卑，而居下大夫之職〔二五〕，斯又刻舟之論，不異於前矣。

又曰：

舊禮，謁者引太尉升壇亞獻，非禮也。謁者已賤，升壇已重，是微者用之於古，而大體實變之於今也〔二六〕。按漢官儀：尚書御史臺官屬有謁者僕射一人，秩六百石，銅印青綬；謁者三十五人，以郎中滿歲稱給事，未滿歲稱灌謁者〔二七〕。又按漢書百官公卿表：光祿勳官屬有郎中、員外，秩比二千石；有謁者，掌賓讚受事，員七十人，秩比六百石。古之謁者，秩異等，今謁者班微，以之從事，可謂疏矣。

又曰：

舊禮，尚書令奉玉牒，今無其官，請以中書令從事。按漢武帝時，張安世爲尚書令，遊宴後宮，以宦者一人出入帝命，改爲中書謁者令。至成帝，罷宦者，用士人。魏黄初改秘書，置中書監令。舊尚書并掌制誥，既置中書官，而制誥樞密皆掌焉。則自魏以來，中書是漢朝尚書之職。今尚書令奉玉牒〔二〕，是用漢禮，其官既闕，故可以中書令主之。

議奏，玄宗令張說、徐堅召敬本與之對議詳定。說等奏曰：「敬本所議，其中四條，先已改定。有不同者，望臨時量事改攝。」制從之。

十三年十一月丙戌，至泰山，去山趾五里，西去社首山三里。丁亥，玄宗服袞冕於行宮，致齋於供帳前殿。己丑，日南至，大備法駕，至山下。玄宗御馬而登，侍臣從。先是玄宗以靈山清潔，不欲多人上，欲初獻於山上壇行事，亞獻、終獻於山下壇行事。因召禮官學士賀知章等入講儀注，因問之，知章等奏曰：「昊天上帝，君位；五方時帝，臣位；帝號雖同，而君臣異位。陛下享君位於山上，羣臣祀臣位於山下，誠足以垂範來葉，爲變禮之大者也。禮成於三，初獻、亞、終，合於一處。」玄宗曰：「朕正欲如是，故問卿耳。」於是敕三獻於山上行事，其五方帝及諸神座於山下壇行事。玄宗因問：「玉牒之文，前代帝王，何故秘之？」知章對曰：「玉牒本是通於神明之意。前代帝王，所求各異，或禱年算，或思神仙，其事微密，是故莫知之。」玄宗曰：「朕今此行，皆爲蒼生祈福，更無秘請。宜將玉牒出示百僚，使知朕意。」其辭曰：「有唐嗣天子臣某，敢昭告于昊天上帝。天啓李氏，運興土德。高祖、太宗，受命立極。高宗升中，六合殷盛。中宗紹復，繼體不定。上帝眷祐，錫臣忠武。底綏內難，推戴聖父。恭承大寶，十有三年。敬若天意，四海晏然。封祀岱岳，謝成于天。子孫百祿，蒼生受福。」

庚寅，祀昊天上帝于山上封臺之前壇，高祖神堯皇帝配享焉。邠王守禮亞獻，寧王憲終獻。皇帝飮福酒。癸巳，中書令張說進稱：「天賜皇帝太一神策，周而復始，永綏兆人。」帝拜稽首。山上作圓臺四階，謂之封壇。臺上有方石再累，謂之石䃭。玉牒、玉策，刻玉塡金爲字，各盛以玉匱，束以金繩，封以金泥，皇帝以受命寶印之。納二玉匱於䃭中，金泥䃭際，以「天下同文」之印封之。壇東南爲燎壇，積柴其上。皇帝就望燎位，火發，羣臣稱萬歲，傳呼下山下，聲動天地。山下壇祀，羣臣行事已畢，皇帝未離位，命中書門下曰：「朕以薄德，恭膺大寶。今封祀初建，雲物休祐，皆是卿等輔弼之力〔三九〕。君臣相保，勉副天心，長如今日，不敢矜怠。」中書令張說跪言：「聖心誠懇，宿齋山上。昨夜則息風收雨，今朝則天淸日暖，復有祥風助樂，卿雲引燎，靈迹盛事，千古未聞。陛下又思愼終如初，長福萬姓，天下幸甚。」

先是車駕至岳西來蘇頓，有大風從東北來，自午至夕，裂幕折柱，衆恐。張說倡言曰：

「此必是海神來迎也。」及至岳下，天地淸晏。玄宗登山，日氣和煦。至齋次日入後，勁風偃人，寒氣切骨。玄宗因不食，次前露立，至夜半，仰天稱：「某身有過，請卽降罰。若萬人無福，亦請某爲當罪。兵馬辛苦，乞停風寒。」應時風止，山氣溫暖。時從山上布兵至于山壇，傳呼辰刻及詔命來往，斯須而達。夜中燃火相屬，山下望之，有如連星自地屬天。其日平明，山上淸迥，下望山下，休氣四塞，登歌奏樂，有祥風自南而至，絲竹之聲，飄若天外。及行事，日揚火光，慶雲紛郁，遍滿天際。羣臣並集于社首山帷宮之次，以候鑾駕，遙望紫煙憧憧上達，內外歡譟。玄宗自山上便赴社首齋次，辰巳間至，日色明朗，慶雲不散。百辟及蕃夷爭前迎賀。

辛卯，享皇地祇于社首之泰折壇，睿宗大聖貞皇帝配祀。五色雲見，日重輪。藏玉策於石䃔，如封壇之儀。

壬辰，玄宗御朝覲之帳殿，大備陳布。文武百僚，二王後，孔子後，諸方朝集使，岳牧舉賢良及儒生、文士上賦頌者，戎狄夷蠻羌胡朝獻之國，突厥頡利發，契丹、奚等王，大食、謝䫻、五天十姓，崑崙、日本、新羅、靺鞨之侍子及使，內臣之番，高麗朝鮮王，百濟帶方王〔三〕，十姓摩阿史那興昔可汗，三十姓左右賢王，日南、西竺〔三〕、鑿齒、雕題、牂柯、烏滸之酋長，咸在位。制曰：

朕聞天監唯后，后克奉天，既合德以受命，亦推功而復始。厥初作者七十二君，道洽跡著，時至符出，皆用事于介丘，升中於上帝。人神之望，蓋有以塞之，皇王之序，可得而言。朕接統千歲，承光五葉，惟祖宗之德在人，惟天地之靈作主。往者內難，幽贊而集大勳；間無外虞，守成而纘舊服。未嘗不乾乾終日，思與公卿大夫上下協心，聿求至理，以弘我烈聖，其庶乎馨香。今九有大寧，羣氓樂業，時必敬授而不奪，物亦順成而無夭。懋建皇極，幸致太和。洎乃幽遐，率由感被。戎狄不至，唯文告而來庭；麟鳳已臻，將覺情而在藪。以故凡百執事，亟言大封。顧惟不德，切欲勿議。伏以先聖儲祉，與天同功，荷傳符以在今，敢侑神而無報。大篇斯在，朕何讓焉。遂奉遵高宗之舊章，憲乾封之令典，時邁東土，柴告岱岳。精意上達，肸蠁來應，信宿行事，雲物呈祥。登降之禮斯畢，嚴配之誠獲展。百神羣望，莫不懷柔，四方諸侯，莫不來慶，斯是天下之介福，邦家之耿光也。無窮之休祉，豈獨在予；非常之惠澤，亦宜逮下。可大赦天下。封泰山神爲天齊王，禮秩加三公一等。仍令所管崇飾祠廟，環山十里，禁其樵採。給近山二十戶復，以奉祠神。

玄宗製紀太山銘，御書勒于山頂石壁之上。其辭曰：

朕宅帝位，十有四載〔三〕，顧惟不德，懵于至道，任夫難任，安夫難安。茲朕未知獲戾于上下，心之浩盪，若涉大川。賴上帝垂休，先后儲慶，宰相庶尹，交修皇極，四海會同，五典敷暢，歲云嘉熟，人用大和。百辟僉謀，唱余封禪，謂孝莫大於嚴父，禮莫盛于告天，天符既至，人望既積，固請不已，固辭不獲。肆余與夫二三臣，稽虞典，繹漢制，張皇六師，震讋九宇。旌旗有列，士馬無譁，肅肅邕邕，翼翼溶溶，以至岱宗，順也。

爾雅曰：「泰山爲東岳。」周官曰：「兗州之鎮山。」實萬物之始〔三〕，故稱岱焉；其位居五岳之伯，故稱宗焉。自昔王者受命易姓，於是乎啓天地，薦成功，序圖錄，紀氏號。朕統承先王，茲率厥典，實欲報玄天之眷命，爲蒼生而祈福，豈敢高視千古，自比九皇哉！故設壇場於山下，受羣方之助祭；躬封燎於山上，冀一獻之通神。斯亦因高崇天，就廣增地之義也。

乃仲冬庚寅，有事東岳，類于上帝，配我高祖。在天之神，罔不畢降。粵翌日，禪於社首，佑我聖考，祀於皇祇。在地之神，罔不咸舉。

暨壬辰，覲羣后，上公進曰：天子膺天符，納介福。羣臣拜稽首，呼萬歲。慶合歡同，乃陳誡以德。大渾協度，彝倫攸敍，三事百揆，時乃之功。萬物由庚，兆人允植，列牧衆宰，時乃之功。一二兄弟，篤行孝友，錫類萬國，時唯休哉！我儒制禮，我史作樂，天地擾順，時唯休哉！蠻夷戎狄，重譯來貢，累聖之化，朕何慕焉。五靈百寶，日來月集，會昌之運，朕何惑焉。凡今而後，儆乃在位，一王度，齊象法，權舊章，補缺政，存易簡，去煩苛。思立人極，乃見天則。

於戲！天生蒸人，惟后時乂，能以美利利天下，事天明矣。地德載物，惟后時相，能以厚生生萬人，事地察矣。天地明察，鬼神著矣。惟我藝祖文考，精爽在天，其曰「懿爾幼孫，克享上帝。惟帝時若，馨香其下」，丕乃曰「有唐氏文武之曾孫隆基，誕錫新命，纘我舊業，永保天祿，子孫其承之」。余小子敢對揚上帝之休命，則亦與百執事尙綏兆人，將多于前功，而毖彼後患。一夫不獲，萬方其罪予。一心有終，上天其知我。朕惟寶行三德，曰慈、儉、謙。慈者，覆無疆之言；儉者，崇將來之訓；自滿者人損，自謙者天益。苟如是，則軌迹易循，基構易守。磨石壁，刻金石，冀後人之聽辭而見心，觀末而知本。銘曰：

維天生人，立君以理，維君受命，奉天爲子。代去不留，人來無已，德涼者滅，道高斯起。赫赫高祖，明明太宗，爰革隋政，奄有萬邦。罄天張宇，盡地開封，武稱有截，文表時邕。高宗稽古，德施周溥，茫茫九夷，削平一鼓。禮備封禪，功齊舜禹，巖巍岱宗，衞我神主。中宗紹運，舊邦惟新，睿宗繼明，天下歸仁〔三〕。恭己南面，氤氳化淳，告成之禮，留諸後人。緬余小子，重基五聖，匪功伐高，匪德矜盛。欽若祀典，丕承永命，至誠動天，福我萬姓。古封太山，七十二君，或禪亭亭，或禪云云。其迹不見，其名可聞，祇遹文祖，光昭舊勳。方士虛誕，儒書不足，佚后求仙，誣神檢玉。秦災風雨，漢汙編錄，德未合天，或承之辱。道在觀政，名非從欲，銘心絕巖，播告羣岳。

於是中書令張說撰封祀壇頌、侍中源乾曜撰社首壇頌、禮部尙書蘇頲撰朝覲壇頌以紀德。

玄宗乙酉歲生，以華岳當本命。先天二年七月正位，八月癸丑，封華岳神爲金天王。開元十年，因幸東都，又於華岳祠前立碑，高五十餘尺。又於嶽上置道士觀，修功德。至天寶九載，又將封禪於華岳，命御史大夫王鉷開鑿險路以設壇場，會祠堂災而止。

校勘記

〔一〕長短闊狹一如玉牒　「狹」字各本原無，據通典卷五四、唐會要卷七、册府卷三五補。

〔二〕又議圓壇上土封曰　「壇」字各本原作「丘」，據通典卷五四、唐會要卷七、册府卷三五改。

〔三〕又爲黃金繩以纏金玉匱　下「金」字各本原無，據御覽卷八〇五補。

〔四〕爲金泥玉匱金匱　此句疑有脫誤。通典卷五四作「爲金泥以金泥之」，御覽八〇五作「爲金泥以泥之」。

〔五〕以藏玉匱　「以藏」，各本原無，據大唐開元禮卷六三、通典卷五四補。

〔六〕爲距石十二枚　「距」字各本原作「砡」，據大唐開元禮卷六三、通典卷五四改。

〔七〕又爲降禪壇於社首山上　「禪」字各本原無，據通典卷五四補。

〔八〕羅文府果毅　「文」字各本原作「舍」，據唐會要卷七改。校勘記卷一一云：「今按新書（卷三七）地理志華州下注云，有府二十，其十二爲羅文，是舍爲文之誤也。」

〔九〕漢舊儀　「舊」字各本原作「書」，據冊府卷五八六改。

〔一〇〕常用井水替明水之處　此處疑有脫誤。冊府卷五八六作：「嘗用井水代之，請準淮南、論衡以方諸取之，則禮神之物備矣。」

〔一一〕奉常奏曰封禪祭祀卽須明水實樽　以上十四字各本原無，據冊府卷五八六補。

〔一二〕侍中儒者　「儒者」，各本原作「謁者」，據漢書卷二五上郊祀志、通典卷五四、英華卷七六一、冊府卷三六改。

〔一三〕據封禪禮　「禮」字各本原無，據英華卷七六一補。

〔一四〕於其杪置金雞樹　校勘記卷一一云：「按樹字疑衍。」

〔一五〕終獻皆受其胙　此處疑有脫誤。通典卷五四作「亞獻終獻皆受其胙」，冊府卷三六作「亞獻皆受其胙」。

〔一六〕亦無祭末之文　「末」字各本原作「天」，據下文「祭末俎」語、全唐文卷一五二改。

〔一七〕猶遵古禮　「猶」字各本原作「獨」，據英華卷七六一、冊府卷三六改。

〔一八〕宋志所論　「志」字各本原作「忠」，據通典卷五四、英華卷七六一、冊府卷三六改。「宋志」指宋書禮志。

〔一九〕若從祭義後焚爲定　此處疑有誤。通典卷五四此二句作：「若設祭後燔，則神無由降矣。」合鈔卷二七禮志小注云：「冬曦、行果皆主先燔以駁徐堅之議者，如舊書所云，則亦從後燔矣。疑當從通典爲長。」冊府卷三六無此二句。

〔二〇〕據祭義及貞觀　合鈔卷二七禮志小注、殿本考證、校勘記卷一一，皆謂「貞觀」下有脫文。殿本考證云：「貞觀二字下有闕文，意謂貞觀所行，合于祭義，顯慶後乃失也。」新舊唐書合鈔補正卷二云：「按上文『後燔爲定』句疑當在『貞觀』下。」

〔二一〕自可斷於聖意聖意所至　「聖意」，各本原不重，據通典卷五四、冊府卷三六補。

〔二二〕故能使小臣爲之　「能」字疑衍。通典卷五四無「能」字，冊府卷三六無「能使」二字。

〔二三〕而沃盥於人君　「沃盥」，各本原作「盥沃」，據通典卷五四、冊府卷三六改。

〔二四〕況天人之際　「際」字各本原作「祭」，據通典卷五四、唐會要卷八、冊府卷三六改。

〔二五〕而居下大夫之職　冊府卷三六「居」下有「古」字。

〔二六〕是微者用之於古而大體實變之於今也　二句文字疑有誤。「微者」，聞本、殿本、懼盈齋本、廣本同，局本、通典卷五四作「徵名」。冊府卷三六此處作：「是徵名用之，欲合於古，而不知戾於古而變於今也。」

〔二七〕未滿歲稱灌謁者　「灌」字各本原作「權」。張森楷校勘記云：「權當作灌，漢志可證。（案見後漢書百官志二。）東西京官無權稱也。」據改。

〔二八〕今尙書令奉玉牒　「令奉」，各本原無，據冊府卷三六補。

〔二九〕皆是卿等輔弼之力　「等」字各本原無，據唐會要卷八、冊府卷三六補。

〔三〇〕百濟帶方王　「百」字各本原作「伯」，據唐會要卷八改。

〔三一〕西竺　各本原作「西二」，據唐會要卷八改。

〔三二〕朕宅帝位十有四載　各本「帝」字原無，「十有四載」原作「有十載」，據唐文粹卷一九下、全唐文卷四一改。

〔三三〕實萬物之始　冊府卷三六、唐文粹卷一九下、全唐文卷四一，「實」字下尙有「惟天帝之孫羣靈之府其方處」十二字。

〔三四〕睿宗繼明天下歸仁　以上八字各本原無，據唐文粹卷一九下、全唐文卷四一補。合鈔卷二七禮志小注云：「上文自高祖、太宗而下，歷敍功德，不應頌中宗而反遺睿宗。且上下各以四韻，宜當有此二句。」

舊唐書卷二十四

志第四

禮儀四

武德、貞觀之制，神祇大享之外，每歲立春之日，祀青帝於東郊，帝宓羲配，勾芒、歲星、三辰、七宿從祀。立夏，祀赤帝於南郊，帝神農氏配，祝融、熒惑、三辰、七宿從祀。季夏土王日，祀黃帝於南郊，帝軒轅配，后土、鎮星從祀。立秋，祀白帝於西郊，帝少昊配，蓐收、太白、三辰、七宿從祀。立冬，祀黑帝於北郊，帝顓頊配，玄冥、辰星、三辰、七宿從祀。每郊帝及配座，用方色犢各一，籩、豆各四，簠、簋各二，甑、俎各一。勾芒已下五星及三辰、七宿，每宿牲用少牢，每座籩、豆、簠、簋、甑、俎各一。孟夏之月，龍星見，雩五方上帝於雩壇，五帝配於上，五官從祀於下。牲用方色犢十，籩豆已下，如郊祭之數。

帝嚳，祭於頓丘〔一〕。唐堯，契配，祭於平陽。虞舜，咎繇配，祭於河東。夏禹，伯益配，祭於安邑。殷湯，伊尹配，祭於偃師。周文王，太公配，祭於酆。周武王，周公、召公配，祭於鎬。漢高祖，蕭何配，祭於長陵。三年一祭，以仲春之月。牲皆用太牢。祀官以當界州長官，有故，遣上佐行事。

五嶽、四鎮、四海、四瀆，年別一祭，各以五郊迎氣日祭之。東嶽岱山，祭於兗州；東鎮沂山，祭於沂州；東海，於萊州；東瀆大淮，於唐州。南嶽衡山，於衡州；南鎮會稽，於越州；南海，於廣州；南瀆大江，於益州。中嶽嵩山，於洛州。西嶽華山，於華州；西鎮吳山，於隴州；西海、西瀆大河，於同州。北岳恆山，於定州；北鎮醫無閭山，於營州；北海、北瀆大濟，於洛州〔三〕。其牲皆用太牢，籩、豆各四。祀官以當界都督刺史充。

仲春、仲秋二時戊日，祭太社、太稷，社以勾龍配，稷以后稷配。社、稷各用太牢一，牲色並黑，籩、豆、簠、簋各二，鉶、俎各三。春分，朝日於國城之東；秋分，夕月於國城之西。各用方色犢一，籩、豆各四，簠、簋、甄、俎各一。孟春吉亥，祭帝社於藉田，天子親耕；季春吉巳，祭先蠶於公桑，皇后親桑。並用太牢，籩、豆各九。將蠶日，內侍省預奉移所司所事。諸祭祀卜日，皆先卜上旬；不吉，次卜中旬、下旬。筮日亦如之。其先蠶一祭，節氣若晚，即於節氣後取日。立春後丑，祀風師於國城東北；立夏後申，祀雨師於國城西南；立秋後辰，祀靈星於國城東南；立冬後亥，祀司中、司命、司人、司祿於國城西北。各用羊一，籩、豆各二，簠、簋各一。季冬晦，堂贈儺，磔牲於宮門及城四門，各用雄雞一。仲春，祭馬祖；仲夏，祭先牧；仲秋，祭馬社；仲冬，祭馬步。並於大澤，用剛日。牲各用羊一，籩、豆各二，簠、簋各一。季冬藏冰，仲春開冰，並用黑牡、秬黍，祭司寒之神於冰室，籩、豆各二，簠、簋、俎各一。其開冰，加以桃弧棘矢，設於神座。

季冬寅日，蜡祭百神於南郊。大明、夜明，用犢二，籩、豆各四，簠、簋、甄、俎各一。神農氏及伊耆氏，各用少牢一，籩、豆各四，簠、簋、甄、俎各一。后稷及五方、十二次、五官、五方田畯、五嶽、四鎮、四海、四瀆以下，方別各用少牢一，當方不熟者則闕之。其日祭井泉於川澤之下，用羊一。卯日祭社稷於社宮〔三〕，辰日臘享於太廟，用牲皆準時祭。井泉用羊二〔四〕。二十八宿，五方之山林、川澤，五方之丘陵、墳衍、原隰，五方之鱗、羽、羸、毛、介，五方之水墉、坊、郵表畷，五方之貓、於菟及龍、麟、朱鳥、白虎、玄武，方別各用少牢一，各座籩、豆、簠、簋、俎各一。蜡祭凡一百八十七座。當方年穀不登，則闕其祀。蜡祭之日，祭五方井泉於山澤之下，用羊一，籩、豆各二，簠、簋及俎各一。蜡之明日，又祭社稷于社宮，如春秋二仲之禮。

顯慶中，更定籩、豆之數，始一例。大祀籩、豆各十二，中祀各十，小祀各八。

京師孟夏以後旱，則祈雨，審理冤獄，賑恤窮乏，掩骼埋胔。先祈嶽鎮、海瀆及諸山川能出雲雨，皆於北郊望而告之。又祈社稷，又祈宗廟，每七日皆一祈。不雨，還從嶽瀆。旱甚，則大雩，秋分後不雩。初祈後一旬不雨〔五〕，卽徙市，禁屠殺，斷繖扇，造土龍。雨足，則報祀。祈用酒醢，報準常祀，皆有司行事。已齊未祈而雨，及所經祈者，皆報祀。若霖雨不已，禜京城諸門，門別三日，每日一禜。不止，乃祈山川、嶽鎭、海瀆；三日不止，祈社稷、宗廟。其州縣，禜城門；不止，祈界內山川及社稷〔六〕。三禜、一祈，皆準京式，並用酒脯醢。國城門報用少牢，州縣城門用一特牲。

太宗貞觀三年正月，親祭先農，躬御耒耜，藉於千畝之甸。初，晉時南遷，後魏來自雲、朔，中原分裂，又雜以獯戎，代歷周、隋，此禮久廢，而今始行之，觀者莫不駭躍。於是秘書郞岑文本獻藉田頌以美之。初，議藉田方面所在，給事中孔穎達曰：「禮，天子藉田於南郊，諸侯於東郊。晉武帝猶於東南。今於城東置壇，不合古禮。」太宗曰：「禮緣人情，亦何常之有。且虞書云『平秩東作』，則是堯、舜敬授人時，已在東矣。又乘青輅、推黛耜者，所以順於春氣，故知合在東方。且朕見居少陽之地，田於東郊，蓋其宜矣。」於是遂定。自後每歲常令有司行事。

則天時，改藉田壇爲先農。神龍元年，禮部尚書祝欽明與禮官等奏曰：「謹按經典，無先農之文。禮記祭法云：『王自爲立社，曰王社。』先儒以爲社在藉田，詩之載芟篇序云『春藉田而祈社稷』是也。永徽年中猶名藉田，垂拱已後删定，改爲先農。先農與社，本是一神，頻有改張，以惑人聽。其先農壇請改爲帝社壇，以應禮經王社之義。其祭先農既改爲帝社壇，仍準令用孟春吉亥祠后土，以勾龍氏配。」制從之。於是改先農爲帝社壇，於壇西立帝稷壇，禮同太社、太稷，其壇不備方色，所以異於太社也。

睿宗太極元年，親祀先農，躬耕帝藉。禮畢，大赦，改元。

玄宗開元二十二年冬，禮部員外郎王仲丘又上疏請行藉田之禮。二十三年正月〔七〕，親祀神農於東郊，以勾芒配。禮畢，躬御耒耜于千畝之甸。時有司進儀注：「天子三推，公卿九推，庶人終畝。」玄宗欲重勸耕藉，遂進耕五十餘步，盡壠乃止。禮畢，輦還齋宮，大赦。侍耕、執牛官皆等級賜帛。玄宗開元二十六年，又親往東郊迎氣，祀青帝，以勾芒配，歲星及三辰七宿從祀。其壇本在春明門外，玄宗以祀所隘狹，始移於滻水之東面，而值望春宮。其壇一成，壇上及四面皆青色。勾芒壇在東南。歲星已下各爲一小壇，在青帝壇之北。親祀之時，有瑞雪，壇下侍臣及百僚拜賀稱慶。

肅宗乾元二年春正月丁丑〔八〕，將有事於九宮之神，兼行藉田禮。自明鳳門出，至通化門，釋軷而入壇，行宿齋於宮。戊寅，禮畢，將耕藉，先至於先農之壇。因閱耒耜，有彫刻文飾，謂左右曰：「田器，農人執之，在於朴素，豈文飾乎？」乃命徹之。下詔曰：「古之帝王，臨御天下，莫不務農敦本，保儉爲先，蓋用勤身率下也。屬東耕啓候，爰事藉田，將欲勸彼烝人，所以執茲耒耜。如聞有司所造農器，妄加雕飾，殊匪典章〔九〕。況紺轅縹軏，固前王有制，崇奢尙靡，諒爲政所疵。靖言思之，良用歎息，豈朕法堯舜、重茅茨之意耶！其所造彫飾者宜停。仍令有司依農用常式，卽別改造，庶萬方黎庶，知朕意焉。」翌日己卯，致祭神農氏，以后稷配享。肅宗冕而朱紘，躬秉耒耜而九推焉。禮官奏陛下合三推，今過禮。肅宗曰：「朕以身率下，自當過之，恨不能終於千畝耳。」既而佇立久之，觀公卿、諸侯、王公已下耕畢。

太宗貞觀十四年春正月庚子，命有司讀春令，詔百官之長，升太極殿列坐而聽之。開元二十六年，玄宗命太常卿韋縚每月進月令一篇。是後每孟月視日，玄宗御宣政殿，側置一榻，東面置案，命韋縚坐而讀之。諸司官長，亦升殿列座而聽焉。歲餘，罷之。乾元元年十二月丙寅立春，肅宗御宣政殿，命太常卿于休烈讀春令。常參官五品已上正員，並升殿預坐而聽之。

舊儀，嶽瀆已下，祝版御署訖，北面再拜。證聖元年，有司上言曰：「伏以天子父天而母地，兄日而姊月，於禮應敬，故有再拜之儀。謹按五嶽視三公，四瀆視諸侯，天子無拜公侯之禮，臣愚以爲失尊卑之序。其日月已下，請依舊儀。五嶽已下，署而不拜。」制可，從之〔一〇〕。

貞觀之禮，無祭先代帝王之文。顯慶二年六月，禮部尚書許敬宗等奏曰：「謹案禮記祭法云：『聖王之制祀也，法施於人則祀之，以死勤事則祀之，以勞定國則祀之，能禦大災則祀之，能捍大患則祀之。』又『堯、舜、禹、湯、文、武，有功烈於人，及日月星辰，人所瞻仰；非此族也，不在祀典』。準此，帝王合與日月同例，常加祭享，義在報功。爰及隋代，並遵斯典。漢高祖祭法無文，但以前代迄今，多行秦、漢故事。始皇無道，所以棄之。漢祖典章，法垂於後。自隋已下，亦在祠例。伏惟大唐稽古垂化，網羅前典，唯此一禮，咸秩未申。今請聿遵故事，三年一祭。以仲春之月，祭唐堯于平陽，以契配；祭虞舜于河東，以咎繇配；祭夏禹于安邑，以伯益配；祭殷湯于偃師，以伊尹配；祭周文王于酆，以太公配；祭武王於鎬，以周公、召公配；祭漢高祖于長陵，以蕭何配〔一一〕。」

玄宗開元二十二年正月，詔曰：「古聖帝明王、嶽瀆海鎮，用牲牢，餘並以酒脯充奠祀。」二十三年正月，詔：「自今已後，明衣絹布，並祀前五日預給。」丁酉，詔：「自今已後，有大祭，宜差丞相、特進、開府、少保、少傅、尚書、御史大夫攝行事。」天寶六載正月，詔：「三皇、五帝，於京城置令、丞。」七載五月，詔：「三皇已前帝王，宜於京城共置廟官。歷代帝王肇跡之處，德業可稱者，忠臣義士、孝婦烈女，所在亦置一祠宇。晉陽眞人等並追贈，得道昇仙處，度道士永修香火。」九載九月，處士崔昌上大唐五行應運曆，以王者五十代而一千年，請國家承周、漢，以周、隋爲閏。十一月，敕：「唐承漢後，其周武王、漢高祖同置一廟并官吏。」十二載九月，以魏、周、隋依舊爲二王後，封韓公、介、酅公等，依舊五廟〔三〕。

天寶六載正月，詔大祭祀騂犢，量減其數。肅宗上元元年閏四月，改元，制以歲儉，停中小祠享祭。至其年仲秋，復祠文宣於太學。永泰二年，春夏累月亢旱，詔大臣裴冕等十餘人，分祭川瀆以祈雨。禮儀使右常侍于休烈請依舊祠風伯、雨師於國門舊壇，復爲中祠，從之。

高祖武德二年，國子立周公、孔子廟。七年二月己酉，詔：「諸州有明一經已上未被升擢者，本屬舉送，具以名聞，有司試策，皆加敍用。其吏民子弟，有識性明敏，志希學藝，亦具名申送，量其差品，並卽配學。州縣及鄉，並令置學。」丁酉，幸國子學，親臨釋奠。引道士、沙門有學業者，與博士雜相駁難，久之乃罷。

貞觀十四年三月丁丑，太宗幸國子學，親觀釋奠。祭酒孔穎達講孝經，太宗問穎達曰：「夫子門人，曾、閔俱稱大孝，而今獨爲曾說，不爲閔說，何耶？」對曰：「曾孝而全，獨爲曾能達也。」制旨駁之曰：「朕聞家語云：曾晳使曾參鋤瓜，而誤斷其本，晳怒，援大杖以擊其背，手仆地〔三〕，絕而復蘇。孔子聞之，告門人曰：『參來勿內。』既而曾子請焉，孔子曰：『舜之事父母也，使之，常在側；欲殺之，乃不得。小箠則受，大杖則走。今參於父，委身以待暴怒，陷父於不義，不孝莫大焉。』由斯而言，孰愈於閔子騫也？」穎達不能對。太宗又謂侍臣：「諸儒各生異意，皆非聖人論孝之本旨也。孝者，善事父母，自家刑國，忠於其君，戰陳勇，朋友信，揚名顯親，此之謂孝。具在經典，而論者多離其文，迥出事外，以此爲教，勞而非法，何謂孝之道耶！」

二十一年，詔曰：「左丘明、卜子夏、公羊高、穀梁赤、伏勝、高堂生、戴聖、毛萇、孔安國、劉向、鄭衆、杜子春、馬融、盧植、鄭玄、服虔、何休、王肅、王弼、杜預、范甯、賈逵總二十二座，春秋二仲，行釋奠之禮。」初，以儒官自爲祭主，直云博士姓名，昭告于先聖。又州縣釋奠，亦以博士爲主。敬宗等又奏曰：

按禮記文王世子：「凡學，春官釋奠於其先師〔四〕。」鄭注云：「官，謂詩、書、禮、樂之官也。」彼謂四時之學，將習其道，故儒官釋奠，各於其師。既非國學行禮，所以不及先聖。至於春、秋二時合樂之日，則天子視學，命有司典秩，即總祭先聖、先師焉。秦、漢釋奠，無文可檢。至於魏武，則使太常行事。自晉、宋已降，時有親行，而學官主祭，至無典實。且名稱國學，樂用軒懸，罇俎威儀，蓋皆官備，在於臣下，理不合專。況凡在小神，猶皆遣使行禮，釋奠既準中祀，據理必須稟命。今請國學釋奠，令國子祭酒爲初獻，祝辭稱「皇帝謹遣」，仍令司業爲亞獻，國子博士爲終獻。其州學，刺史爲初獻，上佐爲亞獻，博士爲終獻。縣學，令爲初獻，丞爲亞獻，博士既無品秩，請主簿及尉通爲終獻。若有闕，並以次差攝。州縣釋奠，既請各刺史、縣令親獻主祭，望準祭社，同給明衣。修附禮令，以爲永則。

高宗顯慶二年七月，禮部尚書許敬宗等議：「依令，周公爲先聖，孔子爲先師。又禮記云：『始立學，釋奠於先聖。』鄭玄注云：『若周公、孔子也。』且周公踐極，功比帝王，請配武王。以孔子爲先聖。」二年〔一五〕，廢書、算、律學。龍朔二年正月，東都置國子監丞、主簿、錄事各一員，四門助教博士、四門生三百員，四門俊士二百員。二月〔一六〕，復置律及書、算學。三年，以書隸蘭臺，算隸秘閣局，律隸詳刑寺。乾封元年正月，高宗東封還，次鄒縣頓，祭宣父，贈太師。總章元年二月，皇太子弘幸國學，釋奠，贈顏回太子少師，曾參太子少保。儀鳳三年五月，詔：「自今已後，道德經並爲上經，貢舉人皆須兼通。其餘經及論語，任依常式。」則天天授三年，追封周公爲褒德王，孔子爲隆道公。則天長壽二年，自製臣軌兩卷，令貢舉人爲業，停老子。神龍元年，停臣軌，復習老子。以鄒、魯百戶封隆道公，謚曰文宣。

睿宗景雲二年八月丁巳，皇太子釋奠于太學。太極元年正月，詔：「孔宣父祠廟，令本州修飾，取側近三十戶以供灑掃。」

開元七年十月戊寅，皇太子詣國學，行齒胄之禮。開元十一年，春秋二時釋奠，諸州宜依舊用牲牢，其屬縣用酒脯而已。十九年正月，春秋二時社及釋奠，天下州縣等停牲牢，唯用酒脯，永爲常式。二十四年三月，始移貢舉，遣禮部侍郎姚奕請進士帖左傳、禮記通五及第〔一七〕。二十五年三月，敕：「明經自今已後，帖十通五已上；口問大義十條，取通六已上；仍答時務策三道，取粗有文理者及第。進士停帖小經，宜準明經例試大經，帖十通四，然後試雜文及策。訖，封所試雜文及策，送中書、門下詳覆。」二十六年正月，敕：「諸州鄉貢見訖，令引就國子監謁先師，學官爲之開講，質問疑義，有司設食。弘文、崇文兩館學生及監內得舉人，亦聽預焉。」其日，祀先聖已下，如釋奠之禮。青宮五品已下及朝集使〔一八〕，就監觀禮。遂爲常式，每年行之至今。

初，開元八年，國子司業李元瓘奏稱：「先聖孔宣父廟，先師顏子配座，今其像立侍，配享合坐。十哲弟子，雖復列像廟堂，不預享祀。謹檢祠令：何休、范甯等二十二賢〔一九〕，猶霑從祀，望請春秋釋奠，列享在二十二賢之上。七十子，請準舊都監堂圖形于壁，兼爲立贊，庶敦勸儒風，光崇聖烈。曾參等道業可崇，獨受經於夫子，望準二十二賢預饗。」敕改顏生等十哲爲坐像，悉預從祀。曾參大孝，德冠同列，特爲塑像，坐於十哲之次。圖畫七十子及二十二賢於廟壁上。以顏子亞聖，上親爲之贊，以書于石。閔損已下，令當朝文士分爲之贊。

二十七年八月，又下制曰：

弘我王化，在乎儒術。孰能發揮此道，啓迪含靈，則生人已來，未有如夫子者也。所謂自天攸縱，將聖多能，德配乾坤，身揭日月。故能立天下之大本，成天下之大經，美政教，移風俗，君君臣臣，父父子子，人到于今受其賜。不其猗歟！於戲！楚王莫封，魯公不用，俾夫大聖，纔列陪臣，棲遲旅人，固可知矣。年祀寖遠，光靈益彰，雖代有褒稱，而未爲崇峻，不副於實，人其謂何？

朕以薄德，祗膺寶命，思闡文明，廣被華夏。時則異於今古，情每重於師資。既行其教，合旌厥德。爰申盛禮，載表徽猷。夫子既稱先聖，可追謚爲文宣王。宜令三公持節册命，應緣册及祭，所司速擇日，并撰儀注進。其文宣陵并舊宅立廟〔三〇〕，量加人灑掃，用展誠敬。其後嗣可封文宣公。至如辨方正位，著自禮經，苟非得所，何以示則？昔緣周公南面，夫子西坐，今位既有殊，坐豈如舊，宜補其墜典，永作成式。自今已後，兩京國子監，夫子皆南面而坐，十哲等東西列侍。天下諸州亦准此。

且門人三千，見稱十哲，包夫衆美，實越等夷。暢玄聖之風規，發人倫之耳目，並宜褒贈，以寵賢明。顏子淵既云亞聖，須優其秩，可贈兗公。閔子騫可贈費侯，冉伯牛可贈鄆侯，冉仲弓可贈薛侯，冉子有可贈徐侯，仲子路可贈衞侯，宰子我可贈齊侯，端木子貢可贈黎侯，言子游可贈吳侯，卜子夏可贈魏侯。又夫子格言，參也稱魯，雖居七十之數，不載四科之目。頃雖異於十哲，終或殊於等倫，允稽先旨，俾循舊位。庶乎禮得其序，人焉式瞻，宗洙泗之丕烈，重膠庠之雅範。

又贈曾參、顓孫師等六十七人皆爲伯。於是正宣父坐於南面，內出王者衮冕之服以衣之。遣尚書左丞相裴耀卿就國子廟册贈文宣王。册畢，所司奠祭，亦如釋奠之儀，公卿已下預觀禮。又遣太子少保崔琳就東都廟以行册禮，自是始用宮縣之樂。春秋二仲上丁，令三公攝行事。

天寶元年，明經、進士習爾雅。九載七月，國子監置廣文館，知進士業，博士、助教各一人，秩同太學博士。十二載七月，詔天下舉人不得充鄉貢，皆補學生。四門俊士停。

寶應二年六月，敕令州縣每歲察秀才孝廉，取鄉閭有孝悌廉恥之行薦焉。委有司以禮待之，試其所通之學，五經之內，精通一經，兼能對策，達於理體者，並量行業授官。其明經、進士並停。國子學道舉，亦宜準此。因楊綰之請也。詔下朝臣集議，中書舍人賈至議，請依綰奏。有司奏曰：「竊以今年舉人等，或舊業既成，理難速改，或遠州所送，身已在途，事須收奬。其今秋舉人中有情願舊業舉試者，亦聽。明年已後，一依新敕。」後綰議竟不行。

自至德後，兵革未息，國學生不能廩食，生徒盡散，堂墉頹壞，常借兵健居止。至永泰二年正月，國子祭酒蕭昕上言：「崇儒尚學，以正風教，乃王化之本也。」其月二十九日，敕曰：

理道同歸，師氏爲上，化人成俗，必務於學。俊造之士，皆從此途，國之貴遊，罔不受業。修文行忠信之教，崇祗庸孝友之德，盡其師道，乃謂成人。兼復揚于王廷，考以政事，徵之以禮，任之以官。寘于周行，莫匪邦彥，樂得賢也，其在茲乎！

朕志求理體，尤重儒術，先王大教，敢不底行。頃以戎狄多難，急於經略，太學空設，諸生蓋寡。絃誦之地，寂寥無聲，函丈之間，殆將不掃。上庠及此，甚用憫焉。今宇縣攸寧，文武兼備，方投戈而講藝，俾釋菜而行禮。四科咸進，六藝復興；神人以和，風化寖美。日用此道，將無間然。

其諸道節度、觀察、都防禦使等，朕之腹心，久鎮方面。眷其子弟，各奉義方，修德立身，事資括羽〔三〕。恐干戈之後，學校尚微，僻居遠方，無所諮稟。山東寡學，質疑必就於馬融；關西盛名，尊儒乃稱於楊震。負經來學，當集京師。并宰相、朝官及神策六軍軍將子弟欲習業者，自今已後，並令補國子生。欲其業重籯金，器成琢玉，日新厥德，代不乏賢。其中身雖有官，欲附學讀書者，亦聽。其學官，委中書、門下卽簡擇行業堪爲師範者充。學生員數多少，所習經業，考試等第，幷所供糧料，及學館破壞，要量事修理，各委本司作條件聞奏。務須詳悉，稱朕意焉。

及二月朔上丁釋奠，蕭昕又奏：諸宰相元載、杜鴻漸、李抱玉及常參官、六軍軍將就國子學聽講論，賜錢五百貫。令京兆尹黎幹造食。集諸儒、道、僧，質問竟日。此禮久廢，一朝能舉。八月，國子學成祠堂、論堂、六館院及官吏所居廳宇，用錢四萬貫，拆曲江亭子瓦木助之。四日，釋奠，宰相、常參官、軍將盡會於講堂，京兆府置食，講論。軍容使魚朝恩說易，又於論堂畫周易鏡圖。自至德二載收兩京，唯元正含元殿受朝賀，設宮懸之樂，雖郊廟大祭，祇有登歌樂，亦無文、武二舞。其時軍容使魚朝恩知監事，廟庭乃具宮懸之樂於講堂前，又有教坊樂府雜伎，竟日而罷。

二十五日〔三〕，詔曰：「古者設官分土，所以崇德報功。總內署之綱，事密於淸禁；弘上庠之教，德潤於鴻業。賦開千乘，禮序九賓。必資兼濟之能，用協至公之選。開府儀同三司、兼右監門衞大將軍、仍知觀軍容宣慰處置使、知內侍省事、內飛龍閑廐使、內弓箭庫使、知神策軍兵馬使、上柱國、馮翊郡開國公魚朝恩，温良恭儉，寬柔簡廉，長才博達，敏識高妙。學究儒玄之秘，謀窮遁甲之精。百行資身，一心奉上。自王室多故，雲雷經始，五原之北，以先啓行；三河之表，爰整其旅。成師必勝，每合於韜鈐；料敵無遺，可徵於蓍蔡。關洛既定，幽燕復開，海外有截，厥功惟茂。歷事三聖，始終竭力。頃東都扈蹕，釋位勤王，時當綴旒，節見披棘，下江助我，甲令先書，社稷之衞，邦家是賴。及邊陲罷警，戎務解嚴，方獎勵於易象。才兼文武，所謂勳賢，亦既任能，斯焉命賞，宜膺朝典，式副公議。可行內侍監，判國子監事，充鴻臚禮賓等使，封鄭國公，食邑三千戶。」

二十四日，於國子監上。詔宰相及中書門下官、諸司常參官、六軍軍將送上。京兆府造食，內教坊音樂、竿木渾脫，羅列於論堂前。朝恩辭以中官不合知南衙曹務，宰相僕射大夫皆勸之，朝恩固辭，乃奏之。宰相引就食，奏樂，中使送酒及茶果，賜充宴樂，竟日而罷。元載奏狀。又使中使宣敕云：「朝恩既辭不止，但任知學生糧料。」是日，宰相軍將已下子弟三百餘人，皆衣紫衣，充學生房，設食於廊下。貸錢一萬貫，五分收錢，以供監官學生之費。俄又請青苗地頭取百文資課以供費同〔三〕。舊例，兩京國子監生二千餘人，弘文館、崇文館、崇玄館學生，皆廩飼之。十五載，上都失守，此事廢絕。乾元元年，以兵革未息，又詔罷州縣學生，以俟豐歲。

則天垂拱四年四月〔三四〕，雍州永安人唐同泰僞造瑞石於洛水，獻之。其文曰：「聖母臨人，永昌帝業。」於是號其石爲「寶圖」，賜百官宴樂，賜物有差。授同泰爲游擊將軍。其年五月下制，欲親拜洛受「寶圖」。先有事於南郊，告謝昊天上帝。令諸州都督、刺史并諸親，並以拜洛前十日集神都。於是則天加尊號爲聖母神皇。大赦天下。改「寶圖」爲「天授聖圖」，洛水爲永昌〔三五〕。封其神爲顯聖侯，加特進，禁漁釣，祭享齊於四瀆。所出處號曰聖圖泉，於泉側置永昌縣。又以嵩山與洛水接近，因改嵩山爲神嶽，授太師、使持節、神嶽大都督、天中王，禁斷芻牧。其天中王及顯聖侯，並爲置廟。又先於汜水得瑞石，因改汜水縣爲廣武縣。至其年十二月，則天親拜洛受圖，爲壇於洛水之北，中橋之左。皇太子皆從，內外文武百僚、蠻夷酋長，各依方位而立。珍禽奇獸，並列於壇前。文物鹵簿，自有唐已來，未有如此之盛者也。禮畢，卽日還宮。神都父老勒碑於拜洛壇前，號曰「天授聖圖之表」。開元五年，左補闕盧履冰上言曰：「則天皇后拜洛受圖壇及碑文，云垂拱四年唐同泰得石，文云『聖母臨人，永昌帝業』之所建。因改元爲永昌，仍置永昌縣。縣既尋廢，同泰亦已貶官，唯碑壇獨立。準天樞、頌臺之例，不可更留。」始令所司毀之，其顯聖侯廟亦尋毀拆。

開元二十九年正月己丑，〔三六〕詔兩京及諸州各置玄元皇帝廟一所，并置崇玄學。其生徒令習道德經及莊子、列子、文子等，每年準明經例舉送。至閏四月，玄宗夢京師城南山趾有天尊之像，求得之於盩厔樓觀之側。至天寶元年正月癸丑，陳王府參軍田同秀稱於京永昌街空中見玄元皇帝，以「天下太平，聖壽無疆」之言傳於玄宗，仍云桃林縣故關令尹喜宅傍有靈寶符。發使求之，十七日，獻於含元殿。於是置玄元廟於太寧坊，東都於積善坊舊邸。二月丁亥，御含元殿，加尊號爲開元天寶聖文神武皇帝。辛卯，親祔玄元廟。丙申，詔：古今人表〔三七〕，玄元皇帝升入上聖。莊子號南華眞人，文子號通玄眞人，列子號沖虛眞人，庚桑子號洞虛眞人。改莊子爲南華眞經，文子爲通玄眞經，列子爲沖虛眞經，庚桑子爲洞虛眞經。亳州眞源縣先天太后及玄元廟各置令一人。兩京崇玄學各置博士、助教，又置學生一百員。桃林縣改爲靈寶縣。田同秀與五品官。四月，詔崇文習道德經。七月，隴西李氏敦煌、姑臧、絳郡、武陽四房隸於宗正寺。九月，兩京玄元廟改爲太上玄元廟，天下準此。十月，改新豐驪山爲會昌山，仍於秦坑儒之所立祠宇。新作長生殿改爲集靈臺。

二年正月丙辰，加玄元皇帝尊號「大聖祖」三字，崇玄學改爲崇玄館，博士爲學士，助教爲直學士，更置大學士員。三月壬子，親謁玄元宮，聖祖母益壽氏號先天太后，仍於譙郡置廟。尊皋繇爲德明皇帝，涼武昭王爲興聖皇帝。西京玄元廟爲太淸宮，東京爲太微宮，天下諸州爲紫極宮。九月，譙郡紫極宮宜準西京爲太淸宮，先天太皇及太后廟亦並改爲宮。

三載三月，兩京及天下諸郡於開元觀、開元寺，以金銅鑄玄元等身天尊及佛各一軀。七載二月，於大同殿修功德處，玉芝兩莖生於柱礎上。五月，玄宗御興慶殿，授册尊號曰開元天寶聖文神武應道皇帝。十二月，以玄元皇帝見於朝元閣，改爲降聖閣。改會昌縣爲昭應縣，改會昌山爲昭應山。封昭應山神爲玄德公，立祠宇。

初，太清宮成，命工人於太白山採白石，爲玄元聖容，又採白石爲玄宗聖容，侍立於玄元之右。皆依王者衮冕之服，繒綵珠玉爲之。又於像設東刻白石爲李林甫、陳希烈之形。及林甫犯事，又刻石爲楊國忠之形，而瘞林甫之石。及希烈、國忠貶，盡毁瘞之。

八載六月，玉芝產於大同殿。先是，太白山人李渾稱於金星洞仙人見，語老人云，有玉版石記符「聖上長生久視」。令御史中丞王鉷入山洞，求而得之。閏六月四日，玄宗朝太清宮，加聖祖玄元皇帝尊號曰聖祖大道玄元皇帝，高祖、太宗、高宗、中宗、睿宗尊號並加「大聖」字，皇后並加「順聖」字。五日，玄宗御含元殿，加尊號曰開元天寶聖文神武應道皇帝。大赦。自今已後，每至禘祫，並於太清宮聖祖前設位序昭穆。太白山封神應公，金星洞改嘉祥洞，所管華陽縣改爲眞符縣。兩京及十道一大郡，置眞符玉觀。

九載十月，先是，御史大夫王鉷奏稱太白山人王玄翼見玄元皇帝於寶山洞中。乃遣王鉷、張均、王倕、韋濟、王翼、王嶽靈於洞中得玉石函上清護國經、寶劵、紀籙等，獻之。

十一月，制：「承前宗廟，皆稱告享。自今已後，每親告獻太清、太微宮，改爲朝獻，有司行事爲薦獻。親告享宗廟改爲朝享，有司行事爲薦享。親巡陵改爲朝陵，有司行事爲拜陵。應諸事告宗廟者，並改爲表。其郊天、后土及享祠祝文云『敢昭告』者，並改爲『敢昭薦』。」

十載正月，有事于南郊，於壇所大赦。制：「自今已後，攝祭南郊，薦獻太清宮，薦享太廟，其太尉行事前一日，於致齋所具羽儀鹵簿，公服引入，親授祝版，乃赴清齋所。」

汾陰后土之祀，自漢武帝後廢而不行。玄宗開元十年，將自東都北巡，幸太原，便還京，乃下制曰：「王者承事天地以爲主，郊享泰尊以通神。蓋燔柴泰壇，定天位也；瘞埋泰折，就陰位也。將以昭報靈祇，克崇嚴配。爰逮秦、漢，稽諸祀典，立甘泉於雍畤，定后土於汾陰，遺廟嶷然，靈光可燭。朕觀風唐、晉，望秩山川，肅恭明神，因致禋敬，將欲爲人求福，以輔昇平。今此神符，應於嘉德。行幸至汾陰，宜以來年二月十六日祠后土，所司準式。」

先是，脽上有后土祠，嘗爲婦人塑像，則天時移河西梁山神塑像，就祠中配焉。至是，有司送梁山神像於祠外之別室，內出錦繡衣服，以上后土之神，乃更加裝飾焉。又於祠堂院外設壇，如皇地祇之制。及所司起作，獲寶鼎三枚以獻。十一年二月，上親祠于壇上，亦如方丘儀。禮畢，詔改汾陰爲寶鼎。亞獻邠王守禮、終獻寧王憲已下，頒賜各有差。二十年，車駕又從東都幸太原，還京。中書令蕭嵩上言：「去十一年親祠后土，爲祈穀，自是神明昭格，累年豐登。有祈必報，禮之大者。且漢武親祠脽上，前後數四，伏請準舊祀后土，行賽之禮〔二八〕。」上從之。其年十一月至寶鼎，又親祠以申賽謝。禮畢，大赦。仍令所司刊石祠所，上自爲其文。

開元二十四年七月乙巳，初置壽星壇，祭老人星及角、亢等七宿。天寶三年，有術士蘇嘉慶上言：「請於京東朝日壇東，置九宮貴神壇，其壇三成，成三尺，四階。其上依位置九壇，壇尺五寸。東南曰招搖，正東曰軒轅，東北曰太陰，正南曰天一，中央曰天符，正北曰太一，西南曰攝提，正西曰咸池，西北曰青龍。五爲中，戴九履一，左三右七，二四爲上，六八爲下，符於遁甲。四孟月祭，尊爲九宮貴神，禮次昊天上帝，而在太清宮太廟上。用牲牢、璧幣，類于天地神祇。」玄宗親祀之。如有司行事，卽宰相爲之。肅宗乾元三年正月，又親祀之。初，九宮神位，四時改位，呼爲飛位。乾元之後，不易位。

大和二年八月，監察御史舒元輿奏：「七月十八日，祀九宮貴神，臣次合監祭，職當檢察禮物。伏見祝版九片，臣伏讀既竟，竊見陛下親署御名及稱臣於九宮之神。臣伏以天子之尊，除祭天地、宗廟之外，無合稱臣者。王者父天母地，兄日姊月，此以九宮爲目〔二九〕，是宜分方而守其位。臣又觀其名號，乃太一、天一、招搖、軒轅、咸池、青龍、太陰、天符、攝提也。此九神，於天地猶子男也，於日月猶侯伯也。陛下尊爲天子，豈可反臣於天之子男耶？臣竊以爲過。縱陰陽者流言其合祀，則陛下當合稱皇帝遣某官致祭于九宮之神，不宜稱臣與名。臣實愚瞀，不知其可。伏緣行事在明日鷄初鳴時，咸命已行，臣不敢滯。伏乞聖慈異日降明詔禮官詳議，冀明萬乘之尊，無所虧降，悠久恢典，因此可正。」詔都省議，皆如元輿之議。乃降爲中祠，祝版稱皇帝，不署。

會昌元年十二月，中書門下奏：「準天寶三載十月六日敕，『九宮貴神，實司水旱，功佐上帝，德庇下人。冀嘉穀歲登，災害不作。每至四時初節，令中書門下往攝祭』者。準禮，九宮次昊天上帝，壇在太清宮、太廟上，用牲牢、璧幣，類於天地。天寶三載十二月，玄宗親祠。乾元二年正月，肅宗親祀。伏自累年已來，水旱愆候，恐是有司禱請，誠敬稍虧。今屬孟春，合修祀典，望至明年正月祭日，差宰臣一人禱請。向後四時祭，並請差僕射、少師、少保、尚書、太常卿等官，所冀稍重其事，以申嚴敬。臣等十一月二十五日已於延英面奏，伏奉聖旨令檢儀注進來者。今欲祭時，伏望令有司崇飾舊壇，務於嚴潔。」敕旨依奏。

二年正月四日，太常禮院奏：「準監察御史關牒：『今月十三日，祀九宮貴神，已敕宰相崔珙攝太尉行事，合受誓誡，及有司徒、司空否？』伏以前件祭本稱大祠，準大和三年七月二十四日敕，降爲中祠。昨據敕文，祇稱崇飾舊壇，務於嚴潔，不令別進儀注，更有改移。伏恐不合却用大祠禮料，伏候裁旨。」中書門下奏曰：

臣準天寶三載十月六日敕，「九宮貴神，實司水旱」。臣等伏覩，既經兩朝親祠，必是所請有徵。況自大和已來，水旱愆候，陛下常憂稼穡，每念烝黎。臣等合副聖心，以修墜典。伏見大和三年禮官狀云：「縱司水旱兵荒，品秩不過列宿。今者五星悉是從祀，日月猶在中祀。」竊詳其意，以星辰不合比於天官。曾不知統而言之，則爲天地，在於辰象，自有尊卑。謹按後魏王鈞志：「北辰第二星，盛而常明者，乃爲元星露寢，天帝常居，始由道奧而爲變通之迹。又天皇大帝，其精曜魄寶，蓋萬神之秘圖，河海之命紀皆稟焉。」據茲說即昊天上帝也〔三〇〕。天一掌八氣、九精之政令，以佐天極。徵明而有常，則陰陽序，大運興。太一掌十有六神之法度，以輔人極。徵明而得中，則神人和而王道昇平。又北斗有權、衡二星，天一、太一參居其間，所以財成天地，輔相神道也。若一概以列宿論之，實爲淺近。按漢書曰：「天神貴者太一，佐曰五帝。」古者天子以春秋祭太一，列於祀典，其來久矣。今五帝猶爲大祀，則太一無宜降祀，稍重其祀，固爲得所。劉向有言曰：「祖宗所立神祇舊典，誠未易動。」又曰：「古今異制，經無明文，至尊至重，難以疑說正也。」其意不欲非祖宗舊典。以劉向之博通，尙難於改作，況臣等學不究於天人，識尤懵於祀典，欲爲參酌，恐未得中。伏望更令太常卿與學官同詳定，庶獲明據。

從之。

檢校左僕射太常卿王起、廣文博士盧就等獻議曰：

伏以九宮貴神，位列星座，往因致福，詔立祠壇。降至尊以稱臣，就東郊以親拜。在祀典雖云過禮，庇羣生豈患無文，思福黔黎，特申嚴奉，誠聖人屈己以安天下之心也。厥後祝史不明，精誠亦怠，禮官建議，降處中祠。今聖德憂勤，期臻壽域，兵荒水旱，痻瘝軫懷，爰命台臣，緝興墜典。

伏惟九宮所稱之神，卽太一、攝提、軒轅、招搖、天符、青龍、咸池、太陰、天一者也。謹按黃帝九宮經及蕭吉五行大義：「一宮，其神太一，其星天蓬，其卦坎，其行水，其方白。二宮，其神攝提，其星天芮，其卦坤，其行土，其方黑。三宮，其神軒轅，其星天衝，其卦震，其行木，其方碧。四宮，其神招搖，其星天輔，其卦巽，其行木，其方綠。五宮，其神天符，其星天禽，其卦離，其行土，其方黃。六宮，其神青龍，其星天心，其卦乾，其行金，其方白。七宮，其神咸池，其星天柱，其卦兌，其行金，其方赤。八宮，其神太陰，其星天任，其卦艮，其行土，其方白。九宮，其神天一，其星天英，其卦離，其行火，其方紫。」觀其統八卦，運五行，土飛於中，數轉於極，雖敬事迎釐，不聞經見，而範圍亭育，有助昌時，以此兩朝親祀而臻百祥也。然以萬物之精，上爲列星，星之運行，必繫於物。貴而居者，則必統八氣，總萬神，斡權化於混茫，賦品彙於陰隲，與天地日月，誠相參也。豈得緊賴於敷祐，而屈降於等夷？

又據太尉攝祀九宮貴神舊儀：前七日，受誓誡於尙書省，散齋四日，致齋三日。牲用犢。祝版御署，稱嗣天子臣。圭幣樂成。比類中祠，則無等級。今據江都集禮及開元禮〔三〕：蜡祭之日，大明、夜明二座及朝日、夕月，皇帝致祝，皆率稱臣。若以爲非泰壇配祀之時，得主日報天之義。卑緣厭屈，尊用德伸，不以著在中祠，取類常祀。此則中祠用大祠之義也。又據太社、太稷，開元之制，列在中祠。天寶三載二月十四日敕，改爲大祠，自後因循，復用前禮。長慶三年正月，禮官獻議，始準前敕，稱爲大祠。唯御署祝文，稱天子謹遣某官某昭告。文義以爲殖物粒人，則宜增秩，致祝稱禱，有異方丘，不以伸爲大祠，遂屈尊稱。此又大祠用中祠之禮也。參之日月既如彼，考之社稷又如此，所謂功鉅者因之以殊禮，位稱者不敢易其文，是前聖後儒陟降之明徵也。

今九宮貴神，既司水旱，降福穰災，人將賴之，追擧舊章，誠爲得禮。然以立祠非古，宅位有方，分職既異其司存，致祝必參乎等列。求之折中，宜有變通，稍重之儀，有以爲比。伏請自今已後，却用大祠之禮，誓官備物，無有降差。唯御署祝文，以社稷爲本〔三〕，伏緣已稱臣於天帝，無二尊故也。

敕旨依之，付所司。

天寶十載四月二十九日，移黃帝壇於子城內坤地，將親祠祭，壇成而止。

玄宗先天二年，封華嶽神爲金天王。開元十三年，封泰山神爲天齊王。天寶五載，封中嶽神爲中天王，南嶽神爲司天王，北嶽神爲安天王。六載，河瀆封靈源公，濟瀆封清源公，江瀆封廣源公，淮瀆封長源公。十載正月，四海並封爲王。遣國子祭酒嗣吳王祗祭東嶽天齊王，太子家令嗣魯王宇祭南嶽司天王，秘書監崔秀祭中嶽中天王，國子祭酒班景倩祭西嶽金天王，宗正少卿李成裕祭北嶽安天王；衞尉少卿李澣祭江瀆廣源公，京兆少尹章恆祭河瀆靈源公，太子左諭德柳偡祭淮瀆長源公〔三三〕，河南少尹豆盧回祭濟瀆清源公；太子率更令嗣道王鍊祭沂山東安公，吳郡太守趙居貞祭會稽山永興公，大理少卿李稹祭吳嶽山成德公，潁王府長史甘守默祭霍山應聖公，范陽司馬畢炕祭醫無閭山廣寧公；太子中允李隨祭東海廣德王，義王府長史張九章祭南海廣利王，太子中允柳奕祭西海廣潤王，太子洗馬李齊榮祭北海廣澤王。取三月十七日一時禮册。

玄宗御極多年，尚長生輕舉之術。於大同殿立眞仙之像，每中夜夙興，焚香頂禮。天下名山，令道士、中官合鍊醮祭，相繼於路。投龍奠玉，造精舍，採藥餌，眞訣仙蹤，滋於歲月。肅宗至德二載春，在鳳翔，改汧陽郡吳山爲西嶽〔三四〕，增秩以祈靈助。及上元二年〔三五〕，聖躬不康，術士請改吳山爲華山，華山爲泰山，華州爲泰州，華陽縣爲太陰縣。寶應元年，復舊。

則天長安三年，令天下諸州宜教人武藝，每年準明經進士例申奏。開元十九年，於兩京置太公尚父廟一所，以漢留侯張良配饗。天寶六載，詔諸州武舉人上省，先謁太公廟，拜將帥亦告太公廟。至肅宗上元元年閏四月，又尊爲武成王，選歷代良將爲十哲。

高宗顯慶元年三月辛巳，皇后武氏有事於先蠶。玄宗先天二年三月辛卯，皇后王氏祀先蠶。肅宗乾元二年三月己巳，皇后張氏祠先蠶於苑內，內外命婦同採焉。

舊儀，大祭祀，宮懸、軒懸奏於庭，登歌於堂上。自至德二載克復兩京後，樂工不備，時又艱食，諸壇廟祭享，空有登歌，無壇下、庭中樂及二舞。

舊儀，凡祭享，有司行事，則太尉奠瓚幣，司徒捧俎，司空掃除，太尉初獻，太常卿亞獻，光祿卿終獻。自上元後，南郊、九宮神壇、太廟，備此五官，餘即太常卿攝司空，光祿卿攝司徒，貴省於事。

舊儀，有協律郎立於阼階上，麾竿以節樂。今無協律之位。

舊儀，光祿欲爲祭饌，將陽燧望日取火，謂之明火。太牢皆棧飼於廩犧署，以至充腯。

臨祭視其充瘦，謂之省牲。肅宗上元二年九月，改元爲元年，詔：「圓丘方澤，依恆存一太牢。皇廟諸祠，臨時獻熟。」今昊天上帝、太廟，一牢，羊豕各三，餘祭盡隨事辦供以備禮。明火、棧飼之禮，亦不暇矣。

校勘記

〔一〕帝嚳祭於頓丘　「祭」上各本原有「配」字。通典卷一〇六無「配」字。大唐開元禮卷五〇所載祭先代帝王祝文，堯、舜、禹、湯、文、武、漢高均有配座祝文，惟帝嚳無。合鈔卷二八禮志謂「配」字衍。據刪。

〔二〕北海北瀆大濟於洛州　「洛州」，殿本、懼盈齋本、局本、廣本作「洛州」，此據聞本。案大唐開元禮卷三六作「河南府」，通典卷四六作「洛州」，又卷一〇六作「河南府」，新書卷一五禮樂志作「河南」，當作「洛州」。

〔三〕當方不熟者則闕之其日祭井泉於川澤之下用羊一卯日祭社稷於社宮　此數句與下文複見，疑有舛誤。合鈔卷二八禮志刪之，而補以「籩豆各二簠簋及俎各一」。

〔四〕辰日臘享於太廟用牲皆準時祭井泉用羊二　合鈔卷二八禮志刪「井泉用羊二」句而移「辰日」二句於下文「如春秋二仲之禮」句下。

〔五〕旱甚則大雩秋分後不雩初祈後一旬不雨　「旱甚」至「初祈」十二字各本原無，據通典卷四三補。

〔六〕不止祈界內山川及社稷　「不止祈」，各本原作「其」，據通典卷一〇八改。

〔七〕二十三年正月　「正月」，各本原作「二月」，據本書卷八玄宗紀、通鑑卷二一四改。

〔八〕乾元二年　「二年」，各本原作「三年」，據本書卷一〇肅宗紀、新書卷一四禮樂志改。

〔九〕爰事耤田將欲勸彼蒸人所以執茲耒耜如聞有司所造農器妄加雕飾殊匪典章　「耤田」至「殊匪」二十八字各本原無，據册府卷五六、唐大詔令集卷七四、全唐文卷四二補。

〔一〇〕制可從之　唐會要卷二二作「制可」，合鈔卷二八禮志作「制從之」，此處疑有衍文。

〔一一〕以蕭何配　句下唐會要卷二二有「詔可」二字。

〔一二〕以魏周隋依舊爲二王後封韓公介酅公等依舊五廟　此處文字疑有脫誤。「五」疑「立」字之誤。唐會要卷二四作：「魏、周、隋依舊爲三恪及二王後，復封韓、介、酅等公。其周、漢、魏、晉、齊、梁帝王廟，依舊制。」

〔一三〕手仆地　此句文字疑有誤。册府卷四〇作「應手仆地」，合鈔卷二八禮志作「身仆地」。

〔一四〕凡學春官釋奠於其先師　「春官」，各本原作「官春」，據禮記文王世子原文改。

〔一五〕二年　本書卷四高宗紀作「三年」。

〔一六〕二月　本書卷四高宗紀作「五月」。

〔一七〕遣禮部侍郎姚奕請進士帖左傳禮記通五及第　此處文字疑有脫誤。唐會要卷七六作：「禮部侍郎姚奕請進士帖左氏傳、周禮、儀禮，通五與及第。」

〔一八〕青宮五品已下　「青宮」疑爲「清官」之誤。

〔一九〕何休范甯等二十二賢　此句及下文「列享在二十二賢之上」句中之「二十二」，各本原作「二十」，據通典卷五三、唐會要卷三五補「二」字。

〔二〇〕其文宣陵幷舊宅立廟　「立」字冊府卷五〇無，疑爲衍文。

〔二一〕事資括羽　「括羽」，冊府卷五〇、唐大詔令集卷一〇五、全唐文卷四六均作「藝業」。

〔二二〕二十五日　張森楷校勘記云：「案五當作三，觀下有二十四日可見。」

〔二三〕以供費同　校勘記卷一一謂依文義「同」字應作「用」。

〔二四〕垂拱四年　「四年」，各本原作「五年」，據本書卷六則天皇后紀、通鑑卷二〇四改。按垂拱僅四年，次年正月即改元永昌。下文盧履冰上言中「垂拱五年」同改。

〔二五〕洛水爲永昌　「永昌」，通鑑卷二〇四作「永昌洛水」。

〔二六〕開元二十九年　「九」字各本原無，據本書卷九玄宗紀補。

〔二七〕古今人表　各本原作「史記古今人表」，據唐會要卷五〇刪「史記」二字。

〔二八〕行賽之禮　通典卷四五「賽」上有「報」字，合鈔卷二八禮志作「行賽謝之禮」。

〔元〕此以九宮爲目　「此」字各本原作「比」，據册府卷五九一改。

〔三〇〕據茲說卽昊天上帝也　「茲」字各本原作「玄」，據册府卷五九二改。

〔三一〕今據江都集禮及開元禮　「及」字各本原作「又」，據册府卷五九二改。

〔三二〕以社稷爲本　「本」字册府卷五九二作「準」，似當作「準」。

〔三三〕太子左諭德柳偡　「左」字各本原無，據册府卷三三補。

〔三四〕改汧陽郡吳山爲西嶽　唐會要卷四七：「至德二年十二月十五日敕：吳山宜改爲吳嶽，祠享官屬，并準五嶽故事。」此處「西嶽」似當從會要作「吳嶽」。

〔三五〕上元二年　聞本、殿本、懼盈齋本、廣本作「上元年」，局本作「上元元年」，此據唐會要卷四七改。案本書卷一〇肅宗紀謂帝自上元二年仲春起有疾，作「二年」爲是。

舊唐書卷二十五

志第五

禮儀五

唐禮：四時各以孟月享太廟，每室用太牢。季冬蜡祭之後，以辰日臘享於太廟，用牲如時祭。三年一祫，以孟冬。五年一禘，以孟夏。又時享之日，修七祀於太廟西門內之道南：司命、戶以春，竈以夏，門、厲以秋，行以冬，中霤則於季夏迎氣日祀之。若品物時新堪進御者，所司先送太常，與尚食相知，簡擇精好者，以滋味與新物相宜者配之。太常卿奉薦於太廟，不出神主。仲春薦冰，亦如之。

武德元年五月，備法駕迎宣簡公、懿王、景皇帝、元皇帝神主，祔於太廟，始享四室。

貞觀九年，高祖崩，將行遷祔之禮，太宗命有司詳議廟制。諫議大夫朱子奢建議曰：

按漢丞相韋玄成奏立五廟，諸侯亦同五。劉子駿議開七祖，邦君降二。鄭司農踵玄成之轍，王子雍揚國師之波，分塗並驅，各相師祖，咸翫其所習，好同惡異。遂令歷代祧祀，多少參差，優劣去取，曾無畫一。傳稱「名位不同，禮亦異數」。易云「卑高以陳，貴賤位矣」。豈非別嫌疑，愼微遠，防陵僭，尊君卑佐，升降無舛，所貴禮者，義在茲乎！若使天子諸侯，俱立五廟，便是賤可以同貴，臣可以濫主，名器無準，冠屨同歸，禮亦異數，義將安設？戴記又稱：「禮有以多爲貴者，天子七廟，諸侯五廟。」若天子五廟，纔與子男相埒，以多爲貴，何所表乎？愚以爲諸侯立高祖以下，并太祖五廟，一國之貴也。天子立高祖以上，并太祖七廟，四海之尊也。降殺以兩，禮之正焉。前史所謂「德厚者流光，德薄者流卑」，此其義也。伏惟聖祖在天，山陵有日，祔祖嚴配，大事在斯。宜依七廟，用崇大禮。若親盡之外，有王業之所基者，如殷之玄王，周之后稷，尊爲始祖。倘無其例，請三昭三穆，各置神主，太祖一室，考而虛位。將待七百之祚，遞遷方處，庶上依晉、宋，傍愜人情。

於是八座奏曰：

臣聞揖讓受終之后，革命創制之君，何嘗不崇親親之義，篤尊尊之道，虔奉祖宗，致敬郊廟。自義乖闕里，學滅秦庭，儒雅既喪，經籍湮殄。雖兩漢纂修絕業，魏、晉敦尙斯文，而宗廟制度，典章散逸，習所傳而競偏說，執淺見而起異端。自昔迄茲，多歷年代，語其大略，兩家而已。祖鄭玄者則陳四廟之制，述王肅者則引七廟之文，貴賤混而莫辯，是非紛而不定。

陛下至德自然，孝思罔極，孺慕踰匹夫之志，制作窮聖人之道，誠宜定一代之宏規，爲萬世之彝則。臣奉述睿旨，討論往載，紀七廟者實多，稱四祖者蓋寡。校其得失，昭然可見。春秋穀梁傳及禮記王制祭法禮器、孔子家語，並云：「天子七廟，諸侯五廟，大夫三廟，士二廟。」尚書曰：「七世之廟，可以觀德。」至於孫卿、孔安國、劉歆、班彪父子、孔晁、虞憙、干寶之徒〔一〕，或學推碩儒，或才稱博物，商較今古，咸以爲然。故其文曰：「天子三昭三穆，與太祖之廟而七。」晉、宋、齊、梁，皆依斯義，立親廟六，豈非有國之茂典，不刊之休烈乎？若使違羣經之明文，從累代之疑議，背子雍之篤論，尊康成之舊學，則天子之禮，下偪於人臣，諸侯之制，上僭於王者，非所謂尊卑有序，名位不同者也。況復禮由人情，自非天墜，大孝莫重於尊親，厚本莫先於嚴配。數盡四廟，非貴多之道；祀逮七世，得加隆之心。是知德厚者流光，乃可久之高義；德薄者流卑，實不易之令範。臣等參議，請依晉、宋故事，立親廟六，其祖宗之制，式遵舊典。庶承宗之道，興於理定之辰；尊祖之義，成於孝治之日。

制從之。於是增修太廟，始崇祔弘農府君及高祖神主，幷舊四室爲六室。

二十三年，太宗崩，將行崇祔之禮，禮部尚書許敬宗奏言：「弘農府君廟應迭毀。謹按舊儀，漢丞相韋玄成以爲毀主瘞埋。但萬國宗饗，有所從來，一旦瘞埋，事不允愜。晉博士范宣意欲別立廟宇，奉征西等主安置其中。方之瘞埋，頗叶情理，事無典故，亦未足依。又議者或言毀主藏於天府，祥瑞所藏，本非斯意。今謹準量，去祧之外，猶有壇墠，祈禱所及，竊謂合宜。今時廟制，與古不同，共基別室，西方爲首。若在西夾之中，仍處尊位，祈禱則祭，未絕祗享，方諸舊儀，情實可安〔三〕。弘農府君廟遠親殺，詳據舊章，禮合迭毀。臣等參議，遷奉神主，藏於夾室，本情篤敎，在理爲弘。」從之。其年八月庚子，太宗文皇帝神主祔於太廟。

文明元年八月，奉高宗神主祔於太廟中，始遷宣皇帝神主於夾室。垂拱四年正月，又於東都立高祖、太宗、高宗三廟，四時享祀，如京廟之儀。別立崇先廟以享武氏祖考。則天尋又令所司議立崇先廟室數，司禮博士、崇文館學士周悰希旨，請立崇先廟爲七室，其皇室太廟，減爲五室。春官侍郎賈大隱奏曰：「臣竊準秦、漢皇太后臨朝稱制，并據禮經正文，天子七廟，諸侯五廟。蓋百王不易之義，萬代常行之法，未有越禮違古而擅裁儀注者也。今周悰別引浮議，廣述異文，直崇臨朝權儀，不依國家常度，升崇先之廟而七，降國家之廟而五。臣聞皇圖廣闢，寔崇宗社之尊；帝業弘基，實等山河之固。伏以天步多艱，時逢遏密，代天理物，自古有之。伏惟皇太后親承顧託，憂勤黎庶，納孝慈之請，垂矜撫之懷，實所謂光顯大歆，恢崇聖載。其崇先廟室，合同諸侯之數，國家宗廟，不合輒有移變。臣之愚直，並依正禮，周悰之請，實乖古儀。」則天由是且止。

天授二年，則天既革命稱帝，於東都改制太廟爲七廟室，奉武氏七代神主，祔於太廟。改西京太廟爲享德廟，四時唯享高祖已下三室，餘四室令所司閉其門，廢其享祀之禮。又改西京崇先廟爲崇尊廟，其享祀如太廟之儀。萬歲登封元年臘月，封嵩山迴，親謁太廟。明年七月，又改京崇尊廟爲太廟，仍改太廟署爲清廟臺，加官員，崇其班秩。聖曆二年四月，又親祀太廟，曲赦東都城內。

中宗卽位，神龍元年正月，改享德廟依舊爲京太廟。五月，遷武氏七廟神主於西京之崇尊廟，東都創置太廟。太常博士張齊賢建議曰：

昔孫卿子云：「有天下者事七代，有一國者事五代。」則天子七廟，古今達禮。故尙書稱「七代之廟，可以觀德」。祭法稱「王立七廟，一壇一墠」。王制云：「天子七廟，三昭三穆，與太祖之廟而七〔三〕。」莫不尊始封之君，謂之太祖。太祖之廟，百代不遷。祫祭之禮，毀廟之主，陳於太祖，未毀廟之主，皆升合食於太祖之室。太祖東向，昭南向，穆北向。太祖者〔四〕，商之玄王、周之后稷是也。太祖之外，更無始祖。但商自玄王以後，十有四代，至湯而有天下。周自后稷已後，十有七代，至武王而有天下。其間代數既遠，遷廟親廟，皆出太祖之後，故得合食有序，尊卑不差。其後漢高祖受命，無始封祖，即以高皇帝爲太祖。太上皇高帝之父〔五〕，立廟享祀，不在昭穆合食之列，爲尊於太祖故也。魏武創業，文帝受命，亦即以武帝爲太祖。其高皇、太皇、處士君等並爲屬尊〔六〕，不在昭穆合食之列。晉宣創業，武帝受命，亦即以宣帝爲太祖。其征西、豫章、潁川、京兆府君等並爲屬尊，不在昭穆合食之列。歷茲已降，至於有隋，宗廟之制，斯禮不改。故宇文氏以文皇帝爲太祖，隋室以武元皇帝爲太祖。國家誕受天命，累葉重光。景皇帝始封唐公，實爲太祖。中間代數既近，列在三昭三穆之內，故皇家太廟，唯有六室。其弘農府君、宣、光二帝，尊於太祖，親盡則遷，不在昭穆合食之數。

今皇極再造，孝思匪寧。奉二月二十九日敕：「七室已下，依舊號尊崇。」又奉三月一日敕：「既立七廟，須尊崇始祖，速令詳定」者。伏尋禮經，始祖即是太祖，太祖之外，更無始祖。周朝太祖之外〔七〕，以周文王爲始祖，不合禮經。或有引白虎通義云「后稷爲始祖、文王爲太祖、武王爲太宗」，及鄭玄註詩雍序云「太祖謂文王」以爲說者。其義不然。何者？彼以禮「王者祖有功，宗有德，周人祖文王而宗武王」，故謂文王爲太祖耳，非祫祭羣主合食之太祖。

今之議者，或有欲立涼武昭王爲始祖者，殊爲不可。何者？昔在商、周，稷、卨始封，湯、武之興，祚由稷、卨，故以稷、卨爲太祖，卽皇家之景帝是也。涼武昭王勳業未廣，後主失國，土宇不傳。景皇始封，實基明命。今乃捨封唐之盛烈，崇西涼之遠構，考之前古，實乖典禮。魏氏不以曹參爲太祖，晉氏不以殷王卬爲太祖，宋氏不以楚元王爲太祖，齊、梁不以蕭何爲太祖，陳、隋不以胡公、楊震爲太祖，則皇家安可以涼武昭王爲太祖乎？漢之東京，大議郊祀，多以周郊后稷，漢當郊堯。制下公卿議，議者多同，帝亦然之。杜林正議，獨以爲「周室之興，祚由后稷。漢業特起，功不緣堯。祖宗故事，所宜因循」。竟從林議。又傳稱，「欲知天上，事問長人」，以其近之。武德、貞觀之時，主聖臣賢，其去涼武昭王，蓋亦近於今矣。當時不立者，必不可立故也。今既年代寖遠，方復立之，是非三祖二宗之意。實恐景皇失職而震怒，武昭虛位而不答，非社稷之福也。

宗廟事重，禘祫禮崇，先王以之觀德。或者不知其說，既灌而往，孔子不欲觀之。今朝命惟新，宜應愼禮，祭如神在，理不可誣。請準敕加太廟爲七室，享宣皇帝以備七代，其始祖不合別有尊崇。

太常博士劉承慶、尹知章又議云：

謹按王制：「天子七廟，三昭三穆，與太祖之廟而七。」此載籍之明文，古今之通制。

皇唐稽考前範，詳採列辟，崇建宗靈，式遵斯典。但以開基之主，受命之君，王迹有淺深，太祖有遠近。湯、文祚基稷、禼，太祖代遠，出乎昭穆之上，故七廟可全。若夏繼唐、虞，功非由鯀；漢除秦、項，力不因堯。及魏、晉經圖，周、隋撥亂，皆勛隆近代，祖業非遠，受命始封之主，不離昭穆之親，故肇立宗祊，罕聞全制。夫太祖以功建，昭穆以親崇，有功百代而不遷，親盡七葉而當毀。或以太祖代淺，廟數非備，更於昭穆之上，遠立合遷之君，曲從七廟之文，深乖迭毀之制。

皇家千齡啓旦，百葉重光。景皇帝濬德基唐，代數猶近，號雖崇於太祖，親尚列於昭穆，且臨六室之位，未申七代之尊。是知太廟當六，未合有七。故先朝惟有宣、光、景、元、神堯、文武六代親廟。大帝登遐，神主升祔於廟室，以宣皇帝代數當滿，準禮復遷。今止有光皇帝已下六代親廟，非是天子之廟數不當有七，本由太祖有遠近之異，故初建有多少之殊。敬惟三后臨朝，代多儒雅，神祊事重，禮豈虛存，規模可沿，理難變革。宣皇既非始祖，又廟無祖宗之號，親盡既遷，其廟不合重立。若禮終運往，建議復崇，實違王制之文，不合先朝之旨。請依貞觀之故事，無改三聖之宏規，光崇六室，不虧古議。

時有制令宰相更加詳定，禮部尚書祝欽明等奏言：「博士三人，自分兩議：張齊賢以始同太祖〔八〕，不合更祖昭王；劉承慶以王制三昭三穆，不合重崇宣帝。臣等商量，請依張齊賢以景皇帝爲太祖，依劉承慶尊崇六室。」制從之。尋有制以孝敬皇帝爲義宗，升祔於太廟。其年八月，崇祔光皇帝、太祖景皇帝、代祖元皇帝、高祖神堯皇帝、太宗文武聖皇帝、皇考高宗天皇大帝、皇兄義宗孝敬皇帝於東都之太廟，躬行享獻之禮。

二年，駕還京師，太廟自是亦崇享七室，仍改武氏崇尊廟爲崇恩廟〔九〕。明年二月，復令崇恩廟一依天授時享祭。時武三思用事，密令安樂公主諷中宗，故有此制。尋又特令武氏崇恩廟齋郎取五品子充。太常博士楊孚奏言：「太廟齋郎，承前只七品已下子。今崇恩廟齋郎既取五品子，卽太廟齋郎作何等級？」上曰：「太廟齋郎亦準崇恩廟置。」孚奏曰：「崇恩廟爲太廟之臣，太廟爲崇恩廟之君，以臣準君，猶爲僭逆，以君準臣，天下疑懼。孔子曰：『名不正則言不順，言不順則事不成，事不成則禮樂不興，禮樂不興則刑罰不中，刑罰不中則人無所措手足。故君子名之必可言也。』伏願無惑邪言，以爲亂始。」其事乃寢。崇恩廟至睿宗踐祚，乃廢毀之。

景雲元年冬，將葬中宗孝和皇帝於定陵，中書令姚元之、吏部尚書宋璟奏言：「準禮，大行皇帝山陵事終，卽合祔廟。其太廟第七室，先祔皇兄義宗孝敬皇帝、哀皇后裴氏神主。伏以義宗未登大位，崩後追尊，神龍之初，乃特令遷祔。春秋之義，國君卽位未踰年者，不合列敍昭穆。又古者祖宗各別立廟，孝敬皇帝恭陵既在洛州，望於東都別立義宗之廟，遷祔孝敬皇帝、哀皇后神主，命有司以時享祭，則不違先旨，又協古訓，人神允穆，進退得宜。在此神主，望入夾室安置。伏願陛下以禮斷恩。」制從之。及既葬，祔中宗孝和皇帝、和思皇后趙氏神主於太廟。其義宗即於東都從善里建廟享祀。時又追尊昭成、肅明二皇后，於親仁里別置儀坤廟，四時享祭。

開元四年，睿宗崩，及行祔廟之禮，太常博士陳貞節、蘇獻等奏議曰：「謹按孝和皇帝在廟，七室已滿。今睿宗大聖眞皇帝是孝和之弟，甫及仲冬，禮當祔遷。但兄弟入廟，古則有焉，遞遷之禮，昭穆須正。謹按禮論，太常賀循議云：『兄弟不相爲後也。故殷之盤庚，不序於陽甲，而上繼於先君；漢之光武，不嗣於孝成，而上承於元帝。』又曰：『晉惠帝無後，懷帝承統，懷帝自繼於世祖，而不繼於惠帝。其惠帝當同陽甲、孝成，別出爲廟。』又曰：『若兄弟相代，則共是一代，昭穆位同。至其當遷，不可兼毀二廟。』此蓋禮之常例也。荀卿子曰，『有天下者事七代』，謂從禰已上也。尊者統廣，故恩及遠祖。若傍容兄弟，上毀祖考，此則天子有不得全事於七代之義矣。孝和皇帝有中興之功，而無後嗣，請同殷之陽甲、漢之成帝，出爲別廟，時祭不虧，大祫之辰，合食太祖。奉睿宗神主升祔太廟，上繼高宗，則昭穆永貞，獻祼長序。」制從之。初令以儀坤廟爲中宗廟，尋又改造中宗廟於太廟之西。

貞節等又以肅明皇后不合與昭成皇后配祔睿宗，奏議曰：「禮，宗廟父昭子穆，皆有配座，每室一帝一后，禮之正儀。自夏、殷而來，無易茲典〔一〇〕。伏惟昭成皇后，有太姒之德，已配食於睿宗；則肅明皇后，無啓母之尊，自應別立一廟。謹按周禮云『奏夷則，歌小呂，以享先妣』者，姜嫄是也。姜嫄是帝嚳之妃，后稷之母，特爲立廟，名曰閟宮。又禮論云，晉伏系之議云：『晉簡文鄭宣后既不配食，乃築宮於外，歲時就廟享祭而已。』今肅明皇后無祔配之位，請同姜嫄、宣后，別廟而處，四時享祭如舊儀。」制從之。於是遷昭成皇后神主祔於睿宗之室，惟留肅明神主於儀坤廟。

時太常卿姜皎復與禮官上表曰：「臣聞敬宗尊祖，享德崇恩，必也正名，用光時憲，禮也。伏見太廟中則天皇后配高宗天皇大帝，題云『天后聖帝武氏』。伏尋昔居寵秩，親承顧託，因攝大政，事乃從權。神龍之初，已去帝號。岑羲等不閑政體，復題帝名。若又使帝號長存，恐非聖朝通典。夫七廟者，高祖神堯皇帝之廟也。父昭子穆，祖德宗功，非夫帝子天孫，乘乾出震者，不得升祔於斯矣。但皇后祔廟，配食高宗，位號舊章，無宜稱帝。今山陵日近，升祔非遙，請申陳告之儀，因除『聖帝』之字，直題云『則天皇后武氏』。」詔從之。

時既別造義宗廟，將作大匠韋湊上疏曰：「臣聞王者制禮，是曰規模；規模之興，實資師古；師古之道，必也正名；惟名與實，固當相副。其在宗廟，禮之大者，豈可失哉！禮，祖有功而宗有德，祖宗之廟，百代不毀。故殷太甲曰太宗，太戊曰中宗，武丁曰高宗。周宗文王、武王。漢則文帝爲太宗，武帝爲世宗。其後代有稱宗，皆以方制海內，德澤可宗，列於昭穆，期于不毀。祖宗之義，不亦大乎！况孝敬皇帝位止東宮，未嘗南面，聖道誠冠於儲副，德教不被於寰瀛，立廟稱宗，恐非合禮。况別起寢廟，不入昭穆，稽諸祀典，何義稱宗？而廟號義宗，稱之萬代。以臣庸識，竊謂不可。望更令有司詳定，務合於禮。」於是太常請以本謚「孝敬」爲廟稱，從之。

五年正月，玄宗將行幸東都，而太廟屋壞，乃奉七廟神主於太極殿。玄宗素服避正殿，輟朝三日，親謁神主于太極殿，而後發幸東都。乃敕有司修太廟。明年，廟成，玄宗還京，行親祔之禮。時有司撰儀注，以祔祭之日車駕發宮中，玄宗謂宋璟、蘇頲曰：「祭必先齋，所以齊心也。據儀注，祭之日發大明宮，又以質明行事，縱使侵星而發，猶是移辰方到，質明之禮，其可及乎？又朕不宿齋宮，卽安正殿，情所不敢。宜於廟所設齋宮，五日赴行宮宿齋，六日質明行事，庶合於禮。」璟等稱聖情深至，請卽奉行。詔有司改定儀注。六日〔一〕，玄宗自齋宮步詣太廟，入自東門，就立位。樂奏九成，升自阼階，行祼獻之禮。至睿宗室，俯伏嗚咽，侍臣莫不流涕。

有河南府人孫平子詣闕上言：「中宗孝和皇帝旣承大統，不合遷於別廟。」玄宗令宰相召平子與禮官對定可否，太常博士蘇獻等固執前議。平子口辯，所引咸有經據，獻等不能屈。時蘇頲知政事，以獻是其從祖之兄，頗黨助之，平子之議竟不得行。平子論竟不已，遂謫平子爲康州都城尉，仍差使領送至任，不許東西。平子之任，尋卒。時雖貶平子，議者深以其言爲是。

至十年正月，下制曰：「朕聞王者乘時以設教，因事以制禮，沿革以從宜爲本，取舍以適會爲先。故損益之道有殊，質文之用斯異。且夫至德之謂孝，所以通乎神明；大事之謂祀，所以虔乎宗廟。國家握紀命曆，重光累盛，四方由其繼明，七代可以觀德。朕嗣守丕業，祇奉睿圖，聿懷昭事，罔不卹祀。嘗覽古典，詢諸舊制，遠則夏、殷事異，近則漢、晉道殊，雖禮文之不一，固嚴敬之無二。朕以爲立愛自親始，教人睦也；立敬自長始，教人順也。是知朕率於禮，緣於情，或教以道存，或禮從時變，將因宜以創制，豈沿古而限今。況恩以降殺而疏，廟以遷毀而廢。雖式瞻古訓，禮則不違；而永言孝思，情所未足。享嘗則止，豈愛崇而禮備；有禱而祭，非德盛而流永。其祧室宜列爲正室，使親而不盡，遠而不祧，廟以貌存，宗猶尊立。俾四時式薦，不間於毀主；百代靡遷，匪惟於始廟。所謂變以合禮，動而得中，嚴配之典克崇，肅雍之美茲在。又兄弟繼及，古有明文。今中宗神主，猶居別處，詳求故實，當宁不安，移就正廟，用章大典。仍創立九室，宜令所司擇日啓告移遷。」

十一年春，玄宗還京師，下制曰：「崇建宗廟，禮之大者；聿追孝饗，德莫至焉。今宗以立尊，親無遷序，永惟嚴配，致用蠲潔，棟宇式崇，祼奠斯授。顧茲薄德，獲承禋祀，不躬不親，曷展誠敬？宜用八月十九日祗見九室。」於是追尊宣皇帝爲獻祖，復列於正室，光皇帝爲懿祖，幷還中宗神主於太廟。及將親祔，會雨而止。乃令所司行事。其京師中宗舊廟，便毀拆之。東都舊廟，始移孝敬神主祔焉。其從善里孝敬舊廟，亦令毀拆。二十一年，玄宗又特令遷肅明皇后神主祔於睿宗之室，仍以舊儀坤廟爲肅明觀。

大曆十四年十月，代宗神主將祔，禮儀使顏眞卿以元皇帝代數已遠，準禮合祧，請遷於西夾室。其奏議曰：

王制：「天子七廟，三昭三穆，與太祖之廟而七。」又禮器云：「有以多爲貴者，天子七廟。」又伊尹曰：「七代之廟，可以觀德。」此經典之明證也。七廟之外，則曰「去祧爲壇，去壇爲墠」。故歷代儒者，制迭毀之禮，皆親盡宜毀。伏以太宗文皇帝，七代之祖；高祖神堯皇帝，國朝首祚，萬葉所承；太祖景皇帝，受命於天，始封於唐，元本皆在不毀之典。代祖元皇帝，地非開統，親在七廟之外。代宗皇帝升祔有日，元皇帝神主，禮合祧遷。

或議者以祖宗之名，難於迭毀。昔漢朝近古，不敢以私滅公，故前漢十二帝，爲祖宗者四而已。至後漢漸違經意，子孫以推美爲先。自光武已下，皆有廟號，則祖宗之名，莫不建也。安帝信讒，害大臣，廢太子，及崩，無上宗之奏，後自建武以來無毀者，因以陵號稱宗。至桓帝失德，尙有宗號。故初平中，左中郎蔡邕以和帝以下，功德無殊，而有過差，不應爲宗。餘非宗者，追尊三代，皆奏毀之。是知祖有功，宗有德，存至公之義，非其人不居，蓋三代立禮之本也。自東漢已來，則此道衰矣。魏明帝自稱烈祖，論者以爲逆自稱祖宗。故近代此名悉爲廟號，未有子孫踐祚而不祖宗先王者。以此明之，則不得獨據兩字而爲不合祧遷之證。假令傳祚百代，豈可上崇百代以爲孝乎？請依三昭三穆之義，永爲通典。

寶應二年，升祔玄宗、肅宗，則獻祖、懿祖已從迭毀。伏以代宗睿文孝皇帝卒哭而祔，則合上遷一室。元皇帝代數已遠，其神主準禮當祧，至禘祫之時，然後享祀。

於是祧元皇帝於西夾室，祔代宗神主焉。

永貞元年十一月，德宗神主將祔，禮儀使杜黃裳與禮官王涇等請遷高宗神主於西夾室。其議曰：「自漢、魏已降，沿革不同。古者祖有功，宗有德，皆不毀之名也。自東漢、魏、晉，迄於陳、隋，漸違經意，子孫以推美爲先，光武已下，皆有祖宗之號。故至於迭毀親盡，禮亦迭遷。國家九廟之尊，皆法周制。伏以太祖景皇帝受命於天，始封元本，德同周之后稷也。高祖神堯皇帝國朝首祚，萬葉所承，德同周之文王也。太宗文皇帝應天靖亂，垂統立極，德同周武王也。周人郊后稷而祖文王、宗武王，聖唐郊景皇帝、祖高祖而宗太宗，皆在不遷之典。高宗皇帝今在三昭三穆之外，謂之親盡，新主入廟，禮合迭遷，藏於從西第一夾室，每至禘祫之月，合食如常。」於是祧高宗神主於西夾室，祔德宗神主焉。

元和元年七月，順宗神主將祔〔三〕，有司疑於遷毀，太常博士王涇建議曰：

禮經「祖有功，宗有德」，皆不毀之名也。惟三代行之。漢、魏已降，雖曰祖宗，親盡則遷，無功亦毀，不得行古之道也。昔夏后氏十五代，祖顓頊而宗禹。殷人十七代〔四〕，祖契而宗湯。周人三十六王，以后稷爲太祖，祖文王而宗武王。聖唐德厚流廣，遠法殷、周，奉景皇帝爲太祖，祖高祖而宗太宗，皆在百代不遷之典。故代宗升祔，遷代祖也；德宗升祔，遷高宗也。今順宗升祔，中宗在三昭三穆之外，謂之親盡，遷於太廟夾室，禮則然矣。

或諫者以則天太后革命，中宗復而興之，不在遷藏之例，臣竊未諭也。昔者高宗晏駕，中宗奉遺詔，自儲副而陟元后。則天太后臨朝，廢爲廬陵王。聖曆元年，太后詔復立爲皇太子。屬太后聖壽延長，御下日久，奸臣擅命，紊其紀度。敬暉、桓彥範等五臣，俱唐舊臣，匡輔王室，翊中宗而承大統。此乃子繼父業，是中宗得之而且失之；母授子位，是中宗失之而復得之。二十年間，再爲皇太子，復踐皇帝位，失之在己，得之在己，可謂革命中興之義殊也〔四〕。

又以周、漢之例推之，幽王爲犬戎所滅，平王東遷，周不以平王爲中興不遷之廟，其例一也。漢呂后專權，產、祿秉政，文帝自代邸而立之，漢不以文帝爲中興不遷之廟，其例二也。霍光輔宣帝，再盛基業，而不以宣帝爲不遷之廟〔五〕，其例三也。伏以中宗孝和皇帝，於聖上爲六代伯祖，尊非正統，廟亦親盡。爰及周、漢故事，是與中興功德之主不同，奉遷夾室，固無疑也。

是月二十四日，禮儀使杜黃裳奏曰：「順宗皇帝神主已升祔太廟，告祧之後，即合遞遷。中宗皇帝神主，今在三昭三穆之外，準禮合遷於太廟從西第一夾室〔六〕，每至禘祫之日，合食如常。」於是祧中宗神主於西夾室，祔順宗神主焉。

有司先是以山陵將畢，議遷廟之禮。有司以中宗爲中興之君，當百代不遷之位。宰臣召史官蔣武問之，武對曰：「中宗以弘道元年於高宗柩前即位，時春秋已壯矣。及母后篡奪，神器潛移。其後賴張柬之等同謀，國祚再復。此蓋同於反正，恐不得號爲中興之君。凡非我失之，自我復之，謂之中興，漢光武、晉元帝是也。自我失之，因人復之，晉孝惠、孝安是也。今中宗於惠、安二帝事同，即不可爲不遷之主也。」有司又云：「五王有再安社稷之功，今若遷中宗廟，則五王永絕配享之例。」武曰：「凡配享功臣，每至禘祫年方合食太廟，居常即無享禮。今遷中宗神主，而禘祫之年，毀廟之主並陳於太廟，此則五王配食，與前時如一也。」有司不能答。

十五年四月，禮部侍郎李建奏上大行皇帝謚曰聖神章武孝皇帝，廟號憲宗。先是，河南節度使李夷簡上議曰：「王者祖有功，宗有德。大行皇帝戡翦寇逆，累有武功，廟號合稱祖。陛下正當決在宸斷，無信齷齪書生也。」遂詔下公卿與禮官議其可否。太常博士王彥威奏議：「大行廟號，不宜稱祖，宜稱宗。」從之。

其月，禮部奏：「準貞觀故事，遷廟之主，藏於夾室西壁南北三間。第一間代祖室，第二間高宗室，第三間中宗室。伏以山陵日近，睿宗皇帝祧遷有期，夾室西壁三室外，無置室處。準江都集禮：『古者遷廟之主，藏於太室北壁之中。』今請於夾室北壁，以西爲上，置睿宗皇帝神主石室。」制從之。

長慶四年正月〔七〕，禮儀使奏：「謹按周禮：『天子七廟，三昭三穆，與太祖之廟而七〔八〕。』荀卿子曰：『有天下者祭七代，有一國者祭五代。』則知天子上祭七廟，典籍通規。祖功宗德，不在其數。國朝九廟之制，法周之文。太祖景皇帝，始爲唐公，肇基天命，義同周之后稷。高祖神堯皇帝，創業經始，化隋爲唐，義同周之文王。太宗文皇帝，神武應期，造有區夏，義同周之武王。其下三昭三穆，謂之親廟，四時常饗，自如禮文。今以新主入廟，玄宗明皇帝在三昭三穆之外〔二九〕，是親盡之祖，雖有功德，禮合祧遷，禘祫之歲，則從合食。」制從之。

開成五年，禮儀使奏：「謹按天子七廟，祖功宗德，不在其中。國朝制度，太廟九室。伏以太祖景皇帝受封於唐，高祖、太宗，創業受命，有功之主，百代不遷。今文宗元聖昭獻皇帝升祔有時，代宗睿文孝武皇帝是親盡之祖，禮合祧遷，每至禘祫，合食如常。」從之。

會昌元年六月，制曰：「朕近因載誕之日，展承顏之敬，太皇太后謂朕曰：『天子之孝，莫大於丕承；人倫之義，莫大於嗣續。穆宗睿聖文惠孝皇帝厭代已久，星霜屢遷，禰宮曠合食之禮，惟帝深濡露之感。宣懿皇太后，長慶之際，德冠後宮，夙表沙麓之祥，實茂河洲之範。先朝恩禮之厚，中壼莫偕。況誕我聖君，纘承昌運，已協華於先帝，方延祚於後昆。思廣貽謀，庶弘博愛，爰從舊典，以慰孝思。當以宣懿皇太后祔太廟穆宗睿聖文惠孝皇帝之室。率是彝訓，其敬承之。』朕祗奉慈旨，載深感咽。宜令宣示中外，咸使聞知。」

會昌六年五月，禮儀使奏：

武宗昭肅皇帝祔廟，并合祧遷者。伏以自敬宗、文宗、武宗兄弟相及，已歷三朝。昭穆之位，與承前不同。所可疑者，其事有四：一者，兄弟昭穆同位，不相爲後；二者，已祧之主，復入舊廟；三者，廟數有限，無後之主，則宜出置別廟；四者，兄弟既不相爲後，昭爲父道，穆爲子道，則昭穆同班，不合異位。

據春秋「文公二年，躋僖公」。何休云：「躋，升也，謂西上也。惠公與莊公當同南面西上，隱、桓與閔、僖當同北面西上〔10〕。」孔穎達亦引此義釋經。又賀循云：「殷之盤庚，不序陽甲；漢之光武，上繼元帝。」晉元帝、簡文，皆用此義毀之，蓋以昭穆位同，不可兼毀二廟故也。尚書曰：「七代之廟，可以觀德。」且殷家兄弟相及，有至四帝，不及祖禰，何容更言七代，於理無矣〔三〕。

二者，今已兄弟相及，同爲一代，矯前之失，則合復祔代宗神主於太廟。或疑已祧之主，不合更入太廟者。按晉代元、明之時，已遷豫章、潁川矣，及簡文即位，乃元帝之子，故復豫章、潁川二神主於廟。又國朝中宗已祔太廟，至開元四年，乃出置別廟，至十年，置九廟，而中宗神主復祔太廟。則已遷復入，亦可無疑。

三者，廟有定數，無後之主，出置別廟者。按魏、晉之初多同廟，蓋取上古清廟一宮，尊遠神祇之義。自後晉武所立之廟，雖云七主，而實六代，蓋景、文同廟故也。又按魯立姜嫄、文王之廟，不計昭穆，以尊尚功德也。晉元帝上繼武帝，而惠、懷、愍三帝，時賀循等諸儒議，以爲別立廟，親遠義疏，都邑遷異，於理無嫌也。今以文宗棄代纔六七年，武宗甫邇復土，遽移別廟，不齒祖宗，在於有司，非所宜議。

四者，添置廟之室。按禮論，晉太常賀循云：「廟以容主爲限，無拘常數。」故晉武帝時，廟有七主六代。至元帝、明帝，廟皆十室。及成、康、穆三帝〔三〕，皆至十一室。自後雖遷故祔新，大抵以七代爲準，而不限室數。伏以江左大儒，通賾覩奧，事有明據，固可施行。今若不行是議，更以迭毀爲制，則當上不及高曾未盡之親，下有忍臣子恩義之道。

今備討古今，參校經史，上請復代宗神主於太廟，以存高曾之親。下以敬宗、文宗、武宗同爲一代，於太廟東間添置兩室，定爲九代十一室之制，以全臣子恩敬之義，庶協大順之宜，得變禮之正，折古今之紛互，立群疑之杓指。俾因心廣孝，永燭於皇明；昭德事神，無虧於聖代。

敕曰：「宗廟事重，實資參詳。宜令尚書省、兩省、御史臺四品以上官、大理卿、京兆尹等集議以聞。」尚書左丞鄭涯等奏議曰：「夫禮經垂則，莫重於嚴配，必參損益之道，則合典禮之文。況有明徵，是資折衷。伏自敬宗、文宗、武宗三朝嗣位，皆以兄弟，考之前代，理有顯據。今謹詳禮院所奏，並上稽古文，旁摭史氏，協於通變，允謂得宜。臣等商議，請依禮官所議。」從之。

大中三年十一月，制追尊憲宗、順宗謚號，事下有司。太常博士李稠奏請別造憲宗、順宗神主，改題新謚。上疑其事，詔都省集議。右司郎中楊發、都官員外郎劉彥模等奏：「考尋故事，無別造神主改題之例。」事在楊發傳。時宰臣奏：「改造改題，並無所據，酌情順理，題則爲宜。況今士族之家，通行此例，雖尊卑有異，而情理則同。望就神主改題，則爲通允。」依之。

黃巢犯長安，僖宗避狄於成都府。中和元年夏四月，有司請享太祖已下十一室，詔公卿議其儀。太常卿牛叢與儒者同議其事。或曰：「王者巡狩，以遷廟主行。如無遷廟之主，則祝奉幣帛皮珪告於祖禰，遂奉以出，載於齋車，每舍奠焉。今非巡狩，是失守宗廟。夫失守宗廟，則當罷宗廟之事。」叢疑之。將作監王儉、太子賓客李匡乂、虞部員外郎袁皓建議同異。及左丞崔厚爲太常卿，遂議立行廟。以玄宗幸蜀時道宮玄元殿之前，架幄幕爲十一室。又無神主，題神版位而行事。達禮者非之，以爲止之可也。明年，乃特造神主以祔行廟。

光啓元年十二月二十五日，僖宗再幸寶雞。其太廟十一室并祧廟八室及孝明太皇太后等別廟三室等神主，緣室法物，宗正寺官屬奉之隨駕鄠縣，爲賊所劫，神主、法物皆遺失。三年二月，車駕自興元還京，以宮室未備，權駐鳳翔。禮院奏：皇帝還宮，先謁太廟。

今宗廟焚毀，神主失墜，請準禮例修奉者。禮院獻議曰：「按春秋：『新宮災，三日哭。』傳曰：『新宮，宣公廟也。三日哭，禮也。』按國史，開元五年正月二日，太廟四室摧毀，時神主皆存，迎奉於太極殿安置，玄宗素服避正殿。寶應元年，肅宗還京師，以宗廟爲賊所焚，於光順門外設次，向廟哭。歷檢故事，不見百官奉慰之儀。然上既素服避殿，百官奉慰，亦合情禮。竊循故事，比附參詳，恐須宗正寺具宗廟焚毀及神主失墜事由奏，皇帝素服避殿，受慰訖，輟朝三日，下詔委少府監擇日依禮新造列聖神主。如此方似合宜。伏緣採栗須十一月，漸恐遲晚。」修奉使宰相鄭延昌具議，中書門下奏曰：「伏以前年冬再有震驚，俄然巡幸，主司宗祝，迫以蒼黃。伏緣移蹕鳳翔，未敢陳奏。今則將迴鑾輅，皆舉典章，淸廟再營，孝思咸備。伏請降敕，命所司參詳典禮修奉。」敕曰：「朕以涼德，祗嗣寶圖，不能上承天休，下正人紀，兵革競興於宇縣，車輿再越於藩垣，宗廟震驚，烝嘗廢闕。敬修典禮，倍切哀摧。宜付所司。」

又修奉太廟使宰相鄭延昌奏：「太廟大殿十一室、二十三間、十一架，功績至大，計料支費不少。兼宗廟制度有數，難爲損益。今不審依元料修奉，爲復更有商量？請下禮官詳議。」太常博士殷盈孫奏議言：「如依元料，難以速成，況帑藏方虛，須資變禮。竊以至德二年，以新修太廟未成，其新造神主，權於長安殿安置，便行饗告之禮，如同宗廟之儀，以俟廟成，方爲遷祔。今京城除充大內及正衙外，別無殿宇。伏聞先有詔旨，欲以少府監大廳權充太廟。其廳五間，伏緣十一室於五間之中陳設隘狹，請更接續修建，成十一間，以備十一室薦饗之所。其三太后廟，卽於少府監取西南屋三間，以備三室告饗之所。」敕旨從之。

大順元年，將行禘祭，有司請以三太后神主祔饗於太廟。三太后者，孝明太皇太后鄭氏，宣宗之母也；恭僖皇太后王氏，敬宗之母也；貞獻皇太后蕭氏〔三〕，文宗之母也。三后之崩，皆作神主，有故不當入太廟。當時禮官建議，並置別廟，每年五享，及三年一祫，五年一禘，皆於本廟行事，無奉神主入太廟之文。至是亂離之後，舊章散失，禮院憑曲臺禮，欲以三太后祔享太廟。博士殷盈孫獻議非之，曰：

臣謹按三太后，憲宗、穆宗之后也。二帝已祔太廟，三后所以立別廟者，不可入太廟故也。與帝在位，皇后別廟不同。今有司悞用王彥威曲臺禮，禘別廟太后於太廟，乖戾之甚。臣竊究事體，有五不可。

曲臺禮云：「別廟皇后，禘祫於太廟，祔於祖姑之下。」此乃皇后先崩，已造神主，夫在帝位，如昭成、肅明、元獻、昭德之比。昭成、肅明之崩也，睿宗在位。元獻之崩也，玄宗在位。昭德之崩也，肅宗在位。四后於太廟未有本室，故創別廟，當爲太廟合食之主，故禘祫乃奉以入饗。其神主但題云「某謚皇后」，明其後太廟有本室，即當遷祔，帝方在位，故皇后暫立別廟耳。本是太廟合食之祖，故禘祫乃升，太廟未有位，故祔祖姑之下。今恭僖、貞獻二太后，皆穆宗之后。恭僖，會昌四年造神主，合祔穆宗廟室。時穆宗廟已祔武宗母宣懿皇后神主，故爲恭僖別立廟，其神主直題云皇太后，明其終安別廟，不入太廟故也。貞獻太后，大中元年作神主，立別廟，其神主亦題爲太后，並與恭僖義同。孝明，咸通五年作神主，合祔憲宗廟室。憲宗廟已祔穆宗之母懿安皇后，故孝明亦別立廟，是懿宗祖母，故題其主爲太皇太后。與恭僖、貞獻亦同，帝在位，后先作神主之例〔三四〕。今以別廟太后神主，禘祭升享太廟，一不可也。

曲臺禮別廟皇后禘祫於太廟儀注云：「內常侍奉別廟皇后神主，入置於廟庭，赤黃褥位。奏云『某謚皇后禘祫祔享太廟』，然後以神主升。」今即須奏云「某謚太皇太后」。且太廟中皇后神主二十一室，今忽以太皇太后入列於昭穆〔三五〕，二不可也。

若但云「某謚皇后」，即與所題都異，神何依憑？此三不可也。

古今禮要云：「舊典，周立姜嫄別廟，四時祭薦，及禘祫於七廟，皆祭。惟不入太祖廟爲別配。魏文思甄后，明帝母，廟及寢依姜嫄之廟，四時及禘皆與諸廟同。」此舊禮明文，得以爲證。今以別廟太后禘祫於太廟，四不可也。

所以置別廟太后，以孝明不可與懿安並祔憲宗之室，今禘享乃處懿安於舅姑之上，此五不可也。

且祫，合祭也。合猶不入太祖之廟，而況於禘乎？竊以爲並皆禘於別廟爲宜。且恭僖、貞獻二廟，比在朱陽坊，禘、祫赴太廟，皆須備法駕，典禮甚重，儀衞至多。咸通之時，累遇大饗，耳目相接，歲代未遙，人皆見聞，事可詢訪，非敢以臆斷也。

或曰：以三廟故禘、祫於別廟，或可矣，而將來有可疑焉。謹案睿宗親盡已祧，今昭成、肅明二后同在夾室，如或後代憲宗、穆宗親盡而祧，三太后神主其得不入夾室乎？若遇禘、祫，則如之何？對曰：此又大悞也。三太后廟若親盡合祧，但當闕而不享，安得處於夾室。禘、祫則就別廟行之，歷代已來，何嘗有別廟神主復入太廟夾室乎？禘、祫，禮之大者，無宜錯失。

宰相孔緯曰：「博士之言是也。昨禮院所奏儀注，今已敕下，大祭日迫，不可遽改，且依行之。」於是遂以三太后祔祫太廟。達禮者譏其大謬，至今未正。

會昌六年十一月，太常博士任疇上言：「去月十七日，饗德明、興聖廟，得廟直候論狀〔二六〕，稱懿祖室在獻祖室之上，當時雖以爲然，便依行事，猶牒報監察使及宗正寺，請過祭詳窺玉牒〔二七〕，如有不同，即相知聞奏。爾後伏檢高祖神堯皇帝本紀，伏審獻祖爲懿祖之昭，懿祖爲獻祖之穆，昭穆之位，天地極殊。今廟室奪倫，不即陳奏，然尙爲苟且，罪不容誅。仍敕脩撰朱儔、檢討王皡研精詳覆，得報稱：『天寶二年，制追尊咎繇爲德明皇帝，涼武昭王爲興聖皇帝。十載，立廟。至貞元十九年，制從給事中陳京、右僕射姚南仲等一百五十人之議，以爲禘、祫是祖宗以序之祭，凡有國者必尊太祖。今國家以景皇帝爲太祖，太祖之上，施於禘、祫，不可爲位。請按德明、興聖廟共成四室，祔遷獻、懿二祖。』謹尋儔等所報，即當時表奏，並獻居懿上。伏以國之大事，宗廟爲先，禘、祫之禮，不當失序〔二八〕。四十餘載，理難尋詰。伏祈聖鑒，即垂詔敕，具禮遷正。」

其月，疇又奏曰：「伏聞今月十三日敕，以臣所奏獻、懿祖二室倒置事，宜令禮官集議聞奏者。臣去月十七日，緣遇太廟祫饗太祖景皇帝已下羣主，準貞元十九年所祔獻、懿祖於德明廟，共爲四室。準元敕，各於本室行享禮。審知獻祖合居懿祖之上，昭穆方正。其時親見獻祖之室，倒居懿祖之下。於後遍校圖籍，實見差殊，遂敢聞奏。今奉敕宜令禮官集議聞奏者。臣得奉禮郎李岡、太祝柳仲年、協律郎諸葛畋李潼、檢討官王皡、修撰朱儔、博士閔慶之等七人狀稱：『謹按高祖神堯皇帝本紀及皇室圖譜，并武德、貞觀、永徽、開元已來諸禮著在甲令者，並云獻祖宣皇帝是神堯之高祖，懿祖光皇帝是神堯皇帝之曾祖，以高曾辨之，則獻祖是懿祖之父，懿祖是獻祖之子。卽博士任疇所奏倒祀不虛。臣等伏乞卽垂詔敕，具禮遷正。』」其事遂行。

僖宗自興元還京，夏四月，將行禘祭，有司引舊儀：「禘德明、興聖二廟，及懿祖、獻祖神主祔興聖、德明廟，通爲四室。」黃巢之亂，廟已焚毀，及是將禘，俾議其儀。博士殷盈孫議曰：「臣以德明等四廟，功非創業，義止追封，且於今皇帝年代極遙，昭穆甚遠。可依晉韋泓『屋毀乃已』之例〔二九〕，因而廢之。」敕下百僚都省會議，禮部員外薛昭緯奏議曰：

伏以禮貴從宜，過猶不及，祀有常典，理當據經。謹按德明追尊，實爲遐遠，徵諸歷代，莫有其倫。自古典禮該詳，無踰周室。后稷實始封之祖，文王乃建極之君，且不聞后稷之前，別議立廟。以至二漢則可明徵劉累，梁、魏則近有蕭、曹，稽彼簡書，並無追號。迨于興聖，事非有據。蓋以始王於涼，遂列爲祖。類長沙於後漢之代，等楚元於宋高之朝，悉無尊祀之名，足爲憲章之驗。重以獻祖、懿祖，皆非宗有德而祖有功，親盡宜祧，理當毀瘞，遷於二廟，亦出一時。且武德之初，議宗廟之事，神堯聽之，太宗參之，碩學通儒，森然在列，而不議立皋陶、涼武昭之廟，蓋知其非所宜立也。尊太祖、代祖爲帝，而以獻祖爲宣簡公，懿祖爲懿王，卒不加帝號者，謂其親盡則毀明矣。春秋左氏傳：「孔子在陳，聞魯廟災。曰：『其桓僖乎？』已而果然。」蓋以親盡不毁，宜致天災，炯然之徵，不可忽也。據太常禮院狀所引至德二年克復後不作弘農府君廟神主，及晉韋泓「屋朽乃已」之議，頗爲明據，深協禮經。其興聖等四室，請依禮院之議。

奉敕敬依典禮，付所司。

開元二十二年正月，制以籩、豆之薦，或未能備物，宜令禮官學士詳議具奏。太常卿韋縚請「宗廟之奠，每室籩、豆各加十二。又今之酌獻酒爵，制度全小，僅無一合，執持甚難，請稍令廣大。其郊祀奠獻，亦準此。仍望付尚書省集衆官詳議，務從折衷」。於是兵部侍郎張均及職方郎中韋述等建議曰：

謹按禮祭統曰：「凡天之所生，地之所長，苟可薦者，莫不咸在。水草陸海，三牲八簋，昆蟲之異，草木之實，陰陽之物，皆備薦矣。」聖人知孝子之情深，而物類之無限，故爲之節制，使祭有常禮，物有其品，器有其數。上自天子，下至公卿，貴賤差降，無相踰越，百代常行無易之道也。又按周禮膳夫，「掌王之食飲膳羞：食用六穀，膳用六牲，飲用六淸，羞用百有二十品，珍用八物，醬用百有二十瓮」，則與祭祀之物，豐省本殊。左傳曰：「享以訓恭儉，宴以示慈惠，恭儉以行禮，慈惠以布政。」又曰：「享有體薦，宴有折俎。」杜預曰：「享有體薦，爵盈而不飲，豆乾而不食，宴則相與食之。」享之與宴，猶且異文，祭奠所陳，固不同矣。又按周禮，籩人、豆人，各掌四籩、四豆之實，供祭祀與賓客，所用各殊。據此數文，祭奠不同常時，其來久矣。

且人之嗜好，本無憑準，宴私之饌，與時遷移。故聖人一切同歸於古，雖平生所嗜，非禮亦不薦也；平生所惡，是禮卽不去也。楚語曰：「屈到嗜芰，有疾，召宗老而屬曰：『祭我必以芰。』及卒，宗老將薦芰，屈建命去之，曰：『祭典有之，國君有牛享，大夫有羊饋，士有豚犬之奠，庶人有魚炙之薦，籩豆脯醢，則上下安之。不羞珍異，不陳庶侈，不以私欲干國之典。』遂不用。」此則禮外之食，前賢不敢薦也。今欲取甘旨之物，肥濃之味，隨所有者皆充祭用，苟踰舊制，其何限焉。雖籩豆有加，豈能備也？

傳曰：「大羹不致，粢食不鑿，昭其儉也。」書曰：「黍稷非馨，明德惟馨。」事神在於虔誠，不求厭飫。三年一禘，不欲黷也。三獻而終，禮有成也。風有采蘋、采蘩，雅有行葦、洞酌，守以忠信，神其捨諸！若以今之珍饌，平生所習，求神無方，何必師古。簠簋可去，而盤盂杯案當在御矣；韶護可息，而箜篌笛笙當在奏矣。凡斯之流，皆非正物，或興於近代，或出於蕃夷，耳目之娛，本無則象，用之宗廟，後嗣何觀？欲爲永式，恐未可也。且自漢已降，諸陵皆有寢宮，歲時朔望，薦以常饌，此旣常行，亦足盡至孝之情矣。宗廟正禮，宜依典故，率情變革，人情所難。

又按舊制，一升曰爵，五升曰散。禮器稱：「宗廟之祭，貴者獻以爵，賤者獻以散。」此明貴小賤大，示之節儉。又按國語，觀射父曰：「郊禘不過繭栗，蒸嘗不過把握。」夫神，以精明臨人者也，所求備物，不求豐大。苟失於禮，雖多何爲？豈可捨先王之遺法，徇一時之所尚，廢棄禮經，以從流俗。裂冠毁冕，將安用之！且君子愛人以禮，不求苟合，況在宗廟，敢忘舊章。請依古制，庶可經久。

禮部員外郎楊仲昌議曰：「謹按禮曰：『夫祭不欲煩，煩則黷；亦不欲簡，簡則怠。』又鄭玄云：『人生尙褻食，鬼神則不然。』神農時雖有黍稷，猶未有酒醴。及後聖作爲醴酪，猶存玄酒，示不忘古。』春秋曰：『蘋蘩薀藻之菜，潢汙行潦之水，可羞於王公，可薦於鬼神。』又曰：『大羹不和，粢食不鑿。』此明君人者，有國奉先，敬神嚴享，豈肥濃以爲尙，將儉約以表誠。則陸海之物，鮮肥之類，既乖禮文之情，而變作者之法，皆充祭用，非所詳也。易曰：『樽酒簋貳，用缶〔三〇〕，納約自牖。』此明祭存簡易，不在繁奢。所以一樽之酒，貳簋之奠，爲明祀也。抑又聞之，夫義以出禮，禮以體政，違則有紊，是稱不經。薦肥濃則褻味有登，加籩爵則事非師古。與其別行新制，寧如謹守舊章？」

時太子賓客崔沔、戶部郎中楊伯成〔三一〕、左衞兵曹劉秩等皆建議以爲請依舊禮，不可改易。於是宰臣等具沔、述等議以奏。玄宗曰：「朕承祖宗休德，至於享祀粢盛，實思豐潔，禮物之具，諒在昭忠。其非芳潔不應法制者，亦不可用。」以是更令太常量加品味。韋縚又奏：「請每室加籩、豆各六，每四時異品，以當時新果及珍羞同薦。」制可之。又酌獻酒爵，玄宗令用龠升一升，合於古義，而多少適中。自是常依行焉〔三一〕。

後漢世祖光武皇帝葬于原陵，其子孝明帝追思不已。永平元年，乃率諸侯王、公卿，正月朝于原陵，親奉先后陰氏粧奩篋笥悲慟，左右侍臣，莫不嗚咽。梁武帝父丹陽尹順之，追尊爲太祖文帝，先葬丹徒，亦尊爲建陵。武帝即大位後，大同十五年，亦朝于建陵〔三二〕，有紫雲蔭覆陵上，食頃方滅。梁主著單衣介幘，設次而拜，望陵流哭，淚之所霑，草皆變色。陵傍有枯泉，至時而水流香潔。因謂侍臣曰，陵陰石虎，與陵俱創二百餘年〔三四〕，恨小，可更造碑石柱麟，并二陵中道門爲三闥。園陵職司，並賜一級。奉辭諸陵，哭踊而拜。周太祖文帝葬於成陵，其子明帝初立，元年十二月，謁于成陵。

高祖神堯葬於獻陵，貞觀十三年正月乙巳，太宗朝于獻陵。先是日，宿衛設黃麾仗周衛陵寢〔三五〕，至是質明，七廟子孫及諸侯百僚、蕃夷君長皆陪列于司馬門內。皇帝至小次，降輿納履，哭於闕門，西面再拜，慟絕不能興。禮畢，改服入于寢宮，親執饌，閱視高祖及先后服御之物，俯匐牀前悲慟。左右侍御者莫不歔欷。初，甲辰之夜，大雨雪。及皇帝入陵院，悲號哽咽，百辟哀慟，是時雪益甚，寒風暴起，有蒼雲出於山陵之上，俄而流布，天地晦冥。至禮畢，皇帝出自寢宮，步過司馬門北，泥行二百餘步，於是風靜雪止，雲氣歇滅，天色開霽。觀者竊議，以爲孝感之所致焉。是日曲赦三原縣及從官衞士等，大辟已下，已發覺，未發覺，皆釋其罪。免民一年租賦。有八十已上，及孝子順孫、義夫節婦、鰥寡孤獨、有篤疾者，賜物各有差。宿衞陵邑中郎將、衞士齋員及三原令以下〔三六〕，各賜爵一級。丁未，至自獻陵。己酉，朝于太極殿。庚子，會羣臣，奏功成慶善及破陣之樂。

玄宗開元十七年十一月丙申，親謁橋陵。皇帝望陵涕泣，左右並哀感。進奉先縣同赤縣，以所管萬三百戶供陵寢〔三七〕，三府兵馬供衞，曲赦縣內大辟罪已下。戊戌，謁定陵。己亥，謁獻陵。壬寅，謁昭陵。己巳，謁乾陵。戊申，車駕還宮。大赦天下，流移人並放還，左降官移近處，百姓無出今年地稅之半。每陵取側近六鄉以供陵寢。皇帝初至橋陵，質明，柏樹甘露降，曙後祥煙遍空。皇帝謁昭陵，陪葬功臣盡來受饗，風吹飀飀，若神祇之所集。陪位文武百僚皆聞先聖嘆息、功臣蹈舞之聲，皆以爲至孝所感。天寶二年八月，制：「自今已後，每至九月一日，薦衣於陵寢。」十三載，改獻、昭、乾、定、橋五陵署爲臺，其署令改爲臺令，加舊一級。

校勘記

〔一〕虞𢢼　「𢢼」字通典卷四七、唐會要卷一二、册府卷五八五作「喜」。晉書卷九一儒林傳有虞喜傳。此處「𢢼」字疑誤。

〔二〕情實可安　「安」字各本原作「知」，據通典卷四八、唐會要卷一二、册府卷五八五改。

〔三〕一壇一墠王制云天子七廟三昭三穆與太祖之廟而七　「一墠」至「太祖」十六字各本原無，據唐會要卷一二、英華卷七六三、册府卷五八七補。英華「一墠」誤作「二墠」。

〔四〕太祖者　此三字各本原無，據唐會要卷一二、英華卷七六三補。

〔五〕太上皇高帝之父　「高」字各本原無，據唐會要卷一二、英華卷七六三補。

〔六〕其高皇太皇處士君　「高皇」，各本原作「高祖」，據本書卷二六禮儀志、通典卷五〇、唐會要卷一三改。按通典卷四七謂魏文帝高祖處士（曹萌）、曾祖高皇（曹騰）、祖太皇帝（曹嵩）共一廟，則「高祖」與「處士君」爲一人，此處作「高祖」誤。

〔七〕周朝太祖之外　「周朝」，通典卷四七作「後周」。

〔八〕張齊賢以始同太祖　通典卷四七、唐會要卷一二同。殘宋本册府卷五八七作「張齊賢以景帝始封，爲唐太祖」。合鈔卷二九禮志「始」下有「祖」字。

〔九〕仍改武氏崇尊廟爲崇恩廟　「爲崇恩廟」，各本原無，據通典卷四七補。

〔一〇〕無易茲典　「茲典」二字各本原無，據唐會要卷一九、英華卷七六三、册府卷五八八補。

〔一一〕六日　各本原作「景雲中」，據唐會要卷一三改。校勘記卷一二云：「按景雲爲睿宗年號，此文承開元六年下，不宜羼入景雲中三字。以上文六日質明行事考之，唐會要是，當從之。」

〔一二〕順宗神主將祔　「將祔」，各本原作「祧」，據唐會要卷一五、册府卷五九一改。

〔一三〕殷人十七代　「十」字各本原無，據唐會要卷一五、册府卷五九一補。

〔一四〕可謂革命中興之義殊也　唐會要卷一五「可謂」作「實與」。

〔一五〕霍光輔宣帝再盛基業而不以宣帝爲不遷之廟　「宣帝」至「爲不」十三字各本原無，據唐會要卷一五、册府卷五九一補。

〔一六〕準禮合遷於太廟從西第一夾室　「遷」字各本原無，據唐會要卷一五補。

〔一七〕長慶四年正月　舊唐書補校云：「册府元龜五九一載此事，云牛僧孺爲禮儀使，長慶四年七月奏。會要作五月。穆宗以其年正月辛未崩，不得于正月卽議其遷祔，疑五月近是。」

〔一八〕與太祖之廟而七　「與」字各本原無，據册府卷五九一及禮記王制原文補。

〔一九〕謂之親廟四時常饗自如禮文今以新主入廟玄宗明皇帝在三昭三穆之外　「謂之」至「三穆」二十八字各本原無，據殘宋本册府卷五九一補。唐會要卷一五、明本册府同，惟「入廟」作「立廟」。

〔一〇〕當同南面西上……當同北面西上　兩「面」字各本原無，據唐會要卷一二、册府卷五九二及公羊傳何休注原文補。

〔一一〕於理無矣　「無」下唐會要卷一二、册府卷五九二有「疑」字。

〔一二〕及成康穆三帝　「成康穆」，各本原作「穆簡」，據唐會要卷一二、册府卷五九二改。

〔一三〕貞獻皇太后蕭氏　「蕭」字各本原作「韋」，據本書卷五二穆宗貞獻皇后蕭氏傳改。

〔一四〕帝在位后先作神主之例　此句疑有脫誤。合鈔卷二九禮志「帝」上有「不同」二字。

〔一五〕太皇太后　「皇」上「太」字各本原無，據册府卷五九三補。

〔一六〕得廟直候論狀　「得」字各本原作「德」，據唐會要卷一六、册府卷五九二改。

〔一七〕請過祭詳窺玉牒　唐會要卷一六「過祭」作「遇禮」，册府卷五九二「過」亦作「遇」。

〔一八〕國之大事宗廟爲先禘祫之禮　以上十二字各本原作「德尊謚爲孝君臣嚴敬有司愼恪是歲以還」，據唐會要卷一六、册府卷五九二改。　校勘記卷一二云：「按此因獻昭懿穆，懿祖之室，反在獻祖之上，昭穆失序，故有此議。『德尊謚爲孝』云云，文義舛錯，當從會要。」

〔一九〕韋泓　聞本、殿本、局本、廣本作「韋弘」，懼盈齋本避淸諱作「韋宏」，此據唐會要卷一四、册府卷五九三改。下文同改。

〔三〇〕樽酒簋貳用缶 「用缶」二字各本原無，據唐會要卷一七、册府卷五八九及易坎卦原文補。

〔三一〕戶部郎中楊伯成 廿二史考異卷五九云：「王晙傳有戶部郎中楊伯誠，禮儀志有戶部郎中楊伯成，蓋卽一人而字各異。今西安府學有大智禪師碑陰記，河南少尹陽伯成撰，當據碑爲正。」

〔三二〕自是常依行焉 「常」字各本原作「帝」，據通典卷四七、唐會要卷一七、册府卷五八九改。

〔三三〕大同十五年亦朝于建陵 按梁書卷三武帝紀：「大同十年三月，輿駕幸蘭陵，謁建寧陵。」大同僅十一年，此處「十五年」誤，「五」字當是衍文。

〔三四〕與陵俱創二百餘年 校勘記卷一二謂「二百」當爲「五十」之誤，云：「按本紀（指梁書武帝紀），大同十年，謁建寧陵。下於壬寅載詔曰：『自朕違桑梓，五十餘年。』按隆昌元年，歲在甲戌，下距甲子（指大同十年）五十年，而順之之卒在隆昌前，正與五十餘年合，是二百爲五十字誤。」

〔三五〕宿衞設黃麾仗周衞陵寢 「宿」下「衞」字各本原無，據唐會要卷二〇補。册府卷三〇亦有「衞」字，但脫「設」字。大唐開元禮卷四四作「諸衞量設黃麾大仗於陵寢陳布」。

〔三六〕衞士 「衞」字各本原無，據册府卷八四補。

〔三七〕以所管萬三百戶供陵寢 「萬」字各本原作「陵」，據唐會要卷二〇、册府卷三〇改。

舊唐書卷二十六

志第六

禮儀六

建中元年三月，禮儀使上言：「東都太廟闕木主，請造以祔。」初，武后於東都立高祖、太宗、高宗三廟。至中宗已後，兩京太廟，四時並饗。至德亂後，木主多亡缺未祔。於是議者紛然，而大旨有三：其一曰，必存其廟，遍立羣主，時饗之。其二曰，建廟立主，存而不祭，若皇輿時巡，則就饗焉。其三曰，存其廟，瘞其主，駕或東幸，則飾齋車奉京師羣廟之主以往。議者皆不決而罷。

貞元十五年四月，膳部郎中歸崇敬上疏：「東都太廟，不合置木主。謹按典禮，虞主用桑，練主用栗，重作栗主，則埋桑主。所以神無二主，猶天無二日，土無二王也。今東都太廟，是則天皇后所建，以置武氏木主。中宗去其主而存其廟，蓋將以備行幸遷都之所也。且殷人屢遷，前八後五，前後遷都一十三度，不可每都而別立神主也。議者或云：『東都神主，已曾虔奉而禮之，豈可以一朝廢之乎？』且虞祭則立桑主而虔祀，練祭則立栗主而埋桑主，豈桑主不曾虔祀，而乃埋之？又所闕之主，不可更作，作之不時，非禮也。」

長慶元年二月，分司官庫部員外郎李渤奏：「太微宮神主，請歸祔太廟。」敕付東都留守鄭絪商量聞奏。絪奏云：「臣謹詳三代典禮，上稽高祖、太宗之制度，未嘗有並建兩廟、並饗二主之禮。天授之際，祀典變革。中宗初復舊物，未暇詳考典章，遂於洛陽創宗廟。是行遷都之制，實非建國之儀。及西歸上都，因循未廢。德宗嗣統，墜典克修，東都九廟，不復告饗。謹按禮記，仲尼答曾子問曰：『天無二日，土無二王，嘗、禘、郊、社，尊無二上。』所以明二主之非禮也。陛下接千載之大統，揚累聖之耿光，憲章先王，垂法後嗣。況宗廟之禮，至尊至重，違經黷祀，時謂不欽。特望擇三代令典，守高祖、太宗之憲度，鑒神龍權宜之制，遵建中矯正之禮，依經復古，允屬聖明。伏以太微宮光皇帝三代、睿宗聖文孝武皇帝神主〔二〕，參考經義，不合祔饗。至於遷置神主之禮，三代以降，經無明文。伏望委中書門下與公卿禮官質正詳定。」敕付所司。

太常博士王彥威等奏議曰：

謹按國初故事，無兩都並建宗廟、並行饗祭之禮。伏尋周書召誥、洛誥之說，實有祭告豐廟、洛廟之文，是則周人兩都並建宗祧，至則告饗。然則兩都皆祭祖考，禮祀並興。自神龍復辟，中宗嗣位，廟既偕作，饗亦並行。天寶末，兩都傾陷，神主亡失。肅宗既復舊物，但建廟作主於上都。其東都神主，大曆中始於人間得之，遂寓於太微宮，不復祔饗。

臣等謹按經傳，王者之制，凡建居室，宗廟爲先，廟必有主，主必在廟。是則立廟兩都，蓋行古之道，主必在廟，實依禮經。今謹參詳〔二〕，理合升祔。謹按光皇帝是追王〔三〕，高宗、中宗、睿宗是祧廟之主，其神主合藏於太廟從西第一夾室。景皇帝是始封不遷之祖，其神主合藏於太廟從西第一室〔四〕。高祖、太宗、玄宗、肅宗、代宗是創業有功親廟之祖。伏準江都集禮：『正廟之主，藏於太室之中。』禮記：『羣廟之主，有故則聚而藏諸祖廟。』伏以德宗之下，神主未作，代宗之上，后主先亡，若歸本室，有虛神主〔五〕。事雖可據，理或未安。今高祖已下神主，並合藏於太祖之廟，依舊準故事不饗。如陛下肆覲東后，移幸洛陽，自非祧主，合歸本室。其餘闕主，又當特作，而祔饗時祭、禘、祫如儀。

臣又按國家追王故事，太祖之上，又有德明、興聖、懿祖別廟。今光皇帝神主，即懿祖也。伏緣東都先無前件廟宇，光皇帝神主今請權祔於太廟夾室，居元皇帝之上。

如駕在東都，卽請準上都式營建別廟，作德明、興聖、獻祖神主，備禮升祔。又於太廟夾室奉迎光皇帝神主歸別廟第四室〔六〕，禘、祫如儀。

或問曰：禮，作栗主，瘞桑主。漢、魏並有瘞桑之議，大曆中亦瘞孝敬皇帝神主，今祔而不瘞，如之何？答曰：作主依神，理無可埋，漢魏瘞藏，事非允愜。孝敬尊非正統，廟廢而主獨存，從而瘞藏，爲叶情理。

又問：古者巡狩，必載遷主，今東都主又祔于廟〔七〕。答曰：古者師行以遷主，無則主命，自非遷祖之主，別無出廟之文。凡邑有宗廟先君之主曰都，則兩都宗廟，各宜有主。

又問曰：古者作主，必因虞、練，若主必歸祔，則室不可虛，則當補已亡之主〔八〕，創當祔之主。禮經無說，如之何？答曰：虞、練作主，禮之正也。非時作主，事之權也。王者遭時爲法，因事制宜，苟無其常，則思其變。如駕或東幸，廟仍虛主，卽準肅宗廣德二年上都作主故事，特作闕主而祔。蓋主不可闕，故禮貴從宜，春秋之義，變而正之者。臣伏思祖宗之主，神靈所憑，寓於太微，不入宗廟，據經復本，允屬聖明。

至是下尚書省集議，而郎吏所議，與彥威多同。丞郎則各執所見，或曰「神主合藏於太微宮」；或云「並合埋瘞」；或云「闕主當作」；或云「輿駕東幸，卽載上都神主而東」。咸以意言〔九〕，不本經據。竟以紛議不定，遂不舉行。

會昌五年八月，中書門下奏：「東都太廟九室神主，共二十六座，自祿山叛後，取太廟爲軍營，神主棄於街巷，所司潛收聚，見在太微宮內新造小屋之內。其太廟屋室並在，可以修崇。大和中，太常博士議，以爲東都不合置神主，車駕東幸，卽載主而行。至今因循，尚未修建。望令尚書省集公卿及禮官、學官詳議。如不要更置，須有收藏去處。如合置，望以所拆大寺材木修建。既是宗室官居守，便望令充修東都太廟使，勾當修繕。」奉敕宜依。

六年三月，太常博士鄭路等奏：「東都太微宮神主二十座〔一〇〕，去年二月二十九日禮院分析聞奏訖。伏奉今月七日敕，『此禮至重，須遵典故，宜令禮官、學官同議聞奏』者。臣今與學官等詳議訖，謹具分析如後：獻祖宣皇帝、宣莊皇后、懿祖光皇帝、光懿皇后、文德皇后、高宗天皇大帝、則天皇后、中宗大聖大昭孝皇帝、和思皇后、昭成皇后、孝敬皇帝、孝敬哀皇后已前十二座，親盡迭毀，宜遷諸太廟，祔於興聖廟。禘祫之歲，乃一祭之。東都無興聖廟可祔，伏請且權藏於太廟夾室。未題神主十四座，前件神主既無題號之文，難伸祝告之禮。今與禮官等商量，伏請告遷之日，但瘞於舊太微宮內空閑之地。恭酌事理〔一一〕，庶協從宜。」制可。

太常博士段瓌等三十九人奏議曰：

禮之所立，本於誠敬；廟之所設，實在尊嚴。既曰薦誠，則宜統一。昔周之東西有廟，亦可徵其所由。但緣卜洛之初，既須營建，又以遷都未決，因議兩留。酌其事情，匪務於廣，祭法明矣。

伏以東都太廟，廢已多時，若議增修，稍乖前訓。何者？東都始制寢廟於天后、中宗之朝，事出一時，非貞觀、開元之法。前後因循不廢者，亦踵鎬京之文也。記曰：「祭不欲數，數則煩。」天寶之中，兩京悉爲寇陷，西都廟貌如故，東都因此散亡。是知九廟之靈，不欲歆其煩祀也。自建中不葺之後，彌歷歲年。今若廟貌惟新，卽須室別有主。舊主雖在，大半合祧，必几筵而存之，所謂宜祧不祧也。孔子曰：「當七廟五廟，無虛主也」，謂廟不得無主者也。舊主如有留去，新廟便合創添。謹按左傳云：「祔練作主。」又戴聖云〔三〕：「虞而立几筵。」如或過時成之，便是以凶干吉。創添既不典，虛廟又非儀。考諸禮文，進退無守。

或曰「漢於郡國置宗廟凡百餘所，今止東西立廟，有何不安」者。當漢氏承秦焚燒之餘，不識典故，至於廟制，率意而行。比及元、成二帝之間，貢禹、韋玄成等繼出，果有正論，竟從毀除。足知漢初不本於禮經，又安可程法也？或曰「几筵不得復設，廟寢何妨修營，候車駕時巡，便合於所載之主」者〔四〕。究其終始，又得以論之。昨者降敕參詳，本爲欲收舊主，主既不立，廟何可施？假令行幸九州，一一皆立廟乎？愚以爲廟不可修，主宜藏瘞，或就瘞於埳室，或瘞於兩階間，此乃百代常行不易之道也。

其年九月敕：「段瓌等詳議，東都不可立廟。李福等別狀，又有異同。國家制度，須合典禮，證據未一，則難建立。宜並令赴都省對議，須歸至當。」

工部尚書薛元賞等議：

伏以建中時，公卿奏請修建東都太廟，當時之議，大旨有三：其一曰，必存其廟〔四〕，備立其主，時饗之日，以他官攝行。二曰，建廟立主，存而不祭，皇輿時巡，則就饗焉。三曰，存其廟，瘞其主。臣等立其三議，參酌禮經，理宜存廟，不合置主。

謹按禮祭義曰：「建國之神位，右社稷而左宗廟。」禮記云：「君子將營宮室，宗廟爲先。」是知王者建邦設都，必先宗廟、社稷。況周武受命，始都于豐，成王相宅，又卜于洛，烝祭歲於新邑，册周公于太室。故書曰：「戊辰，王在新邑，烝祭歲。王入太室祼。」成王厥後復立于豐〔五〕，雖成洛邑，未嘗久處。逮于平王，始定東遷。則周之豐、鎬〔六〕，皆有宗廟明矣。

又按曾子問「廟有二主」，夫子對以「天無二日，土無二王，嘗、禘、郊、社，尊無二上，未知其爲禮」者。昔齊桓公作二主，夫子譏之，以爲僞主。是知二主不可並設，亦明矣。夫聖王建社以厚本，立廟以尊祖，所以京邑必有宗社。今國家定周、秦之兩地，爲東西之兩宅，闢九衢而立宮闕，設百司而嚴拱衞，取法玄象，號爲京師。既嚴帝宅，難虛神位，若無宗廟，何謂皇都？然依人者神，在誠者祀，誠非外至，必由中出，理合親敬，用交神明。位宜存於兩都，廟可偕立；誠難專於二祭，主不並設。

或以禮云「七廟五廟無虛主」，是謂不可無主。所以天子巡狩，亦有所尊，尙飾齋車，載遷主以行。今若修廟瘞主，則東都太廟，九室皆虛，既違於經，須徵其說。臣復探賾禮意，因得盡而論之。所云「七廟五廟無虛主」，是謂見饗之廟不可虛也。今之兩都，雖各有廟，禘祫饗獻，斯皆親奉於上京，神主几筵，不可虛陳於東廟。且禮云：「唯聖人爲能饗帝，孝子爲能饗親。」昔漢韋玄成議廢郡國祀，亦曰：「立廟京師，躬親承事，四海之內，各以其職來祭。」人情禮意，如此較然。二室既不並居，二廟豈可偕祔？但所都之國，見饗之廟，既無虛室，則叶通經議者，又欲置主不饗，以俟巡幸。昔魯作僖公之主，不於虞、練之時，春秋書而譏之。合祔之主，作非其時，尙爲所譏。今若置不合祔之主，不因時而作，違經越禮，莫甚於此。豈有九室合饗之主，而有置而不饗之文？兩廟始創於周公，二主獲譏於夫子。自古制作，皆範周孔，舊典猶在，足可明徵。臣所以言東都廟則合存，主不合置。今將修建廟宇，誠不虧於典禮。其見在太微宮中六主，請待東都建修太廟畢，具禮迎置於西夾室，闕而不饗，式彰陛下嚴祀之敬，以明聖朝尊祖之義。

吏部郎中鄭亞等五人議：「據禮院奏，以爲東都太廟既廢，不可復修，見在太微宮神主，請瘞於所寓之地。有乖經訓，不敢雷同。臣所以別進議狀，請修祔主，並依典禮，兼與建中元年禮儀使顏眞卿所奏事同。臣與公卿等重議，皆以爲廟固合修，主不可瘞，卽與臣等別狀意同。但衆議猶疑東西二廟，各設神主，恐涉廟有二主之義，請修廟虛室，以太微宮所寓神主藏於夾室之中。伏以六主神位，內有不祧之宗，今用遷廟之儀，猶未合禮。臣等猶未敢署衆狀，蓋爲闕疑。」

太學博士直弘文館鄭遂等七人議曰：「夫論國之大事，必本乎正而根乎經，以臻于中道。聖朝以廣孝爲先，以得禮爲貴，而臣下敢不以經對。三論六故，已詳於前議矣。再捧天問，而陳乎諸家之說，求于典訓，考乎大中，廟有必修之文，主無可置之理。何則？正經正史，兩都之廟可徵。禮稱『天子不卜處太廟』，『擇日卜建國之地，則宗廟可知』。則廢廟之說，恐非所宜廢。謹按詩、書、禮三經及漢朝兩史，兩都並設廟，而載主之制，久已行之。敢不明徵而去文飾，援據經文，不易前見。東都太廟，合務修崇，而舊主當瘞，請于太微宮所藏之所〔七〕。皇帝有事于洛，則奉齋車載主以行。」

太常博士顧德章議曰：

夫禮雖緣情〔八〕，將明厥要，實在得中，必過禮而求多，則反虧於誠敬。伏以神龍之際，天命有歸，移武氏廟於長安，即其地而置太廟，以至天寶初復，不爲建都。而設議曰：「中宗立廟於東都，無乖舊典。」徵其意，不亦謬乎？

又曰「東都太廟，至於睿宗、玄宗，猶奉而不易」者。蓋緣嘗所尊奉，不敢輒廢也。今則廢已多時，猶循莫舉之典也〔九〕。

又曰「雖貞觀之始，草創未暇，豈可謂此事非開元之法」者。謹按定開元六典敕曰：「聽政之暇，錯綜古今，法以周官，作爲唐典。覽其本末，千載一朝。春秋謂考古之法也，行之可久，不曰然歟？」此時東都太廟見在，六典序兩都宮闕，西都具太廟之位，東都則存而不論，足明事出一時，又安得曰「開元之法」也？又三代禮樂，莫盛於周。昨者論議之時，便宜細大，取法于周，遷而立廟。今立廟不因遷，何美之而不能師之也？

又曰「建國神位，右社稷而左宗廟，君子將營宮室，宗廟爲先」者。謹按六典，永昌中則天以東都爲神都。爾後漸加營構〔一〇〕，宮室百司，於是備矣。今之宮室百司，乃武氏改命所備也。上都已建國立宗廟，不合引言。

又曰「東都洛陽祭孝宣等五帝，長安祭孝成等三帝」。以此爲置廟之例，則大非也。當漢兩處有廟，所祭之帝各別。今東都建廟作主，與上都盡同，概而論之，失之甚者。又曰「今或東洛復太廟，有司同日侍祭，以此爲數，實所未解」者。謹按天寶三載詔曰：「頃四時有事於太廟，兩京同日。自今已後，兩京各宜別擇日。」載在祀典，可得而詳。且立廟造主，所以祭神，而曰存而勿祀，出自何經？「當七廟五廟無虛主」，而欲立虛廟，法於何典？前稱廟貌如故者，卽指建中之中，就有而言，以爲國之先也。前以非時不造主者，謂見有神主，不得以非時而造也。若江左至德之際，主並散亡，不可拘以例也。

或曰「廢主之瘞，請在太微宮」者。謹按天寶二年敕曰：「古之制禮，祭用質明，義兼取於尙幽，情實緣於旣沒。我聖祖澹然常在，爲道之宗，旣殊有盡之期，宜展事生之禮。自今已後，每至聖祖宮有昭告，宜改用卯時」者。今欲以主瘞於宮所，卽與此敕全乖。又曰「主不合瘞，請藏夾室」者。謹按前代藏主，頗有異同。至如夾室，宜用以序昭穆也〔三〕。今廟主俱不中禮，則無禘祫之文。

又曰君子將營宮室，以宗廟爲先，則建國營宮室而宗廟必設。東都旣有宮室，而太廟不合不營。凡以論之，其義斯勝。而西周、東漢，並曰兩都，其各有宗廟之證，經史昭然，又得以極思於揚搉。詩曰：「其繩則直，縮板以載，作廟翼翼。」大雅「瓜瓞」，言豐廟之作也。又曰：「於穆清廟，肅雍顯相。」洛邑既成，以率文王之祀。此詩言洛之廟也。書曰：「成王既至洛，烝祭歲，文王騂牛一，武王騂牛一。」又曰「祼于太室」，康王又居豐，「命畢公保釐東郊」。豈有無廟而可烝祭，非都而設保釐？則書東西之廟也。逮于後漢卜洛，西京之廟亦存。建武二年，於洛陽立廟，而成、哀、平三帝祭於西京。一十八年，親幸長安，行禘禮。當時五室列於洛都，三帝留於京廟，行幸之歲，與合食之期相會，不奉齋車，又安可以成此禮？則知兩廟周人成法，載主以行，漢家通制。或以當虛一都之廟爲不可，而引「七廟無虛主」之文。禮言一都之廟，室不虛主，非爲兩都各廟而不可虛也。既聯出征之辭〔三二〕，更明載主之意，因事而言，理實相統，非如詩人更可斷章以取義也〔三三〕。古人求神之所非一，奉神之意無二，故廢桑主，重作栗主，既事埋之，以明其一也。

或又引左氏傳築郿凡例，謂「有宗廟先君之主曰都」，而立建主之論。按魯莊公二十八年冬，築郿，左傳爲築發凡例，穀梁譏因藪澤之利，公羊稱避凶年造邑之嫌。三傳異同，左氏爲短。何則？當春秋二百年間，魯凡城二十四邑，唯郿一邑稱築〔三四〕，其二十三邑，豈皆有宗廟先君之主乎〔三五〕？執此爲建主之端，又非通論。

或又曰：「廢主之瘞，何以在於太微宮所藏之所？宜舍故依新，前已列矣。」按瘞主之位有三：或於北牖之下，或在西階之間，廟之事也。其不當立之主，但隨其所以瘞之。夫主瘞乎當立之廟，斯不然矣。以在所而言，則太微宮所藏之所，與漢之寢園無異。歷代以降，建一都者多，兩都者少。今國家崇東西之宅，極嚴奉之典，而以各廟爲疑，合以建都故事，以相質正，即周、漢是也。今詳議所徵，究其年代，率皆一都之時，豈可以擬議，亦孰敢獻酬於其間？詳考經旨，古人謀寢必及於廟，未有設寢而不立廟者。國家承隋氏之弊，草創未暇，後雖建於垂拱，而事有所合。其後當干戈寧戢之歲，文物大備之朝，歷于十一聖，不議廢之。豈不以事雖出於一時，廟有合立之理，而不可一一革也？今洛都之制，上自宮殿樓觀，下及百辟之司，與西京無異。鑾輿之至也，雖厮役之賤，必歸其所理也。豈先帝之主，獨無其所安乎？時也，虞主尙瘞，廢主宜然〔三〇〕。或以馬融、李舟二人稱「寢無傷於偕立，廟不妨於暫虛」，是則馬融、李舟，可法於宣尼矣。以此擬議，乖當則深〔三一〕。

或稱「凡邑有宗廟先君之主曰都，無曰邑，邑曰築，都曰城」者。謹按春秋二百四十年間，惟郿一邑稱築。如城郎、費之類，各有所因，或以他防，或以自固，謂之盡有宗廟，理則極非。

或稱「聖主有復古之功，簡册有考文之美，五帝不同樂，三王不同禮，遭時爲法，因事制宜」。此則改作有爲，非有司之事也。如有司之職，但合一一據經；變禮從時，則須俟明詔也。

凡不修之證，略有七條：廟立因遷，一也；已廢不舉，二也；廟不可虛，三也；非時不造主，四也；合載遷主行，五也；尊無二上，六也；六典不書，七也。謹按文王遷豐立廟，武王遷鎬立廟，成王遷洛立廟。今東都不因遷而欲立廟，是違因遷立廟也。謹按禮記曰：「凡祭，有其廢之，莫敢舉也。有其舉之，莫敢廢也。」今東都太廟，廢已八朝，若果立之，是違已廢不舉也。謹按禮記曰：「當七廟五廟無虛主。」今欲立虛廟，是違廟不可虛也。謹按左傳：「丁丑，作僖公主。書不時也。」記又曰：「過時不祭，禮也。」合禮之祭，過時猶廢，非禮之主，可以作乎？今欲非時作主，是違非時不作主也。謹按曾子問：「古者師行以遷廟主行乎？孔子曰：天子巡狩，必以遷廟主行，載於齋車，言必有尊也。今也取七廟之主以行，則失之矣。」皇氏云：「遷廟主者，載遷一室之主也。」今欲載羣廟之主以行，是違載遷之主也。謹按禮記曰：「天無二日，土無二王。嘗、禘、郊、社，尊無二上也。」今欲兩都建廟作主，是違尊無二上也。謹按六典序兩都宮闕及廟宇，此時東都有廟不載，是違六典不書也。遍考書傳，並不合修。寢以武德、貞觀之中，作法垂範之日，文物大備，儒彥畢臻，若可修營，不應議不及矣。記曰：「樂由天作，禮以地制。天之體，動也。地之體，止也。」此明樂可作，禮難變也。伏惟陛下誠明載物，莊敬御天，孝方切於祖宗，事乃求於根本。再令集議，俾定所長。臣實職司，敢不條白以對。

德章又有上中書門下及禮院詳議兩狀，並同載於後。其一曰：

伏見八月六日敕，欲修東都太廟，令會議事。此時已有議狀，準禮不合更修。尚書丞郎已下三十八人，皆同署狀。德章官在禮寺，實忝司存，當聖上嚴禋敬事之時，會相公尙古黜華之日，脫國之祀典，有乖禮文，豈唯受責於曠官，竊懼貽恥於明代。所以懃懃懇懇，將不言而又言也。

昨者異同之意，盡可指陳。一則以有都之名，便合立廟；次則欲崇修廟宇，以候時巡。殊不知廟不合虛，主惟載一也。謹按貞觀九年詔曰：「太原之地，肇基王業，事均豐、沛，義等宛、譙，約禮而言，須議立廟。」時祕書監顏師古議曰：「臣傍觀祭典，遍考禮經，宗廟皆在京師，不於下土別置。昔周之豐、鎬，實爲遷都，乃是因事便營，非云一時別立。」太宗許其奏，卽日而停。由是而言，太原豈無都號，太原爾時猶廢，東都不立可知。且廟室惟新，卽須有主，主既藏瘞，非虛而何？是有都立廟之言，不攻而自破矣。又按曾子問曰：「古者師行，必以遷廟主行乎？孔子曰：天子巡狩，必以遷廟主行，載于齋車，言必有尊也。今也取七廟之主以行，則失矣。」皇氏云：「遷廟主者，惟載新遷一室之主也。」未祧之主，無載行之文。假使候時巡，自可修營一室，議構九室，有何依憑？

夫宗廟，尊事也，重事也，至尊至重，安得以疑文定論。言苟不經，則爲擅議。近者敕旨，凡以議事，皆須一一據經。若無經文，任以史證。如或經史皆不據者，不得率意而言。則立廟東都，正經史無據，果從臆說，無乃前後相違也。書曰：「三人占，則從二人之言。」會議者四十八人，所同者六七人耳，比夫二三之喻，又何其多也！夫堯、舜之爲帝，迄今稱詠之者，非有他術異智者也，以其有賢臣輔翼，能順考古道也。故堯之書曰「若稽古帝堯」。孔氏傳曰〔二八〕：「能順考古道〔二九〕。」傅說佐殷之君，亦曰「事不師古，匪說攸聞」。考之古道既如前，驗以國章又如此，將求典實，無以易諸。伏希必本正經，稍抑浮議，踵皐夔之古道，法周孔之遺文，則天下守貞之儒，實所幸甚。其餘已具前議。

其二曰：

夫宗廟之設，主於誠敬，旋觀典禮，貳則非誠。是以匪因遷都，則不別立廟宇。記曰：「天無二日，土無二王，嘗、禘、郊、社，尊無二上。」又曰：「凡祭，有其廢之，莫敢舉也。有其舉之，莫敢廢也。」則東都太廟，廢已多時，若議增修，稍違前志。何者？聖曆、神龍之際，武后始復明辟，中宗取其廟易置太廟焉，本欲權固人心，非經久之制也。伏以所存神主，旣請祧藏，今廟室惟新，卽須有主。神主非時不造，廟寢又無虛議，如修復以俟時巡，惟載一主〔三〇〕，備在方册，可得而詳。又引經中義有數等，或是弟子之語，或是他人之言。今廟不可虛，尊無二上，非時不造主，合載一主行，皆大聖祖及宣尼親所發明者，比之常據，不可同塗。又丘明修春秋，悉以君子定褒貶，至陳泄以忠獲罪，晉文以臣召君，於此數條，不復稱君子〔三一〕，將評得失，特以宣尼斷之。傳曰：「危疑之理，須聖言以明也。」或以東都不同他都，地有壇社宮闕，欲議權葺〔三二〕，似是無妨。此則酌於意懷，非曰經據也。但以遍討今古，無有壇社立廟之證，用以爲說，實所未安。謹按上自殷、周，傍稽故實，除因遷都之外，無別立廟之文。

制曰：「自古議禮〔三三〕，皆酌人情。必稷嗣知幾，賈生達識，方可發揮大政，潤色皇猷，其他管窺，蓋不足數。公卿之議，實可施行，德章所陳，最爲淺近，豈得苟申獨見，妄有異同？事貴酌中，理宜從衆。宜令有司擇日修崇太廟，以留守李石充使勾當。」六年三月，擇日旣定，禮官旣行，旋以武宗登遐，其事遂寢。宣宗卽位，竟迎太微宮神主祔東都太廟，禘祫之禮，盡出神主合食於太祖之前。

貞觀禮，祫享，功臣配享於廟庭，禘享則不配。當時令文，祫禘之日，功臣並得配享。貞觀十六年，將行禘祭，有司請集禮官學士等議，太常卿韋挺等一十八人議曰：「古之王者，富有四海，而不朝夕上膳於宗廟者，患其禮過也。故曰：『春秋祭祀，以時思之。』至於臣有大功享祿，其後孝子率禮〔三四〕，潔粢豐盛，禴、祀、烝、嘗，四時不輟，國家大祫，又得配焉。所以昭明其勳，尊顯其德，以勸嗣臣也。其禘及時享，功臣皆不應預。故周禮六功之官，皆配大烝而已。先儒皆取大烝爲祫祭。高堂隆、庾蔚之等多遵鄭學，未有將爲時享。又漢、魏祫祀，皆在十月，晉朝禮官，欲用孟秋殷祭，左僕射孔安國啓彈，坐免者不一。梁初誤禘功臣，左丞何佟之駁議，武帝允而依行。降洎周、齊，俱遵此禮。竊以五年再殷，合諸天道，一大一小，通人雅論，小則人臣不預，大則兼及功臣。今禮禘無功臣，誠謂禮不可易。」乃詔改令從禮。至開元中改修禮，復令禘祫俱以功臣配饗焉。

高宗上元三年十月，將祫享于太廟。時議者以禮緯「三年一祫，五年一禘」，公羊傳云「五年而再殷祭」，議交互莫能斷決。太學博士史璨等議曰：「按禮記正義引鄭玄禘祫志云：『春秋：僖公三十三年十二月薨。文公二年八月丁卯，大享于太廟。公羊傳云：大享者何？祫也。』是三年喪畢，新君二年當祫，明年當禘于羣廟。僖公、宣公八年皆有禘〔三五〕，則後禘去前禘五年。以此定之，則新君二年祫，三年禘。自爾已後，五年而再殷祭，則六年當祫，八年當禘。又昭公十年，齊歸薨，至十三年喪畢當祫，爲平丘之會，冬，公如晉。至十四年祫，十五年禘，傳云『有事於武宮』是也〔三六〕。至十八年祫，二十年禘。二十三年祫，二十五年禘。昭公二十五年『有事於襄宮』是也。如上所云，則禘已後隔三年祫，已後隔二年禘。此則有合禮經，不違傳義。」自此依璨等議爲定。

開元六年秋，睿宗喪畢，祫享于太廟。自後又相承三年一祫，五年一禘，各自計年，不相通數。至二十七年，凡經五禘、七祫。其年夏禘訖，冬又當祫。太常議曰：

禘祫二禮，俱爲殷祭，祫爲合食祖廟，禘謂諦序尊卑。申先君逮下之慈，成羣嗣奉親之孝，事異常享，有時行之。然而祭不欲數，數則黷；亦不欲疏，疏則怠。故王者法諸天道，制祀典焉。烝嘗象時，禘祫如閏。五歲再閏，天道大成，宗廟法之，再爲殷祭者也。謹按禮記王制、周官宗伯，鄭玄注解，高堂所議，並云「國君嗣位，三年喪畢，祫于太祖。明年禘于羣廟。自爾已後，五年再殷，一祫一禘。」漢、魏故事，貞觀實錄，並用此禮。又按禮緯及魯禮禘祫注云，三年一祫，五年一禘，所謂五年而再殷祭也。又按白虎通及五經通義、許愼異義、何休春秋、賀循祭議，並云三年一禘。何也？以爲三年一閏，天道小備，五年再閏，天道大備故也。此則五年再殷，通計其數，一祫一禘，迭相乘矣。今太廟禘祫〔三七〕，各自數年，兩岐俱下，不相通計。或比年頻合，或同歲再序，或一禘之後，併爲再祫，或五年之內，驟有三殷。法天象閏之期，既違其度；五歲再殷之制，數又不同。求之禮文，頗爲乖失。

說者或云：「禘祫二禮，大小不侔，祭名有殊，年數相舛〔三八〕。祫以三紀，抵小而合〔三九〕；禘以五斷，至十而周。有茲參差，難以通計。」竊以三祫五禘之說，本出禮緯，五歲再殷之數，同在其篇，會通二文，非相詭也。蓋以禘後置祫，二周有半，舉以全數〔四〇〕，謂之三年，譬如三年一閏〔四一〕，只用三十二月也。其禘祫異稱，各隨四時，秋冬爲祫，春夏爲禘。祭名雖異，爲殷則同，譬如礿、祠、烝、嘗，其體一也。鄭玄謂祫大禘小，傳或謂祫小禘大，肆陳之間，或有增減，通計之義，初無異同。蓋象閏之法〔四二〕，相傳久矣。惟晉代陳舒有三年一殷之議，自五年、八年又十一、十四，尋其議文所引，亦以象閏爲言。且六歲再殷，何名象閏〔四三〕？五年一禘，又奚所施？矛盾之說，固難憑也。

夫以法天之度，既有指歸，稽古之理，若茲昭著。禘祫二祭，通計明矣。今請以開元二十七年己卯四月禘，至辛巳年十月祫，至甲申年四月又禘，至丙戌年十月又祫，至己丑年四月又禘，至辛卯年十月又祫。自此五年再殷，周而復始。又禘祫之說，非唯一家，五歲再殷之文，既相師矣，法天象閏之理，大抵亦同。而禘後置祫，或近或遠，盈縮之度，有二法焉：鄭玄宗高堂，則先三而後二；徐邈之議，則先二而後三。謹按鄭氏所注，先三之法，約三祫五禘之文，存三歲五年之位。以爲甲年既禘，丁年當祫，己年又禘，壬年又祫，甲年又禘，丁年又祫，周而復始，以此相承。祫後去禘，十有八月而近，禘後去祫，三十二月而遙，分析不均，粗於算矣。假如攻乎異端，置祫於秋，則三十九月爲前，二十一月爲後，雖小有愈，其間尙偏。竊據本文，皆云象閏，二閏相去，則平分矣，兩殷之序，何不等耶？且又三年之言，本舉全數，二周有半，實准三年，於此置祫，不違文矣，何必拘滯隔三正乎？蓋千慮一失，通儒之蔽也。徐氏之議，有異於是，研覈周審，最爲可憑。以爲二禘相去，爲月六十，中分三十，置一祫焉。若甲年夏禘，丙年冬祫，有象閏法，毫釐不偏。三年一祫之文，既無乖越；五歲再殷之制，疏數有均。校之諸儒，義實長久。今請依據以定二殷，預推祭月，周而復始。

禮部員外郎崔宗之駁下太常，令更詳議，令集賢學士陸善經等更加詳覈，善經亦以其議爲允。於是太常卿韋縚奏曰：「禮有禘祫，俱稱殷祭，二法更用，鱗次相承。或云五歲再殷，一禘一祫。或云三年一祫，五年一禘。法天象閏，大趣皆同。皆以太廟禘祫，計年有差，考於經傳，微有所乖。頃在四月，已行禘享〔四〕，今指孟冬，又申祫儀，合食禮頻，恐違先典。

伏以陛下能事畢舉，舊物咸甄，宗祏祗慎之時，經訓申明之日。臣等忝在持禮，職司討論，輒據舊文，定其倫序。請以今年夏禘，便爲殷祭之源，自此之後，禘、祫相代，五年再殷，周而復始。其今年冬祫，準禮合停，望令所司，但行時享，即嚴禋不黷，庶合舊儀。」制從之。

舊儀〔四〕，天寶八年閏六月六日敕文：「禘祫之禮，以存序位，質文之變，蓋取隨時。國家系本仙宗，業承聖祖，重熙累盛，既錫無疆之休，合享登神，思弘不易之典。自今已後，每禘祫並於太清宮聖祖前設位序正，上以明陟配之禮，欽若玄象，下以盡虔祭之誠，無違至道。比來每緣禘祫，時享則停，事雖適於從宜，禮或虧於必備。已後每緣禘祫，其常享以素饌，三焚香以代三獻。」

建中二年九月四日，太常博士陳京上疏言：「今年十月，祫享太廟，并合饗遷廟獻祖、懿祖二神主。春秋之義〔四〕，毀廟之主，陳于太祖，未毀廟之主，皆升合食于太祖。太祖之位，在西而東向，其下子孫，昭穆相對，南北爲別，初無毀廟遷主不享之文。徵是禮也，自於周室，而國朝祀典，當與周異。且周以后稷配天，爲始封之祖，而下乃立廟。廟毀主遷，皆在太祖之後。禘祫之時，無先於太廟太祖者。正太祖東向之位，全其尊而不疑。然今年十月祫饗太廟〔四〕，伏請據魏、晉舊制爲比，則構築別廟。東晉以征西等四府君爲別廟，至禘祫之時，則於太廟正太祖之位以申其尊，別廟祭高皇、太皇、征西等四府君以敍其親。伏以國家若用此義，則宜別爲獻祖、懿祖立廟，禘祫祭之，以重其親；則太祖於太廟遂居東向，以全其尊。伏以德明、興聖二皇帝，曩立廟，至禘祫之時，常用饗禮，今則別廟之制，便就興聖廟藏祔爲宜。」敕下尚書省百僚集議。

禮儀使太子少師顏眞卿議曰：「議者或云獻祖、懿祖親遠廟遷，不當祫享，宜永閟於西夾室。又議者云，二祖宜同祫享，於太祖並昭穆，而空太祖東向之位。又議者云，二祖若同祫享，卽太祖之位永不得正，宜奉遷二祖神主祔藏於德明皇帝廟。臣伏以三議俱未爲允。且禮經殘缺，既無明據，儒者能方義類，斟酌其中，則可舉而行之，蓋協於正也。伏惟太祖景皇帝以受命始封之功，處百代不遷之廟，配天崇享，是極尊嚴。且至禘祫之時，暫居昭穆之位，屈己申孝，敬奉祖宗，緣齒族之禮，廣尊先之道，此實太祖明神烝烝之本意，亦所以化被天下，率循孝悌也。請依晉蔡謨等議，至十月祫享之日，奉獻祖神主居東向之位，自懿祖、太祖洎諸祖宗，遵左昭右穆之列。此有彰國家重本尚順之明義，足爲萬代不易之令典也。又議者請奉二祖神主於德明皇帝廟，行祫祭之禮。夫祫，合也。故公羊傳云：『大事者何？祫也。』若祫祭不陳於太廟而享於德明廟，是乃分食也，豈謂合食乎？名實相乖，深失禮意，固不可行也。」

貞元七年十一月二十八日，太常卿裴郁奏曰：「禘、祫之禮，殷、周以遷廟皆出太祖之後，故得合食有序，尊卑不差。及漢高受命，無始封祖〔四八〕，以高皇帝爲太祖。太上皇，高帝之父，立廟享祀，不在昭穆合食之列，爲尊於太祖故也。魏武創業，文帝受命，亦卽以武帝爲太祖。其高皇、太皇、處士君等〔四九〕，並爲屬尊，不在昭穆合食之列。晉宣創業，武帝受命，亦卽以宣帝爲太祖。其征西、潁川等四府君，亦爲屬尊，不在昭穆合食之列。國家誕受天命，累聖重光。景皇帝始封唐公，實爲太祖。中間世數旣近，於三昭三穆之內，故皇家太廟，惟有六室。其弘農府君、宣、光二祖，尊於太祖，親盡則遷，不在昭穆之數。著在禮志，可舉而行。開元中，加置九廟，獻、懿二祖皆在昭穆，是以太祖景皇帝未得居東向之尊。今二祖已祧，九室惟序，則太祖之位又安可不正？伏以太祖上配天地，百代不遷，而居昭穆，獻、懿二祖，親盡廟遷，而居東向，徵諸故實，實所未安。請下百僚僉議。」敕旨依。

八年正月二十三日，太子左庶子李綝等七人議曰：

王制：「天子七廟，三昭三穆，與太祖而七。」周制也。七者，太祖及文王、武王之祧，與親廟四也。太祖，后稷也。殷則六廟，契及湯與二昭二穆。夏則五廟，無太祖，禹與二昭二穆而已〔五〇〕。晉朝博士孫欽議云：「王者受命太祖及諸侯始封之君，其已前神主，據已上數過五代卽毀其廟，禘祫不復及也。禘祫所及者，謂受命太祖之後，迭毁主升藏於二祧者也〔五一〕。雖百代，禘祫及之。」伏以獻、懿二祖，太祖以前親盡之主也。擬三代以降之制，則禘祫不及矣。代祖神主，則太祖已下毀廟之主，則公羊傳所謂「已毀廟之主，陳于太祖」者是也。謹按漢永光四年詔，議罷郡國廟及親盡之祖，丞相韋玄成議太上、孝惠廟，皆親盡宜毀，太上廟主宜瘞於園〔三二〕，孝惠主遷於太祖廟。奏可。太上，則太祖已前之主，瘞于園，禘祫不及故也，則今獻、懿二祖之比也。孝惠遷於太祖廟，明太祖已下子孫，則禘祫所及，則今代祖元皇帝神主之比也。自魏、晉及宋、齊、陳、隋相承〔三三〕，始受命之君皆立廟〔三四〕，虛太祖之位。自太祖之後至七代君，則太祖東向位，乃成七廟。太祖以前之主，魏明帝則遷處士主置於園邑，歲時使令丞奉薦，世數猶近故也。至東晉明帝崩，以征西等三祖遷入西除，名之曰祧，以準遠廟。至康帝崩，穆帝立，於是京兆遷入西除〔三五〕，同謂之祧，如前之禮，並禘祫所不及。

國朝始饗四廟，宣、光並太祖、世祖神主祔于廟。貞觀九年，將祔高祖于太廟，朱子奢請準禮立七廟，其三昭三穆，各置神主。太祖，依晉宋以來故事，虛其位，待遞遷方處之東嚮位。於是始祔弘農府君及高祖爲六室，虛太祖之位而行禘祫。至二十三年，太宗祔廟，弘農府君乃藏於西夾室。文明元年，高宗祔廟，始遷宣皇帝于西夾室。開元十年，玄宗特立九廟，於是追尊宣皇帝爲獻祖，復列於正室，光皇帝爲懿祖，以備九室。禘祫猶虛太祖之位。祝文於三祖不稱臣，明全廟數而已。至德二載克復後，新作九廟神主，遂不造弘農府君神主，明禘祫不及故也。至寶應二年，祔玄宗、肅宗於廟，遷獻、懿二祖於西夾室，始以太祖當東嚮位，以獻、懿二祖爲是太祖以前親盡神主，準禮禘祫不及，凡十八年。

至建中二年十月，將祫饗，禮儀使顏眞卿狀奏：合出獻、懿二祖神主行事，其布位次第及東面尊位，請準東晉蔡謨等議爲定。遂以獻祖當東嚮，以懿祖於昭位南嚮，以太祖於穆位北嚮，以次左昭右穆，陳列行事。且蔡謨當時雖有其議，事竟不行，而我唐廟祧，豈可爲準？嶸伏以嘗、禘、郊、社，尊無二上，瘞毁遷藏，禮有義斷。以獻、懿爲親盡之主，太祖已當東嚮之尊，一朝改移，實非典故。謂宜復先朝故事，獻、懿神主藏于西夾室，以類祭法所謂「遠廟爲祧，去祧爲壇，去壇爲墠，壇、墠有禱則祭，無禱乃止」。太祖既昭配天地，位當東嚮之尊。庶上守貞觀之首制，中奉開元之成規，下遵寶應之嚴式，符合經義，不失舊章。

吏部郎中柳冕等十二人議曰：

天子受命之君，諸侯始封之祖，皆爲太祖。故雖天子，必有尊也，是以尊太祖焉；故雖諸侯，必有先也，亦以尊太祖焉。故太祖已下，親盡而毁。洎秦滅學，漢不及禮，不列昭穆，不建迭毁。晉失之，宋因之。於是有違五廟之制，於是有虛太祖之位。夫不列昭穆，非所以示人有序也；不建迭毁，非所以示人有殺也；違五廟之制，非所以示人有別也；虛太祖之位，非所以示人有尊也。此禮之所由廢。按禮：「父爲士，子爲天子，祭以天子〔三六〕，葬以士。」今獻祖祧也，懿祖亦祧也，唐未受命，猶士禮也。是故高祖、太宗以天子之禮祭之，不敢以太祖之位易之。今而易之，無乃亂先王之序乎？昔周有天下，追王太王、王季以天子之禮，及其祭也，親盡而毁之。漢有天下，尊太上皇以天子之禮，及其祭也，親盡而毁之。唐有天下，追王獻、懿二祖以天子之禮，及其祭也，親盡而毁之。則不可代太祖之位明矣。

又按周禮有先公之祧，有先王之祧。先公之遷主，藏乎后稷之廟，其周未受命之祧乎？先王之遷主，藏乎文王之廟，其周已受命之祧乎？故有二祧，所以異廟也。今獻祖已下之祧，猶先公也；太祖已下之祧，猶先王也。請築別廟以居二祖，則行周之禮，復古之道。故漢之禮，因於周也；魏之禮，因於漢也；隋之禮，因於魏也。皆立三廟，有二祧。又立私廟四於南陽，亦後漢制也。以爲人之子，事大宗降其私親，故私廟所以奉本宗也，太廟所以尊正統也。雖古今異時，文質異禮，而知禮之情，與問禮之本者，莫不通其變，酌而行之。故上致其崇，則太祖屬尊乎上矣；下盡其殺，則祧主親盡於下矣；中處其中，則王者主祧於中矣。

工部郎中張薦等議曰：「昔殷、周以稷、离始封，爲不遷之祖，其毁廟之主，皆稷、离之後〔五七〕，所以昭、穆合祭，尊卑不差。如夏后氏以禹始封，遂爲不遷之祖。故夏五廟，禹與二昭二穆而已。據此則鯀之親盡，其主已遷。左氏既稱『禹不先鯀』，足明遷廟之主，雖屬尊於始封祖者，亦在合食之位矣。又據晉、宋、齊、梁、北齊、周、隋史，其太祖已下，並同禘祫，未嘗限斷遷毁之主。伏以南北八代，非無碩學巨儒，宗廟大事，議必精博，驗於史册，其禮僉同。又詳魏、晉、宋、齊、梁、北齊、周、隋故事，及貞觀、顯慶、開元禮所述〔五八〕，禘祫並虛東嚮。既行之已久，實羣情所安。且太祖處清廟第一之室，其神主雖百代不遷，永歆烝嘗，上配天地，於郊廟無不正矣。若至禘、祫之時，暫居昭穆之列，屈己申孝，以奉祖禰，豈非伯禹烝烝敬鯀之道歟？亦是魏、晉及周、隋之太祖，不敢以卑厭尊之義也。議者或欲遷二祖於興聖廟，及請別置築室，至禘祫年饗之。夫祫，合也。此乃分食，殊乖禮意。又欲藏於西夾室，永不及祀，無異漢代瘞園，尤爲不可。輒敢徵據正經，考論舊史，請奉獻、懿二祖與太祖並從昭穆之位，而虛東嚮。」

司勳員外郎裴樞議曰：「禮之必立宗子者，蓋爲收其族人，東向之主，亦猶是也〔五九〕。若祔於遠廟，無乃中有一間，等上不倫。西位常虛，則太祖永厭於昭穆；異廟別祭，則祫饗何主乎合食？永閟比於姜嫄，則推祥禖而無事。禮云：『親親故尊祖，尊祖故敬宗，敬宗故收族，所以宗廟嚴，社稷重。』由是言也，太祖之上復有追尊之祖，則親親尊祖之義，無乃乖乎？太廟之外，輕置別祭之廟，則宗廟無乃不嚴，社稷無乃不重乎？且漢丞相韋玄成請瘞於園，晉徵士虞喜請瘞于廟兩階之間。喜又引左氏說，古者先王日祭於祖考，月祀於曾高，時享及二祧，歲祫及壇墠，終禘及郊宗石室。是謂郊宗之上，復有石室之祖〔六〇〕，斯最近矣。但當時議所居石室，未有準的〔六一〕。喜請於夾室中，愚以爲石室可據，所以處之之道未安〔六二〕。何者？夾室謂居太祖之下毀主〔六三〕，非是安太祖之上藏主也。未有卑處正位，尊在傍居。考理卽心，恐非允協。今若建石室於園寢，遷神主以永安，採漢、晉之舊章，依禘祫之一祭，修古禮之殘缺，爲國朝之典故，庶乎春秋變禮之正，動也中者焉。」

考功員外郎陳京議曰：「京前爲太常博士，已於建中二年九月四日，奏議祫饗獻、懿二祖所安之位，請下百僚博採所疑。其時禮儀使顏眞卿因是上狀，與京議異，京議未行。伏見去年十一月二十八日詔下太常卿裴郁所奏，大抵與京議相會。伏以興聖皇帝，則獻祖之曾祖，懿祖之高祖。夫以曾孫祔列於曾、高之廟，豈禮之不可哉？實人情之大順也。」

京兆少尹韋武議曰：「凡三年一祫，五年一禘。祫則羣廟大合，禘則各序其祧。謂主遷彌遠，祧室既修，當祫之歲，當以獻祖居于東嚮，而懿祖序其昭穆，以極所親。若行禘禮，則太祖復筵于西，以衆主列其左右。是則於太祖不爲降屈，於獻祖無所厭卑。考禮酌情，謂當行此爲勝。」

同官縣尉仲子陵議曰：「今儒者乃援『子雖齊聖，不先父食』之語，欲令已祧獻祖，權居東向，配天太祖，屈居昭穆，此不通之甚也。凡左氏『不先食』之言，且以正文公之逆祀，儒者安知非夏后廟數未足之時，而言禹不先鯀乎！且漢之禘、祫，蓋不足徵。魏、晉已還，太祖皆近。是太祖之上，皆有遷主。歷代所疑，或引閟宮之詩而永閟，或因虞主之義而瘞園，或緣遠廟爲祧以築宮，或言太祖實卑而虛位。惟東晉蔡謨憑左氏『不先食』以爲說，欲令征西東嚮。均之數者，此最不安。且蔡謨此議，非晉所行。前有司不本謨改築之言，取征西東嚮之一句爲萬代法，此其不可甚也。臣又思之，永閟瘞園，則臣子之心有所不安；權虛正位，則太祖之尊無時而定。則別築一室，義差可安。且興聖之於獻祖，乃曾祖也，昭穆有序，饗祀以時。伏請奉獻、懿二祖遷於德明、興聖廟，此其大順也。或以祫者合也，今二祖別廟，是分食也，何合之爲？臣以爲德明、興聖二廟，每禘祫之年，亦皆饗薦，是亦分食，奚疑於二祖乎？」

其月二十七日，吏部郎中柳冕上禘祫義證，凡一十四道，以備顧問，并議奏聞。

至三月十二日，祠部奏郁等議狀。至十一年七月十二日，敕：「于頎等議狀，所請各殊〔六四〕，理在討論，用求精當。宜令尚書省會百僚與國子監儒官，切磋舊狀，定可否，仍委所司具事件聞奏。」其月二十六日，左司郎中陸淳奏曰：「臣尋七年百僚所議，雖有一十六狀，總其歸趣，三端而已。于頎等一十四狀，並云復太祖之位。張薦狀則云並列昭穆，而虛東嚮之位。韋武狀則云當祫之歲，獻祖居于東嚮，行禘之禮，太祖復筵于西。謹按禮經及先儒之說，復太祖之位，位既正也，義在不疑。太祖之位既正，懿、獻二主，當有所歸。詳考十四狀，其意有四：一曰藏諸夾室，二曰置之別廟，三曰遷于園寢，四曰祔于興聖。藏諸夾室，是無饗獻之期，異乎周人藏於二祧之義，禮不可行也。置之別廟，始於魏明之說，實非禮經之文。晉義熙九年，雖立此義，已後亦無行者。遷於園寢，是亂宗廟之儀，既無所憑，殊乖經意，不足徵也。惟有祔于興聖之廟，禘祫之歲乃一祭之，庶乎亡於禮者之禮，而得變之正也。」

十九年三月，給事中陳京奏：「禘是大合祖宗之祭，必尊太祖之位，以正昭穆。今年遇禘，伏恐須定向來所議之禮。」敕曰：「禘祫之禮，祭之大者，先有衆議，猶未精詳，宜令百僚會議以聞。」時左僕射姚南仲等獻議狀五十七封，詔付都省再集百僚議定聞奏。戶部尚書王紹等五十五人奏議：「請奉遷獻祖、懿祖神主祔德明、興聖廟，請別增兩室奉安神主。緣二十四日禘祭，修廟未成，請於德明、興聖廟垣內權設幕屋爲二室，暫安神主。候增修廟室成，準禮遷祔神主入新廟。每至禘祫年，各於本室行饗禮。」從之。是月十五日，遷獻祖、懿祖神主權祔德明、興聖廟之幕殿。二十四日，饗太廟。自此景皇帝始居東向之尊，元皇帝已下依左昭右穆之列矣。

二祖新廟成，敕曰：「奉遷獻祖、懿祖神主，正太祖景皇帝之位，虔告之禮，當任重臣。宜令檢校司空平章事杜佑攝太尉，告太清宮；門下侍郎平章事崔損攝太尉，告太廟。」又詔曰：「國之大事，式在明禋。王者孝饗，莫重於禘祭，所以尊祖而正昭穆也。朕承列聖之休德，荷上天之睠命，虔奉牲幣，二十五年。永惟宗廟之位，禘嘗之序，夙夜祗慄，不敢自專。是用延訪公卿，稽參古禮，博考羣議，至于再三。敬以令辰，奉遷獻祖宣皇帝神主、懿祖光皇帝神主，祔于德明、興聖皇帝廟。太祖景皇帝正東向之位。宜令所司循禮，務極精嚴，祗肅祀典，載深感惕。洽爾中外，宜悉朕懷。」

會昌六年十月，太常禮院奏：「禘祫祝文稱號，穆宗皇帝、宣懿皇后韋氏、敬宗皇帝、文宗皇帝、武宗皇帝，緣從前序親親，以穆宗皇帝室稱爲皇兄，未合禮文。得修撰官朱儔等狀稱：『禮敍尊尊，不敍親親。陛下於穆宗、敬宗、武宗三室祝文，恐須但稱嗣皇帝臣某昭告于某宗。』臣等同考禮經，於義爲允。」從之。

貞元十二年，祫祭太廟。近例，祫祭及親拜郊，皆令中使一人引伐國寶至壇所，所以昭示武功。至是上以伐國大事，中使引之非宜，乃令禮官一人，就內庫監領至太廟焉。

舊儀，高祖之廟，則開府儀同三司淮安王神通、禮部尚書河間王孝恭、陝東道大行臺右僕射鄖國公殷開山、吏部尚書渝國公劉政會配饗。太宗之廟，則司空梁國公房玄齡、尚書右僕射萊國公杜如晦〔六五〕、尚書左僕射申國公高士廉配饗。高宗之廟，則司空英國公李勣、尚書左僕射北平縣公張行成、中書令高唐縣公馬周配饗。中宗之廟，則侍中平陽郡王敬暉、侍中扶陽郡王桓彥範、中書令南陽郡王袁恕己配享。睿宗之廟，則太子太傅許國公蘇瓌、尚書左丞相徐國公劉幽求配饗。

天寶六載正月，詔：京城章懷、節愍、惠莊、惠文、惠宣太子，與隱太子、懿德太子同爲一廟，呼爲七太子廟，以便於祀享。太廟配饗功臣，高祖室加裴寂、劉文靜，太宗室加長孫無忌、李靖、杜如晦，高宗室加褚遂良、高季輔、劉仁軌，中宗室加狄仁傑、魏元忠、王同皎等十一人。大祭祀，騂犢減數。十載，太廟置內官。十一載閏三月，制：「自今已後，每月朔望日，宜令尚食造食，薦太廟，每室一牙盤，內官享薦。仍五日一開室門灑掃。」

其後又有玄宗子靜德太子廟，肅宗子恭懿太子廟。孝敬廟在東京太廟院內，貞順皇后、讓皇帝廟在京中。餘皆四時致祭。

校勘記

〔一〕伏以太微宮光皇帝三代睿宗聖文孝武皇帝神主　各本「光」字原作「元」，「聖文孝武」原作「文武孝」，據唐會要卷一五、冊府卷五九一改。

〔二〕今謹參詳　「謹」字各本原作「按」，據唐會要卷一五、冊府卷五九一改。

〔三〕謹按光皇帝是追王　「光」字各本原作「元」，據唐會要卷一五改。

〔四〕其神主合藏於太廟從西第一室　唐會要卷一五「第一室」作「第二夾室」。合鈔卷三〇禮志刪去此句。校勘記卷一二云：「既云不遷，則與藏不合，他本刪之是。」

〔五〕有虛神主　唐會要卷一五、冊府卷五九一作「則有虛主」。

〔六〕歸別廟第四室　「別」字各本原無，據唐會要卷一五、冊府卷五九一補。

〔七〕答曰作主依神……今東都主又祔于廟　此五十六字各本原無，據唐會要卷一五補。冊府卷五九一文字更詳。

〔八〕則當補已亡之主　「補」字各本原作「祔」，據唐會要卷一五、冊府卷五九一改。

〔九〕咸以意言　「意」字各本原作「其」，據唐會要卷一五改。冊府卷五九一作「咸以意度」。

〔一〇〕東都太微宮神主二十座　合鈔卷三〇禮志「二十」下有「六」字。校勘記卷一二云：「按下云已前十二座，未題神主十四座，合之得二十六座，與上中書門下奏之共二十六座合，是十下脫六字也。」

〔一一〕恭酌事理　「恭」字唐會要卷一六、册府卷五九二作「參」。

〔一二〕又戴聖云　「戴聖」，各本原作「載」，據册府卷五九二改。校勘記卷一二云：「按此檀弓文，唐會要作大戴亦譌。」

〔一三〕便合於所載之主者　册府卷五九二「合於」作「舍」。

〔一四〕必存其廟　「存」字各本原作「有」，據本卷上文、唐會要卷一六、册府卷五九二改。

〔一五〕成王厥後復立于豐　「立」字唐會要卷一六、册府卷五九二作「歸」。

〔一六〕則周之豐鎬　校勘記卷一二云：「按以上文文義求之，豐鎬宜作豐洛。」

〔一七〕請于太微宮所藏之所　「請」下唐會要卷一六、册府卷五九二有「瘞」字。

〔一八〕夫禮雖緣情　唐會要卷一六此下尚有「事貴合道」一句。

〔一九〕猶循莫舉之典也　「猶」字唐會要卷一六、册府卷五九二作「宜」。

〔二〇〕爾後漸加營構　各本「爾」字原作「邇」，又無「營」字，據唐會要卷一六改補。册府卷五九二亦有「營」字。

〔二一〕宜用以序昭穆也　「宜」字各本原作「儀」，據唐會要卷一六改。

〔二二〕既聯出征之辭　「既」字各本原無，據唐會要卷一六、册府卷五九二補。

〔二三〕非如詩人更可斷章以取義也　自「又曰君子將營宮室」句起至此一段疑爲錯簡。校勘記卷一二云：「按德章之議，主於東都不應復立廟，此段似他處錯簡，俟考。」

〔二四〕唯鄗一邑稱築　「築」下各本原有「城」字，據冊府卷五九二刪。

〔二五〕豈皆有宗廟先君之主乎　「有」字各本原無，據唐會要卷一六、冊府卷五九二補。冊府無「豈」字。

〔二六〕時也虞主尙瘞廢主宜然　殿本考證云：「『時也』三句，于上下文不屬，似錯簡。」

〔二七〕以此擬議乖當則深　按此段議論與德章主張相反，疑亦屬錯簡。

〔二八〕孔氏傳曰　此句上唐會要卷一六有「舜之書曰若稽古帝舜」九字。

〔二九〕能順考古道　此五字各本原無，據冊府卷五九二補。

〔三〇〕惟載一主　「惟」上唐會要卷一六、冊府卷五九二均有「則時巡」三字。

〔三一〕不復稱君子　「不」字各本原無，據唐會要卷一六、冊府卷五九二補。

〔三二〕欲議權葺　「權」字唐會要卷一六、冊府卷五九二作「構」。

〔三三〕自古議禮　「禮」字各本原作「理」，據唐會要卷一六、冊府卷五九二改。

〔三四〕孝子率禮　「孝子」，通典卷五〇、唐會要卷一八、冊府卷五八五均作「子孫」。

〔三五〕僖公宣公八年皆有禘　各本「僖公」上原有「又宣公八年禘」六字，「僖公」下有「也」字，據通典卷五〇、唐會要卷一三、冊府卷五八六刪。

〔三六〕至十四年祫十五年禘傳云有事於武宮是也　此十八字各本原無，據通典卷五〇、唐會要卷一三、冊府卷五八六補。

〔三七〕今太廟禘祫　「太」字各本原無，據通典卷五〇、唐會要卷一三補。

〔三八〕年數相舛　「舛」字各本原作「去」，據唐會要卷一三、冊府卷五八九改。

〔三九〕抵小而合　聞本、殿本、懼盈齋本、廣本同，局本「小」作「九」。「抵小」，唐會要卷一三作「殺六」，殘宋本冊府卷五八九作「投小」。「小」當是「六」字之誤。

〔四〇〕舉以全數　「舉」字各本原作「數」，據唐會要卷一三、冊府卷五八九改。

〔四一〕譬如三年一閏　「譬如三年」各本原無，據唐會要卷一三補。

〔四二〕蓋象閏之法　「閏」字各本原作「天」，據唐會要卷一三及本篇下文改。

〔四三〕亦以象閏爲言且六歲再殷何名象閏　自「爲言」至「象閏」十一字各本原無，據唐會要卷一三補。

〔四四〕頃在四月已行禘享　「行」字各本原作「前」，據唐會要卷一三改。通典卷七四云：「五年一禘，以孟夏。」是禘祭在四月，不在四月前，當作「行」。

〔四五〕舊儀　唐會要卷一三無此二字，疑爲衍文。

〔四六〕春秋之義　「義」字各本原作「意」，據通典卷五〇、唐會要卷一三、冊府卷五八九改。

〔四七〕祫饗太廟　「祫」字各本原作「禘」，據通典卷五〇改。校勘記卷一二云：「按上文所引春秋之義，正據祫祭。又禘在四月，祫在十月。通典是也。」按陳京疏首亦云「今年十月祫饗太廟」。

〔四八〕無始封祖　「封」字各本原無，據通典卷五〇、唐會要卷一三、冊府卷五九〇補。

〔四九〕其高皇太皇處士君等　「太皇」，各本原作「太祖」，據本書卷二五禮儀志、通典卷五〇、唐會要卷一三改。

〔五〇〕禹與二昭二穆而已　「已」字各本原無，據通典卷五〇、唐會要卷一三補。

〔五一〕迭毀主升藏於二祧者也　「迭」字各本原作「未」，據通典卷五〇改。唐會要卷一三、冊府卷五九〇作「夫」，係「迭」字之誤。按：升藏於二祧之神主爲毀廟之主，作「未」字誤。

〔五二〕太上廟主宜瘞於園　「於」字各本原無，據唐會要卷一三、冊府卷五九〇補。

〔五三〕自魏晉及宋齊陳隋相承　「陳隋」，各本原作「隋陳」，據通典卷五〇、唐會要卷一三改。

〔五四〕皆立廟　通典卷五〇、唐會要卷一三「立」下有「六」字。

〔五五〕於是京兆遷入西除　「是」字各本原無，據通典卷五〇、唐會要卷一三補。

〔五六〕祭以天子　此四字各本原無，據通典卷五〇、唐會要卷一三及禮記喪服小紀原文補。

〔五七〕昔殷周以稷禼始封爲不遷之祖其毀廟之主皆稷禼之後　自「始封」至「皆稷禼」十五字各本原無，據通典卷五〇、唐會要卷一三補。唐會要「爲」上更有「遂」字。

〔五八〕及貞觀顯慶開元禮所述　「禮」「述」二字各本原無，據通典卷五〇補。唐會要卷一三「所」下亦有

「迣」字。

〔五九〕禮之必立宗子者蓋爲收其族人東向之主亦猶是也　自「必立」至「東向之」十四字各本原無，據通典卷五〇、唐會要卷一三、册府卷五九〇補。通典「其」作「是」，册府「禮」下無「之」字。

〔六〇〕是謂郊宗之上復有石室之祖　「之上復有石室」六字各本原無，據通典卷五〇、唐會要卷一三補。通典「是謂」作「是爲」。

〔六一〕未有準的　「的」字各本原作「酌」，據通典卷五〇、唐會要卷一三、册府卷五九〇改。

〔六二〕所以處之之道未安　各本原只一「之」字，據通典卷五〇、唐會要卷一三、册府卷五九〇補。

〔六三〕夾室謂居太祖之下毁主　「居」字各本原無，據通典卷五〇、唐會要卷一三、册府卷五九〇補。

〔六四〕所請各殊　「請」字各本原作「謂」，據唐會要卷一三、册府卷五九〇改。

〔六五〕尚書右僕射萊國公杜如晦　按唐會要卷一八載天寶六載敕，太宗廟以長孫無忌、李靖、杜如晦配享，與本志下文所記相合，此處不當有杜如晦。

舊唐書卷二十七

志第七

禮儀七

貞觀十四年，太宗因修禮官奏事之次，言及喪服，太宗曰：「同爨尚有緦麻之恩，而嫂叔無服。又舅之與姨，親疏相似，而服紀有殊，理未爲得。宜集學者詳議。餘有親重而服輕者，亦附奏聞。」於是侍中魏徵、禮部侍郎令狐德棻等奏議曰：

臣聞禮所以決嫌疑，定猶豫，別同異，明是非者也。非從天降，非從地出，人情而已矣。夫親族有九，服術有六，隨恩以薄厚，稱情以立文。然舅之與姨，雖爲同氣，論情度義，先後實殊。何則？舅爲母之本族，姨乃外戚他族，求之母族，姨不在焉，考之經典，舅誠爲重。故周王念齊，每稱舅甥之國；秦伯懷晉，實切渭陽之詩。在舅服止一時，爲姨居喪五月，循名喪實，逐末棄本。蓋古人之情，或有未達，所宜損益，實在兹乎！

記曰：「兄弟之子，猶子也，蓋引而進之也；嫂叔之不服，蓋推而遠之也。」禮：繼父同居，則爲之朞；未嘗同居，則不爲服。從母之夫，舅之妻，二夫人相爲服。或曰，同爨緦。然則繼父之徒，並非骨肉，服重由乎同爨，恩輕在乎異居。故知制服雖繫於名，亦緣恩之厚薄者也。或有長年之嫂，遇孩童之叔，劬勞鞠養，情若所生，分饑共寒，契闊偕老。譬同居之繼父，方他人之同爨，情義之深淺，寧可同日而言哉！在其生也，愛之同於骨肉；及其死也，則曰推而遠之。求之本原，深所未諭。若推而遠之爲是，則不可生而共居；生而共居之爲是，則不可死同行路。重其生而輕其死，厚其始而薄其終，稱情立文，其義安在？且事嫂見稱，載籍非一。鄭仲虞則恩禮甚篤，顏弘都則竭誠致感，馬援則見之必冠，孔伋則哭之爲位。此並躬踐教義，仁深孝友，察其所尚之旨，豈非先覺者歟？但于其時，上無哲王，禮非下之所議，遂使深情鬱乎千載，至理藏於萬古，其來久矣，豈不惜哉！

今屬欽明在辰，聖人有作，五禮詳洽，一物無遺。猶且永念慎終，凝神遐想。以爲尊卑之敍，雖煥乎大備；喪紀之制，或情理未周。爰命秩宗，更詳考正。臣等奉遵明旨，觸類旁求，採摭羣經，討論傳記。或引兼名實〔一〕，無文之禮咸秩，敦睦之情畢舉〔二〕，變薄俗於旣往，垂篤義於將來，信六籍所不能談，超百王而獨得者也。諸儒所守，互有異同，詳求厥中，申明聖旨。

謹按曾祖父母舊服齊衰三月，請加爲齊衰五月。嫡子婦舊服大功，請加爲朞。衆子婦小功，今請與兄弟子婦同爲大功九月。嫂叔舊無服，今請服小功五月報。其弟妻及夫兄，亦小功五月。舅服緦麻，請與從母同服小功。

制可之。

顯慶二年九月，修禮官長孫無忌等又奏曰：「依古喪服，甥爲舅緦麻，舅報甥亦同此制。貞觀年中，八座議奏：『舅服同姨，小功五月。』而今律疏，舅報於甥，服猶三月。謹按旁尊之服，禮無不報，已非正尊，不敢降也。故甥爲從母五月，從母報甥小功，甥爲舅緦麻，舅亦報甥三月，是其義矣。今甥爲舅使同從母之喪，則舅宜進甥以同從母之報。修律疏人不知禮意，舅報甥服，尙止緦麻，於例不通，禮須改正。今請修改律疏，舅報甥亦小功〔三〕。」又曰：「庶母古禮緦麻，新禮無服。謹按庶母之子，卽是己昆季，爲之杖朞〔四〕，而己與之無服。同氣之內，吉凶頓殊，求之禮情，深非至理。請依典故，爲服緦麻。」制又從之。

龍朔二年八月，所司奏：「司文正卿蕭嗣業〔五〕，嫡繼母改嫁身亡，請申心制。據令，繼母改嫁及爲長子，並不解官。」旣而有敕：「雖云嫡母，終是繼母，據禮緣情，須有定制。付所司議定奏聞。」司禮太常伯隴西郡王博乂等奏稱：

緬尋喪服，母名斯定，嫡、繼、慈、養，皆在其中。惟出母制，特言出妻之子，明非生己，則皆無服。是以令云母嫁，又云出妻之子。出言其子，以著所生，嫁卽言母，通包養、嫡，俱當解任，並合心喪。其不解者，惟有繼母之嫁。繼母爲名，正據前妻之子；嫡於諸孽，禮無繼母之文。甲令今既見行，嗣業理申心制。然奉敕議定，方垂永則，令有不安〔六〕，亦須釐正。竊以嫡、繼、慈、養，皆非所生，並同行路〔七〕。嫁雖比出稍輕，於父終爲義絕。繼母之嫁，既殊親母，慈、嫡義絕，豈合心喪？望請凡非所生，父卒而嫁，爲父後者無服，非承重者杖朞，並不心喪，一同繼母。有符情禮，無玷舊章。

又心喪之制，惟施服屈〔八〕，杖朞之服，不應解官。而令文三年齊斬，亦入心喪之例；杖朞解官，又有妻喪之舛。又依禮，庶子爲其母緦麻三月。既是所生母服〔九〕，準例亦合解官。令文漏而不言，於事終須修附。既與嫡母等嫁同一令條〔一〇〕，總議請改，理爲允愜者。

依集文武官九品已上議。得司衞正卿房仁裕等七百三十六人議，請一依司禮狀，嗣業不解官。得右金吾衞將軍薛孤吳仁等二十六人議，請解嗣業官，不同司禮狀者。母非所生，出嫁義絕，仍令解職，有紊緣情。杖朞解官，不甄妻服，三年齊斬，謬曰心喪。庶子爲母緦麻，漏其中制。此並令文疏舛，理難因襲。依房仁裕等議，總加修附，垂之不朽。其禮及律疏有相關涉者，亦請準此改正。嗣業既非嫡母改醮〔二〕，不合解官。

詔從之。

上元元年，天后上表曰：「至如父在爲母服止一朞，雖心喪三年，服由尊降。竊謂子之於母，慈愛特深，非母不生，非母不育。推燥居濕，咽苦吐甘，生養勞瘁，恩斯極矣！所以禽獸之情，猶知其母，三年在懷，理宜崇報。若父在爲母服止一朞，尊父之敬雖周，報母之慈有闕〔三〕。且齊斬之制，足爲差減，更令周以一朞，恐傷人子之志。今請父在爲母終三年之服。」高宗下詔，依議行焉。

開元五年，右補闕盧履冰上言：「准禮，父在爲母一周除靈，三年心喪。則天皇后請同父沒之服，三年然始除靈。雖則權行，有紊彝典。今陛下孝理天下，動合禮經，請仍舊章，庶叶通典。」於是下制令百官詳議；幷舅及嫂叔服不依舊禮，亦合議定。刑部郎中田再思建議曰：

乾尊坤卑，天一地二，陰陽之位分矣，夫婦之道配焉。至若死喪之威，隆殺之等，禮經五服之制，齊斬有殊，考妣三年之喪，貴賤無隔，以報免懷之慈，以酬罔極之恩者也。

稽之上古，喪期無數，暨乎中葉，方有歲年。禮云：「五帝殊時，不相沿樂；三王異代，不相襲禮。」白虎通云：「質文再而變，正朔三而復。」自周公制禮之後，孔父刊經已來，爰殊厭降之儀，以標服紀之節。重輕從俗，斟酌隨時。故知禮不從天而降，不由地而出也，在人消息，爲適時之中耳。春秋諸國，魯最知禮，以周公之後，孔子之邦也。晉韓起來聘，言「周禮盡在魯矣」。齊仲孫來盟，言「魯猶秉周禮」。尙有子張問高宗諒陰三年，子思不聽其子服出母，子游謂同母異父昆弟之服大功，子夏謂合從齊衰之制。此等並四科之數，十哲之人，高步孔門，親承聖訓，及遇喪事，猶此致疑，卽明自古已來，升降不一者也。

三年之制，說者紛然。鄭玄以爲二十七月，王肅以爲二十五月。又改葬之服，鄭云服緦三月，王云訖葬而除。又繼母出嫁，鄭云皆服，王云從于繼育〔三〕，乃爲之服。又無服之殤，鄭云子生一月，哭之一日；王云以哭之一日易服之月〔四〕。鄭、王祖經宗傳，各有異同；荀摯采古求遺，互爲損益。方知去聖漸遠，殘缺彌多。故曰會禮之家，名爲聚訟，寧有定哉！而父在爲母三年，行之已踰四紀，出自高宗大帝之代，不從則天皇后之朝。大帝御極之辰，中宮獻書之日，往時參議，將可施行，編之於格，服之已久。前王所是，疏而爲律；後王所是，著而爲令。何必乖先帝之旨，阻人子之情，虧純孝之心，背德義之本？有何妨於聖化，有何紊於彝倫，而欲服之周年，與伯叔母齊焉，與姑姊妹同焉？夫三年之喪，如白駒之過隙，君子喪親，有終身之憂，何況再周乎！夫禮者，體也，履也，示之以迹。孝者，畜也，養也，因之以心。小人不恥不仁，不畏不義。服之有制，使愚人企及；衣之以衰，使見之摧痛。以此防人，人猶有朝死而夕忘者；以此制人，人猶有釋服而從吉者。方今漸歸古朴，須敦孝義，抑賢引愚，理資寧戚，食稻衣錦，所不忍聞。

若以庶事朝儀，一依周禮，則古之人臣見君也，公卿大夫贄羔鴈、珪璧，今何故不依乎？周之用刑也，墨、劓、宮、刖，今何故不行乎？周則侯、甸、男、衞，朝聘有數，今何故不行乎？周則不五十不仕，七十不入朝，今何故不依乎？周則井、邑、丘、甸，以立征稅，今何故不行乎？周則分土五等，父死子及，今何故不行乎？周則冠冕衣裘，乘車而戰，今何故不行乎？周則三老五更，膠序養老，今何故不行乎？諸如此例，不可勝述。何獨孝思之事，愛一年之服於其母乎？可爲痛心，可爲慟哭者！

詩云：「哀哀父母，生我劬勞。」禮云：「父之親子也，親賢而下無能；母之親子也，賢則親之，無能則憐之。」阮嗣宗晉代之英才，方外之高士，以爲母重於父。據齊斬升數，麤細已降，何忍服之節制，減至於周？豈後代之士，盡慚於古。循古未必是，依今未必非也。

又同爨服緦，禮經明義。嫂叔遠別，同諸路人。引而進之，觸類而長。猶子咸衣苴枲〔一五〕，季父不服緦麻，推遠之情有餘，睦親之義未足。又母之昆弟，情切渭陽，翟酺訟舅之冤，甯氏宅甥之相，我之出也，義亦殷焉。不同從母之尊，遂降小功之服，依諸古禮，有爽俗情。今貶舅而宗姨，是陋今而榮古。此並太宗之制也，行之百年矣，輒爲刊復，實用有疑。

於是紛議不定。履冰又上疏曰：「禮：父在，爲母十一月而練，十三月而祥，十五月而禫，心喪三年。上元中，則天皇后上表，請同父沒之服，亦未有行。至垂拱年中，始編入格，易代之後，俗乃通行。臣開元五年，頻請仍舊。恩敕并嫂叔舅姨之服，亦付所司詳議。諸司所議，同異相參。所司惟執齊斬之文，又曰亦合典禮。竊見新修之格，猶依垂拱之僞，致有祖父母安存，子孫之妻亡沒，下房筵几，亦立再周，甚無謂也。據周易家人卦云：『利女貞，女正位于內，男正位于外。男女正，天地之大義。家人有嚴君焉，父母之謂也。父父、子子、兄兄、弟弟、夫夫、婦婦，家道正而天下正矣。』禮：『女在室，以父爲天；出嫁，以夫爲天。』又：『在家從父，出嫁從夫，夫死從子。』本無自專抗尊之法。即喪服四制云：『天無二曰，士無二王，國無二君，家無二尊，以一理之也。故父在爲母服周者，避二尊也。』伏惟陛下正持家國，孝理天下，而不斷在宸衷，詳正此禮，無隨末俗，顧念兒女之情。臣恐後代復有婦奪夫政之敗者。」

疏奏未報。履冰又上奏曰：

臣聞夫婦之道，人倫之始。尊卑法於天地，動靜合於陰陽〔一六〕，陰陽和而天地生成，夫婦正而人倫式序。自家刑國，牝雞無晨，四德之禮不愆，三從之義斯在。卽喪服四制云：「天無二日，士無二王，國無二君，家無二尊，以一理之也。故父在爲母服周者，見無二尊也。」準舊儀，父在爲母一周除靈，再周心喪。父必三年而後娶者，達子之志焉。豈先聖無情於所生，固有意於家國者矣〔一七〕。

原夫上元肇年，則天已潛秉政，將圖僭篡，預自崇先。請升慈愛之喪，以抗尊嚴之禮，雖齊斬之儀不改，而几筵之制遂同。數年之間，尚未通用。天皇晏駕，中宗蒙塵。垂拱之末，果行聖母之僞符；載初之元，遂啓易代之深釁。孝和雖名反正，韋氏復效晨鳴。孝和非意暴崩，韋氏旋卽稱制。不蒙陛下英算，宗廟何由克復？易云：「臣弒其君，子弒其父，非一朝一夕之故。」其斯之謂矣。臣謹尋禮意，防杜實深，若不早圖刊正，何以垂戒於後？所以溥言禮教，請依舊章，恩敕通明，蒙付所司詳議。

且臣所獻者，蓋請正夫婦之綱，豈忘母子之道。諸議多不討其本源，所非議者，大凡祇論罔極之恩；喪也寧戚；禽獸識母而不識父；秦燔書後禮經殘缺，後儒纘集，不足可憑；豈得與伯叔母服同，豈得與姑姊妹制等；三王不相襲禮，五帝不相沿樂；齊斬足爲升降，歲年何忍不同：此並道聽途說之言，未習先王之旨，又安足以議經邦理俗之禮乎？臣請據經義以明之。所云「罔極之恩」者，春秋祭祀，以時思之。君子有終身之憂，霜露之感，豈止一二周之服哉！故聖人恐有朝死而夕忘，曾鳥獸之不若，爲立中制，使賢不肖共成文理而已。所云「喪也寧戚」者，孔子答林放之問。至如太奢太儉，太易太戚，皆非禮中。苟不得中，名爲俱失，不如太儉太戚焉。毀而滅性，猶愈於朝死夕忘焉。此論臨喪哀毀之容，豈比於同宗異姓之服？所云「禽獸識母而不識父」者，禽獸羣居而聚麀，而無家國之禮，少雖知親愛其母，長不解尊嚴其父。引此爲諭，則亦禽獸之不若乎！所云「秦燔書後禮經殘缺，後儒纘集，不足可憑」者，人間或有遺逸，豈亦家戶到而燔之？假若盡燔，苟不可信，則墳典都謬，庠序徒立，非聖之談，復云安屬？所云「與伯叔姑姊服同」者，伯叔姑姊有筵杖之制〔六〕、三年心喪乎？所云「五帝不相沿樂，三王不相襲禮」，誠哉是言！此是則天懷私苞禍之情，豈可復相沿樂襲禮乎？所云「齊斬足爲升降」者，母齊父斬，不易之禮。

按三年問云：「將由修飾之君子與〔一六〕，三年之喪，若駟之過隙，遂之，則是無窮也。然則何以周也？曰：至親以周斷。是何也？曰：天地則已易矣，四時則已變矣，其在天地之中者，莫不更始焉，以是象之也。然則何以三年？曰：加重焉耳。」故父加至再周，父在爲母加三年心喪。今者還同父沒之制，則尊厭之律安施？喪服四制又曰：「凡禮之大體，體天地，法四時，則陰陽，順人情，故謂之禮。」訾之者是不知禮之所由生。非徒不識禮之所由制，亦恐未達孝子之通義。

臣謹按孝經，以明陛下孝治之合至德要道，請論世俗訾禮之徒。夫至德謂孝悌，要道謂禮樂。「移風易俗，莫善於樂，安上治民，莫善於禮。」又禮有「無體之禮，無聲之樂」。按孝經援神契云：「天子孝曰就，就之爲言成也。天子德被天下，澤及萬物，始終成就，則其親獲安，故曰就也。諸侯孝曰度，度者法也。諸侯居國，能奉天子法度，得不危溢，則其親獲安，故曰度也。卿大夫孝曰譽，譽之爲言名也。卿大夫言行布滿，能無惡稱，譽達遐邇，則其親獲安，故曰譽也。士孝曰究，究者以明審爲義。士始升朝，辭親入仕，能審資父事君之禮，則其親獲安，故曰究也。庶人孝曰畜，畜者含畜爲義。庶人含情受朴，躬耕力作，以畜其德，則其親獲安，故曰畜也。」陛下以韋氏構逆，中宗降禍，宸衷哀憤，睿情卓烈。初無一旅之衆，遂殄九重之妖，定社稷於阽危，拯宗枝於塗炭。此陛下孝悌之至，通於神明，光於四海，無所不通。使諸侯得守其法度，卿大夫得盡其言行，士得資親以事君，庶人得用天而分地。此陛下無體之禮，以安上理人也。上元以來，政由武氏〔一〇〕，文明之後，法在凶人。賊害宗親，誅滅良善，勳階歲累，酺赦年頻。倖之則榮華，正之則遷謫。神龍、景雲之際，其事尤繁；先天、開元之間，斯弊都革。此陛下之無聲之樂，以移風易俗也。

臣前狀單略，議者未識臣之懇誠。謹具狀重進，請付中書門下商量處分。臣言若讜，然敢側足於軒墀；臣言不忠，伏請竄跡於荒裔。

左散騎常侍元行沖奏議曰：「天地之性，惟人最靈者，蓋以智周萬物，惟睿作聖，明貴賤，辨尊卑，遠嫌疑，分情理也。是以古之聖人，徵性識本，緣情制服，有申有厭。天父、天夫，故斬衰三年，情理俱盡者，因心立極也。生則齊體，死則同穴，比陰陽而配合，同兩儀而成化。而妻喪杖期，情禮俱殺者，蓋以遠嫌疑，尊乾道也。父為嫡子三年斬衰，而不去職者，蓋尊祖重嫡，崇禮殺情也。資於事父以事君，孝莫大於嚴父。故父在，為母罷職齊周而心喪三年，謂之尊厭者，則情申而禮殺也。斯制也，可以異於飛走，別於華夷。羲、農、堯、舜，莫之易也；文、武、周、孔，同所尊也。今若捨尊厭之重，虧嚴父之義，略純素之嫌，貽非聖之責，則事不師古，有傷名教矣。姨兼從母之名，即母之女黨，加於舅服，有理存焉。嫂叔不服，避嫌疑也。若引同爨之緦，以忘推遠之跡，既乖前聖，亦謂難從。謹詳三者之疑，並請依古爲當。」自是百僚議竟不決〔二〕。

至七年八月，下敕曰：「惟周公制禮，當歷代不刊；況子夏爲傳，乃孔門所受。格條之內，有父在爲母齊衰三年，此有爲而爲，非尊厭之義。與其改作，不如師古，諸服紀宜一依喪服文。」自是卿士之家，父在爲母行服不同：或既周而禫，禫服六十日釋服，心喪三年者；或有既周而禫，禫服終三年者；或有依上元之制，齊衰三年者。時議者是非紛然，元行沖謂人曰：「聖人制厭降之禮，豈不知母恩之深也，以尊祖貴禰，欲其遠別禽獸，近異夷狄故也。人情易搖，淺識者衆。一紊其度，其可止乎！」二十年，中書令蕭嵩與學士改修定五禮，又議請依上元敕，父在爲母齊衰三年爲定。及頒禮，乃一依行焉。

二十三年，藉田禮畢，下制曰：「服制之紀，或有所未通，宜令禮官學士詳議聞奏。」太常卿韋縚奏曰：「謹按儀禮喪服：舅，緦麻三月。從母，小功五月。傳曰：何以小功，以名加也。堂姨舅、舅母，恩所不及。外祖父母，小功五月。傳曰：何以小功，以尊加也。舅，緦麻三月，並是情親而服屬疏者也。外祖正尊，同於從母之服。姨舅一等，服則輕重有殊。堂姨舅親卽未疏，恩絕不相爲服。舅母來承外族，同爨之禮不加。竊以古意猶有所未暢者也。且爲外祖小功，此則正尊情甚親而服屬疏者也，請加至大功九月。姨舅儕類〔三〕，親既無別，服宜齊等，請爲舅加至小功五月〔三〕。堂姨舅疏降一等，親舅母從服之例，先無制服之文，並望加至袒免。臣聞禮以飾情，服從義制，或有沿革，損益可明。事體既大，理資詳審。望付尚書省集衆官吏詳議，務從折衷，永爲典則。」

於是太子賓客崔沔建議曰：「竊聞大道既隱，天下爲家。聖人因之，然後制禮。禮敎之設，本爲正家，家道正而天下定矣。正家之道，不可以貳，總一定議，理歸本宗。父以尊崇，母以厭降，豈忘愛敬，宜存倫序。是以內有齊斬，外服皆緦麻，尊名所加，不過一等，此先王不易之道也。前聖所志，後賢所傳，其來久矣。昔辛有適伊川，見被髮而祭於野者，曰：『不及百年，此其戎乎？其禮先亡矣！』貞觀修禮，時改舊章，漸廣渭陽之恩，不遵洙、泗之典。及弘道之後，唐隆之間，國命再移於外族矣。禮亡徵兆，儻或斯見，天人之際，可不誠哉！開元初，補闕盧履冰嘗進狀論喪服輕重，敕令僉議。于時羣議紛拏，各安積習，太常禮部，奏依舊定。陛下運稽古之思，發獨斷之明，至開元八年，特降別敕，一依古禮。事符故實，人知向方，式固宗盟，社稷之福。更圖異議，竊所未詳。願守八年明旨，以爲萬代成法。」

職方郎中韋述議曰：

天生萬物，惟人最靈。所以尊尊親親，別生分類，存則盡其愛敬，沒則盡其哀戚。緣情而制服，考事而立言，往聖討論，亦已勤矣。上自高祖，下至玄孫，以及其身，謂之九族。由近而及遠，稱情而立文，差其輕重，遂爲五服。雖則或以義降，或以名加，教有所從，理不踰等。百王不易，三代可知，日月同懸，咸所仰也。自微言既絕，大義復乖，雖文質有遷，而必遵此制。

謹按儀禮喪服傳曰：「外親之服皆緦麻。」鄭玄謂：「外親，異姓。正服不過緦麻。」外祖父母，小功五月，以尊加也。從母，小功五月，以名加也。舅甥外孫、中外昆弟，依本服緦麻三月。若以匹敵，外祖則祖也，舅則伯叔父之別也。姨舅伯叔，則父母之恩不殊，而獨殺於外氏，聖人之心，良有以也。喪服傳曰：「禽獸知母而不知父。」野人曰，父母何算焉。都邑之士，則知尊禰矣。大夫及學士，則知尊祖也。諸侯及其太祖，天子及其始祖。聖人究天道而厚於祖禰，繫姓族而親其子孫，近則別其賢愚，遠則異於禽獸。由此言之，母黨比於本族，不可同貫明矣。

且家無二尊，喪無二斬，人之所奉，不可貳也。特重於大宗者，降其小宗；爲人後者，減其父母之服；女子出嫁，殺其本家之喪〔三〕。蓋所存者遠，所抑者私也。今若外祖及舅更加服一等，堂舅及姨列於服紀之內，則中外之制，相去幾何？廢禮徇情，所務者末。古之制作者知人情之易搖，恐失禮之將漸，別其同異，輕重相懸，欲使後來之人，永不相雜。微旨斯在，豈徒然哉！

且五服有上殺之義，必循源本，方及條流。伯叔父母本服大功九月，從父昆弟亦大功九月，並以上出於祖，其服不得過於祖也。從祖祖父母、從祖父母、從祖昆弟，皆小功五月，以出於曾祖，服不得過於曾祖也。族祖祖父母、族祖父母、族祖昆弟，皆緦麻三月，以其出於高祖，其服不得過於高祖也。堂舅姨既出於外曾祖，若爲之制服，則外曾祖父母及外伯叔祖父母，亦宜制服矣。外祖加至大功九月，則外曾祖合至小功，外高祖合至緦麻。若舉此而捨彼，事則不均；棄親而錄疏，理則不順。推而廣之，是與本族無異矣。服皆有報，則堂外甥、外曾孫、姪女之子，皆須制服矣。

聖人豈薄其骨肉，背其恩愛。情之親者，服制乃輕，蓋本於公者薄於私，存其大者略其細，義有所斷，不得不然。苟可加也，亦可減也，往聖可得而非，則禮經可得而隳矣。先王之制，謂之彝倫，奉以周旋，猶恐失墜，一紊其敍，庸可止乎？且舊章淪胥，爲日已久矣。所存者無幾，又欲棄之，雖曰未達，不知其可。請依儀禮喪服爲定。

禮部員外郎楊仲昌議曰：「謹按儀禮曰：『外服皆緦。』又曰：『外祖父母以尊加，從母以名加，並爲小功五月。』其爲舅緦，鄭文貞公魏徵已議同從母例，加至小功五月訖。今之所加，豈異前旨？雖文貞賢也，而周、孔聖也，以賢改聖，後學何從？堂舅姨、堂舅母，並升爲祖免，則何以祖述禮經乎？如以外祖父母加至大功，則豈無加報於外孫乎？如外孫爲報，服大功，則本宗庶孫，何同等而相淺乎？儻必如是，深所不便。竊恐內外乖序，親疏奪倫，情之所沿，何所不至，理必然也。昔子路有姊之喪而不除，孔子問之，子路對曰：『吾寡兄弟而不忍也。』子曰：『先王制禮，行道之人皆不忍也。』子路聞而除之。此則聖人因言以立訓，援事抑情之明例也。禮不云乎，無輕議禮。明其蟠於天地，並彼日月，賢者由之，安敢小有損益也！況夫喪服之紀，先王大猷，奉以周旋，以匡人道。一辭寧措，千載是遵，涉於異端，豈曰弘教。伏望各依正禮，以厚儒風。太常所謂增加，愚見以為不可。」又戶部郎中楊伯成、左監門錄事參軍劉秩並同是議，與沔等略同。

議奏，上又手敕侍臣等曰：「朕以為親姨舅既服小功，則舅母於舅有三年之服，服是受我而厚〔三五〕，以服制情，則舅母之服，不得全降於舅也，宜服緦麻。堂姨舅古今未制服，朕思敦睦九族，引而親之，宜服袒免。又鄭玄注禮記云『同爨緦』，若比堂姨舅於同爨，親則厚矣。又喪服傳云，『外親之服皆緦』，是亦不隔於堂姨舅也。若以所服不得過本，而須為外曾祖父母及外伯叔祖父母制服，亦何傷乎？是皆親親敦本之意，卿等更熟詳之。」

侍中裴耀卿、中書令張九齡、禮部尚書李林甫等奏曰：「外族之親，禮無厭降。外甥既為舅母制服，舅母還合報之。夫外甥既為報服，則與夫之姨舅，以類是同，外甥之妻，不得無服。所增者頗廣，所引者漸疏。微臣愚蒙，猶有未達。」玄宗又手制答曰：「從服有六，此其一也。降殺之制，禮無明文。此皆自身率親，用爲制服。所有存抑，盡是推恩。朕情有未安，故令詳議，非欲苟求變古，以示不同。卿等以爲『外族之親，禮無厭降，報服之制，所引甚疏』。且姨舅者，屬從之至近也，以親言之，則亦姑伯之匹敵也。豈有所引者疏，而降所親者服？又婦，從夫者也。夫之姨舅〔三六〕，夫既有服，從夫而服，由是睦親。實欲令不肖者企及，賢者俯就。卿等宜熟詳之。」耀卿等奏曰：「陛下體至仁之德，廣推恩之道，將弘引進，以示睦親，再發德音，更令詳議。臣等按大唐新禮：親舅加至小功，與從母同服。此蓋當時特命，不以輕重遞增，蓋不欲參於本宗，慎於變禮者也。今聖制親姨舅小功，更制舅母緦麻，堂姨舅袒免等服，取類新禮，垂示將來，通於物情，自我作則。羣儒風議，徒有稽留。並望準制施行。」制從之。

天寶六載正月，出嫁母宜終服三年。

校勘記

〔一〕或引兼名實　「名」字各本原無，據册府卷五八五補。英華卷七六七此處作：「或損其有餘，益其不足。」

〔二〕敦睦之情畢舉　「畢舉」，各本原作「俾」，據英華卷七六七、册府卷五八五改。

〔三〕舅報甥亦小功　「報」字各本原作「服」，據通典卷九二、唐會要卷三七、殘宋本冊府卷五八五改。

〔四〕爲之杖朞　「朞」字各本原作「齊」，據唐會要卷三七改。

〔五〕司文正卿蕭嗣業　「司」字各本原作「同」，據冊府卷五八六改。案本書卷四二職官志：高宗龍朔二年改百司及官名，改鴻臚卿爲司文正卿。

〔六〕令有不安　「令」字各本原作「今」，據唐會要卷三七、殘宋本冊府卷五八六改。

〔七〕並同行路　唐會要卷三七此句上有「出之與嫁」四字。

〔八〕惟施服屈　唐會要卷三七、冊府卷五八六「服屈」作「厭降」。

〔九〕既是所生母服　「母」字各本原作「無」，據通典卷八九、冊府卷五八六改。

〔一〇〕同一令條　「令」字各本原無，據通典卷八九、唐會要卷三七補。

〔一一〕嗣業既非嫡母改醮　「既非」，各本原無，據唐會要卷三七補。

〔一二〕報母之慈有闕　「報」字各本原作「服」，據唐會要卷三七、冊府卷五六四改。

〔一三〕從于繼育　聞本、殿本、懼盈齋本、廣本同。唐會要卷三七、冊府卷五八八、唐文粹卷四二、全唐文卷三〇三「于」作「子」。局本此句作「從母寄育」。

〔一四〕以哭之一日易服之月　唐會要卷三七、冊府卷五八八、全唐文卷三〇三均無「一」字，冊府「日」下有「爲」字。

〔一五〕猶子咸衣苴枲　「衣」字各本原作「依」，據冊府卷五八八、唐文粹卷四二、全唐文卷三〇三改。殘宋本冊府作「依」。

〔一六〕尊卑法於天地動靜合於陰陽　「天地動靜合於」，各本原無，據唐會要卷三七、冊府卷五八八、全唐文卷三三五補。

〔一七〕固有意於家國者矣　「家國」，各本原作「國家」，據唐會要卷三七、冊府卷五八八改。

〔一八〕所云與伯叔姑姊服同者伯叔姑姊有筵杖之制　二「姊」下冊府卷五八八均有「妹」字。

〔一九〕將由修飾之君子與　「與」字各本原作「喻」，據冊府卷五八八及禮記三年問原文改。

〔二〇〕政由武氏　殿本、懼盈齋本、局本、廣本同。聞本、冊府卷五八八、全唐文卷三三五「武氏」作「甯氏」。舊唐書補校謂「甯」字「當是原文，用左氏語」。

〔二一〕自是百僚議竟不決　「議」字各本原無，據通典卷八九、唐會要卷三七、冊府卷五八八補。

〔二二〕姨舅儕類　「類」字各本原無，據唐會要卷三七補。

〔二三〕請爲舅加至小功五月　「至」字各本原無，據唐會要卷三七、冊府卷五八九補。

〔二四〕殺其本家之喪　校勘記卷一二云：「本家當依唐會要作本宗。禮喪服云婦人必有歸宗，是也。」

〔二五〕服是受我而厚　通典卷九二、唐會要卷三七、冊府卷五八九無「服」字。

〔二六〕夫之姨舅　「之」字各本原作「以」，據唐會要卷三七、冊府卷五八九改。